# 文书拟写与处理

◎主　编：张琼华



外语教学与研究出版社
FOREIGN LANGUAGE TEACHING AND RESEARCH PRESS
北京 BEIJING

图书在版编目（CIP）数据

文书拟写与处理 / 张琼华主编. — 北京：外语教学与研究出版社，2015.3（2023.1 重印）
ISBN 978-7-5135-5788-7

Ⅰ. ①文… Ⅱ. ①张… Ⅲ. ①文书学－中等专业学校－教材 Ⅳ. ①C931.46

中国版本图书馆 CIP 数据核字（2015）第 065654 号

出 版 人　王　芳
项目策划　吕志敏
责任编辑　王志艳
封面设计　孙莉明
版式设计　永诚天地
出版发行　外语教学与研究出版社
社　　址　北京市西三环北路 19 号（100089）
网　　址　http://www.fltrp.com
印　　刷　北京虎彩文化传播有限公司
开　　本　787×1092　1/16
印　　张　15.5
版　　次　2015 年 8 月第 1 版　2023 年 1 月第 5 次印刷
书　　号　ISBN 978-7-5135-5788-7
定　　价　35.00 元

职业教育出版分社：
地　　址：北京市西三环北路 19 号 外研社大厦 职业教育出版分社（100089）
咨询电话：010-88819475
传　　真：010-88819475
网　　址：http://vep.fltrp.com
电子信箱：vep@fltrp.com
购书电话：010-88819928/9929/9930（邮购部）
购书传真：010-88819428（邮购部）

购书咨询：（010）88819926　电子邮箱：club@fltrp.com
外研书店：https://waiyants.tmall.com
凡印刷、装订质量问题，请联系我社印制部
联系电话：（010）61207896　电子邮箱：zhijian@fltrp.com
凡侵权、盗版书籍线索，请联系我社法律事务部
举报电话：（010）88817519　电子邮箱：banquan@fltrp.com
物料号：257880001

"十二五"职业教育国家规划教材
职业院校"双证书"课题实验教材

# 专家委员会

# 《文书拟写与处理》<br>教材编写组成员


主　编　张琼华（全国职业技术教育文秘教学指导委员会理事、广东省职教学会语文与文秘教学指导委员会常务理事、佛山市财经学校高级讲师）

副主编　覃惠玲（广东省高州农业学校）

参　编　贾梅英　丁艳艳（衡水科技工程学校）

黄喜珍　唐璐璐（南宁市第一职业技术学校）

李健惠（长沙财经学校）

刘继虹　余金兰　彭玉新（佛山市顺德区容桂职业技术学校）

林绮文　钟晓华　朱敏儿（江门市第一职业高级中学）

刘銮英（广东省华侨职业技术学校）

# 出版说明

实行“双证书”制度，是党中央、国务院适应社会主义市场经济要求，推动职业教育、职业培训改革的重要举措。早在1993年，中共中央在《关于建立社会主义市场经济体制若干问题的决定》中就提出：“要制定各种职业的资格标准和录用标准，实行学历文凭和职业资格两种证书制度”。从那时起，“双证书”制度历经了制度确立、探索试点、积极推进三个发展阶段。2014年，《国务院关于加快发展现代职业教育的决定》（国发〔2014〕19号）指出：“服务经济社会发展和人的全面发展，推动专业设置与产业需求对接，课程内容与职业标准对接，教学过程与生产过程对接，毕业证书与职业资格证书对接，职业教育与终身学习对接。重点提高青年就业能力”“推进人才培养模式创新……积极推进学历证书和职业资格证书‘双证书’制度”。

近年来，国家有关部门为促进就业和提高劳动者素质，对职业院校实施“双证书”制度做出了许多政策安排，“双证书”制度在广大职业院校得到有效推行，学历证书、职业资格证书成为毕业生就业的“敲门砖”和“通行证”。但是，我们也发现，职业院校学历认证和职业资格认证还没有从根本上实现贯通，存在着各行其道、“两张皮”的普遍现象，缺乏连接两者的桥梁和纽带。其中，融合“双证书”的课程与教材建设滞后是关键原因。

为了探索解决这个长期困扰中国职业教育界的难题，人力资源和社会保障部职业技能鉴定中心部级课题《职业技能教学用书开发技术规范和评价体系研究》课题组（项目编号：RS2013-16，以下简称“课题组”）在“双证书”课程资源建设开发方面做了积极研究和有益尝试。课题组认为：“双证书”课程是指实现国家职业技能标准和专业教学标准对接，职业技能鉴定与专业课程学习考核对接的课程，它是使学生在不延长学习时间的情况下，同时获得学历证书和职业资格证书的学校正规课程。加强对“双证书”课程教材开发的研究，对于探索从课程层面做到“双证结合”，引导学校用好现有职业技能鉴定政策，推动学生职业技能和就业竞争力提升，具有十分重要的意义。开发职业技能鉴定与学校课程考试“两考合一”的“双证书”教材，可以形成“双证书”政策落地的基础性教学资源，能够解决推行“双证书”制度、实施“两考合一”的“最后一公里”问题。

为了在教材层面上做到专业教学标准与国家职业技能标准的内容对接，课题组通过研究，编制了《中等职业学校“双证书”课程教材开发技术规范》，主要技术要点如下：一是以专业教学标准为依据，细化“双证书”培养目标；二是以国家职业技能标准为依据，确定“双证书”课程；三是根据双证结合的理念，编制“双证书”课程实施规范；四是结合职场工作实际，开发“双证书”综合实训课程；五是积极改革教学模式，建设“双证书”课程标准；六是根据职教特色，组织编写“双证书”教材；七是做好试题开发组织工作和考务服务，为“两考合一”做好技术保障。这一技术规范为实现教学内容与职业技能标准“双覆盖”、教学过程与岗位要求“双对照”、课程考试与技能鉴定“双结合”的职业院校教材开发目标提供了一个技术指引。

外语教学与研究出版社作为课题参与单位，自2014年开始，陆续开发了中等职业学校机械制造技术、机械加工技术、机电技术应用、机电设备安装与维修、焊接技术应用、汽车制造与检修、汽车运用与维修、电子与信息技术、文秘等九个专业“双证书”课题实验教材。

“双证书”课题实验教材的开发采取专业负责人制，每个专业由一名资深专家对教材建设目标、内容选择与组织进行总体把关，然后指导各册主编分头编写，最后由本专业教学专家、职业技能鉴定专家、企业专家、课程开发专家组成的编审委员会共同审定，确保教材开发符合课题组编制的《中等职业学校“双证书”课程教材开发技术规范》，对接“四新”（新知识、新技能、新产品、新工艺），做到不遗漏知识点、技能点、态度点。

职业院校“双证书”课题实验教材的开发编写遵循了教育部颁布的《中等职业学校专业教学标准（试行）》规定的课程名称、“主要教学内容和要求”，并在教材中融入了相应的五级、四级国家职业技能标准的要求，有助于学生学习掌握职业技能鉴定所要求的相关知识和必备技能，并获取相应等级的职业资格证书。“双证书”实验教材为推动职业院校实施“双证书”制度提供了必要的教学资源支持。

“双证书”课题实验教材的开发，是一个新的探索，欢迎广大中等职业学校和职业高中积极试用，并提出宝贵意见，我们将进一步改进和完善。

职业教育是使“无业者有业，有业者乐业”的伟大事业。让我们携起手来，为建设现代职业教育体系和构建终身职业培训体系尽自己一份绵薄之力。

人力资源和社会保障部职业技能鉴定中心

《职业技能教学用书开发技术规范和评价体系研究》课题组

2015年6月23日

# 前　言

为适应社会发展的需求，培养具有综合职业能力和全面素质的文秘人员，笔者依据教育部 2014 年《中等职业学校文秘专业教学标准（试行）》，结合文秘工作的现实需要，组织编写了这本《文书拟写与处理》。本书既可作为中职学校文秘专业的教学用书，也可作为秘书职业资格考试的培训用书，还可作为机关企事业单位文秘工作者或基层管理者的公务写作参考用书。

## 一、编写理念

本教材基于“双证融通”的编写理念编写。本教材很好地融合了教育部最新的《中等职业学校文秘专业教学标准（试行）》与秘书国家职业技能标准的要求。使用本教材，可以使学生在取得学历证书的同时，掌握秘书职业技能鉴定所需要的相关知识与必备技能，完成秘书职业资格证书考试的培训。从教学内容上来讲，本教材将文秘专业教学内容与国家秘书职业技能标准要求相融合；从教学环节上来讲，本教材将文秘专业理论教学与秘书职业技能鉴定的“应知”相融合，秘书工作技能教学与秘书职业技能鉴定的“应会”相一致。

## 二、编写特点

本教材的编写充分体现了以目标为导向、以任务驱动为主线的教学活动过程，不仅关注学生专业能力的获得，更关注其学习能力、社会能力的形成。本教材借鉴真实组织的运作模式设计任务情境，有利于学生体验职业角色，融入工作状态，获得岗位体验，聚焦实训过程；设计任务实施栏目，帮助学生分步骤解析任务，高效掌握技能操作的流程和方法。教材还附有相关理论知识，方便学生在做中学，使学生的理论知识学习与实践技能操作融会贯通。

## 三、编写内容

本教材根据社会的实际需求，以学生毕业后在企业尤其是中小型企业的文书拟写与处理工作所需要的职业技能为教学重点，介绍了文书的拟写要素、处理原则与拟制程序，事务文书、礼仪文书、公务文书的拟制，文书的办理，档案的收集、保管与利用等内容。全书共分为 6 个模块、13 个项目、34 个任务，每个项目都由项目概述、学习目标、若干个工作任务组成，每个任务都设有任务情境、任务实施、技能提要、相关知识、巩固训练、职业技能鉴定指导、任务评价栏目。

## 四、编写队伍

本教材的编写者均为职业学校的一线教师，有着丰富的教学经验；部分编者还兼任办公室文秘工作或教务处、德育处等基层管理工作，具有撰写文书的丰富实践经验。本教材由全国职业技术教育文秘教学指导委员会理事、广东省职教学会语文与文秘教学指导委员会常务理事、佛山市财经学校高级讲师张琼华任主编；广东省高州农业学校覃惠玲任副主编；衡水科技工程学校贾梅英、丁艳艳，南宁市第一职业技术学校黄喜珍、唐璐璐，长沙财经学校李健惠，佛山市顺德区容桂职业技术学校刘继虹、余金兰、彭玉新，江门市第一职业高级中学林绮文、钟晓华、朱敏儿，广东省华侨职业技术学校刘銮英等老师参与编写。

由于编写时间紧，编者水平有限，本教材难免存在不妥之处，恳请广大读者提出宝贵的意见和建议，以便修订时完善。

编　　者

2014 年 11 月

**附：**

**课程学时安排建议表**

| 模块 | 项目 | 任务 | 建议学时数 | |
|---|---|---|---|---|
| 模块一<br>文书拟写与处理概览 | 项目一<br>文书拟写概览 | 任务一　把握文书的特点与分类 | 2 | 4 |
| | | 任务二　掌握文书拟写基本要素及要求 | 2 | |
| | 项目二<br>文书处理概览 | 任务一　掌握文书处理原则 | 2 | 4 |
| | | 任务二　熟悉文书拟制程序 | 2 | |
| 模块二<br>事务文书拟写 | 项目一<br>日常事务文书拟写 | 任务一　条据拟写 | 2 | 20 |
| | | 任务二　电子邮件与传真稿拟写 | 2 | |
| | | 任务三　备忘录拟写 | 2 | |
| | | 任务四　计划拟写 | 8 | |
| | | 任务五　总结拟写 | 6 | |
| | 项目二<br>传播类文书拟写 | 任务一　启事拟写 | 2 | 10 |
| | | 任务二　新闻拟写 | 4 | |
| | | 任务三　简报拟写 | 4 | |

续表

| 模块 | 项目 | 任务 | 建议学时数 | |
|---|---|---|---|---|
| 模块三<br>礼仪文书拟写 | 项目一<br>致词拟写 | 任务一　欢迎词、欢送词拟写 | 2 | 4 |
| | | 任务二　开幕词、闭幕词拟写 | 2 | |
| | 项目二<br>社交书信拟写 | 任务一　请柬与邀请函拟写 | 2 | 6 |
| | | 任务二　感谢信拟写 | 2 | |
| | | 任务三　贺信拟写 | 2 | |
| 模块四<br>公务文书拟写 | 项目一<br>公文类别与行文规则 | 任务一　掌握公文种类与格式 | 6 | 10 |
| | | 任务二　掌握公文行文规则 | 4 | |
| | 项目二<br>公文拟写 | 任务一　请示拟写 | 3 | 14 |
| | | 任务二　通知拟写 | 4 | |
| | | 任务三　函拟写 | 4 | |
| | | 任务四　报告拟写 | 3 | |
| 模块五<br>文书办理 | 项目一<br>发文与收文 | 任务一　发文办理 | 3 | 8 |
| | | 任务二　收文办理 | 3 | |
| | | 任务三　印章使用与保管 | 2 | |
| | 项目二<br>整理与归档 | 任务一　文书收集与整理 | 4 | 8 |
| | | 任务二　文件归档与移交 | 4 | |
| 模块六<br>档案管理 | 项目一<br>档案收集与整理 | 任务一　档案收集与鉴定 | 3 | 6 |
| | | 任务二　档案整理与编目 | 3 | |
| | 项目二<br>档案保管 | 任务一　档案保管 | 3 | 7 |
| | | 任务二　档案的信息化管理 | 4 | |
| | 项目三<br>档案利用与统计 | 任务一　档案检索与利用 | 3 | 7 |
| | | 任务二　档案编研与统计 | 4 | |
| 总课时 | | | 108 | |

# 目　录

# 模块一 Module 1 文书拟写与处理概览

## 模块概述

文书拟写与处理工作是文秘人员“办文”职能的具体体现，是文秘人员最基本的工作内容。文秘人员必须熟练掌握各类文书的拟写，熟悉文书的办理程序，能严格按照文书管理的规范要求进行文书拟制和办理；能将已经办理完毕的文书进行整理，及时归档保管，以备查考利用。

本模块包括文书拟写概览和文书处理概览两个项目，共设置四个任务。目标是使学习者熟知文书的特点与分类，掌握文书拟写的基本要素和要求，熟悉文书处理原则和文书拟制程序；引导学习者对文书的拟写与处理工作形成初步认识和总体印象。

# 项目一 文书拟写概览

Project 1

## 项目概述

文书拟写，指文书的起草工作，俗称拟稿。它是文书处理工作的起点，在各机关、企事业单位、社会团体和个人的工作活动中占有十分重要的位置。文书拟写的政策性、思想性、业务性很强，因此，文秘人员应十分熟练地掌握拟写文书的方法和要领。本项目的学习任务主要是熟知文书的概念、特点和类别，掌握文书拟写的基本要素和要求，学会选择恰当的文种，使用恰当得体的表现形式，对文书拟写形成初步认识。

## 学习目标

知识目标

1. 熟知文书的特点及分类。
2. 掌握文书拟写的基本要素与要求。

技能目标

1. 能对文书进行分类。
2. 能初步树立正确的文书拟写意识。

# 任务一 把握文书的特点与分类

## 任务情境

蓝天城市控股集团旗下嘉兴物业服务有限公司正处于转型发展的关键时期。为了满足公司快速发展的需要，2013 年 3 月，公司决定向全社会公开招聘，主要岗位有总公司办公室秘书，分公司物业主管、物业助理、前台秘书等。其中，总公司办公室秘书的岗位要求中特别强调，熟悉文书拟制相关规定、文书写作能力强、有档案管理经验者优先。秦丽是即将毕业的文秘专业的学生，当她看到这则启事后，非常希望能进入嘉兴这样一家大公司工作，于是她全身心投入应聘准备，认真复习梳理已学过的文书拟写与处理的专业知识。

## 任务实施

1. 请帮秦丽分析归纳文书特点的具体表现。

真实性　政策性　时效性　规范性

2. 为准备应聘，秦丽回顾以往学习过的文书种类，请你帮她进行分类归纳。

事务文书　礼仪文书　公务文书　专业文书

3. 为做好自我介绍，秦丽找出了自己担任班级宣传委员和校学生会宣传部长以来所写过的文章底稿，其中有为班级写的宣传工作计划、总结，有为校学生会写的宣传园地征文启事、元旦晚会新闻稿、教师节致老师的感谢信、致校运会破纪录健儿们的贺信，还有为文学社投稿而写的散文《春天的宣言》等。请问这些都是我们要学的“文书”吗？请你帮秦丽对这些文书做分类整理。

## 技能提要

（1）“文书”、“文件”和“公文”三个名词在实际工作中的使用频率都很高，且常被同时使用或交叉使用，但它们在外延大小、使用习惯及历史沿革等方面有差异，要注意根据不同的场合和具体情况正确理解和使用。

（2）初学文书拟写与处理，首先要充分理解文书与其他文体最大的区别在于它的真实性、政策性、时效性和规范性。要培养实用文体意识，记住拟写文书必须为解决实际问题服务，应针对实际情况规范行文。

（3）文书种类繁多，它们的格式有的是约定俗成，有的是由有关部门制定，拟写时要根据不同的拟写目的和不同的受文对象正确选用文种，格式与表达也一定要符合规范要求。

# 相关知识

## 一、文书的概念

文书，指按一定格式印制成文的实用型应用文章，因此又常被称作实用文书或应用文书。本教材提到的文书，专指党政机关、企事业单位、社会团体和个人为了处理事务，按照规定的或约定的体式和要求拟制的应用文书。

文件，指以文字或图示描述管理内容或业务内容，通过规定程序由上级部门或领导签署发布，要求接收者据此做出规范反应的电子文档或纸质文书，有时具体指某一份文书。

公文，即公务文书的简称，指的是党政机关、企事业单位、社会团体、组织在其进行组织、控制、协调、监督等各种管理活动的过程中形成和使用的具有规范体式的应用文书，如党政机关公文、企事业公文等。

“文书”、“文件”和“公文”三个词常被同时使用，但它们既有外延大小的差异，也有使用习惯和历史沿革的不同，如：习惯用“文书工作”而不用“公文工作”或“文件工作”，习惯用“中央文件”而不用“中央文书”、“中央公文”。

## 二、文书的特点

### 1. 客观真实

文书是用来办事、解决实际问题的，所以，写作尤其要注重客观反映现实，数据准确，表达平实，讲求实效。客观真实是文书最本质的特点，是文书区别于文学作品的主要标志。

### 2. 政策性强

文书拟写与处理的目的大多是为了制定或颁布政策、实施执行政策政务。文书的作者、读者、内容、形式基本上都是特定的，甚至是政策规定的，如关于党政公文，国家就专门颁发了法规性文件以规定其种类、用途、用法。

### 3. 时效性强

文书是用来解决实务的，特别讲究及时写、及时发、及时办，过时作废；成文时间、印发时间、执行时间、发布时间、有效期限等内容都必须交代得很清楚。

#### 4. 规范严谨

（1）文种规范。行文目的不同、行文关系不同，拟写文书时就需要选用不同的文种，例如同一件事，告诉上级用的是“报告”，告诉下级用的是“通知”，告诉同级或不相隶属单位用的则是“函”。

（2）格式规范。文书的格式有些是社会约定俗成的，有些是由国家有关部门统一规定的，如党政公文不仅版面格式有规定，连字体字号、纸张大小、页边距等细节都有具体的国家标准。

（3）拟写与处理程序规范。文书的处理规则、办理步骤等都有程式化规范要求，一般情况下不得随意更改。

## 三、文书的分类

根据文书的内容结构和适用范围，文书可以分为事务文书、礼仪文书、公务文书和专业文书四大类。

#### 1. 事务文书

事务文书指党政机关、企事业单位、社会团体和个人为处理日常事务所使用的文书，主要包括条据、电子邮件、传真稿、备忘录、计划、总结、启事、新闻、简报、规章制度、海报等。

#### 2. 礼仪文书

礼仪文书指党政机关、企事业单位、社会团体和个人在各种社交场合用以表示公关礼节的、具有较固定格式的文书，主要包括欢迎词、欢送词、开幕词、闭幕词、请柬、邀请函、感谢信、贺信、祝酒词、讲话稿、答谢词、悼词等。

#### 3. 公务文书

公务文书简称公文，是具有法定效力和规范体式的文书，是依法行政和进行公务活动的重要工具。党政机关、企事业单位、社会团体等都使用公务文书，使用时以党政机关公文管理制度最为严格，其他均参照党政机关公文管理制度执行，因此党政机关公文又被称为“通用公文”。公务文书包括请示、通知、函、报告、决议、决定、命令、公报、公告、通告、意见、通报、批复、议案、纪要，共15种。

#### 4. 专业文书

专业文书指党政机关、企事业单位、社会团体和个人为处理行业业务所使用的文书，如经济文书、法律文书、科技文书等。这些文书根据各专业需要又可再分类，如经济文书可分为市场调查报告、招标书、投标书、订货单、商品说明书等。由于专业文书的专业性比较强，一般由各职能部门安排专业人员拟写。

## 巩固训练

请仔细阅读分析下面的例文，然后按要求回答问题。

**征文启事**

为了繁荣校园文化，活跃校园气氛，展现当代中职生的风采，丰富“新生节”的活动内容，提升新生的写作能力与综合素养，特举办此次的征文活动。

一、主办单位

×× 职业学校团委

二、征文对象

一年级全体学生

三、征文要求

1. 主题：“梦想从这里起航”

2. 内容：围绕自己的梦想写来到学校后新制订的目标、计划或入学感想。情感要真实，文字要富有文采；必须为原创作品。

3. 字数：500 ~ 1 000 字

4. 投稿方式：以书面形式投稿，交到校团委

5. 征文时间：即日起至 2013 年 9 月 28 日止

四、征文评奖

征文活动设置一等奖 2 名、二等奖 4 名、三等奖 6 名。颁奖仪式将在 2013 年 9 月 30 日进行，获奖者将颁发荣誉证书。

×× 职业学校团委

2013 年 9 月 10 日

（1）这份启事属于__________文书。

（2）这一类文书有______________________________的特点。

# 职业技能鉴定指导

## 一、知识与技能要点

### （一）知识要点

1. 文书的概念、特点。
2. 文书的分类及其常见文种。

### （二）技能要点

1. 能根据文书内容分析其特点。
2. 能熟练地对文书进行分类。

## 二、模拟训练

### （一）单项选择题

1. 文书又称（　）

A．应用文书　　B．书信　　C．公务文书　　D．事务文书

2. 应用文书的惯用格式指的是（　）

A．秘书个人在工作中逐渐习惯的格式　　B．单位领导喜欢和认可的格式

C．秘书在日常工作中能熟练运用的格式　　D．应用文书在使用过程中约定俗成的格式

3. 被称为“通用公文”的是（　）

A. 事务文书　　B. 普通公文　　C. 公务文书　　D. 党政公文

（二）多项选择题

1. 按照适用范围，文书可分为（　　）

A. 公务文书　　B. 礼仪文书　　C. 事务文书　　D. 专业文书

2. 关于文书的特点，表述正确的是（　　）

A. 文书是用来办事、解决实际问题的，具有实用性

B. 文书最大、最本质的特点是它的特定性

C. 文书有其惯用的格式和规定格式

D. 文书强调方针政策的正确性和客观真实性

3. 下列文书属于党政公文的是（　　）

A. 通知　　B. 简报　　C. 商洽函　　D. 决议

（三）判断题

1. 讲话稿属于礼仪文书。（　）

2. 文书、文件、公文，它们虽在外延大小、使用习惯及历史沿革方面有差异，但可以混用。（　）

3. 文书拟写与文学创作不同，它要求内容必须实事求是。（　）

4. 新闻稿必须及时写作，否则就失去了写作的意义。（　）

5. 有些文书既可以称作事务文书，也可以称作党政公文。（　）

（四）技能操作题

背景资料：嘉兴物业服务有限公司拟对新入职的文秘人员进行岗前培训，总经理安排张主任为新员工讲解文书分类相关知识。假如你是张主任，请你以 PPT 的形式，对相关内容做概要讲述。

## 任务评价

### 任务评价表

| 项目 | 等级 | | | 个人评价 | 小组评价 | 教师评价 |
|---|---|---|---|---|---|---|
| | A | B | C | | | |
| 能力达成 | 能熟练归纳文书的特点，文书类别划分正确熟练 | 能归纳文书的特点，文书类别划分基本正确 | 对文书特点的归纳不够全面，文书类别划分不完全正确 | | | |
| 知识掌握 | 能充分理解文书的特点，熟知文书种类 | 基本理解文书的特点，了解文书种类 | 对文书特点的理解不正确，不了解文书种类 | | | |
| 学习态度 | 任务实施过程中精力集中，全身心投入 | 主要任务环节认真投入，能基本完成任务 | 能参与任务实施全过程，但缺乏主动性 | | | |

# 任务二 掌握文书拟写基本要素及要求

## 任务情境

秦丽在准备应聘过程中，重新复习了一遍文书拟写与处理的知识。这次复习让她对文书拟写有了全面认识，对文书拟写的基本要素及要求的理解更为深刻。她对此次应聘充满信心。

## 任务实施

1. 请你帮秦丽整理文书拟写基本要素包含的主要内容。

主旨

材料

结构

语言

表达方式

2. 请你帮助即将应聘文秘工作岗位的秦丽分析归纳以下几方面的要求。

政策法规方面

表达能力方面

文书格式方面

写作技巧方面

学习能力方面

3．有同学帮秦丽拟写了下面的求职信初稿，请你检查修改。

**求职信**

尊敬的公司领导：

您好！

当您翻开这一页的时候，您已经为我打开了通往成功的第一扇大门。如果您能在我即将踏上人生又一崭新征程的时候，给我一次宝贵机会，我将不胜感激！

我叫秦丽，今年7月即将毕业于美丽的××职业学校，我学的是文秘专业。在校期间，我系统地掌握了文秘专业知识，如文书拟写与处理、办公室事务管理、办公软件应用等课程，均成绩优良。此外，我还自学了计算机、法律相关课程，并拿到了计算机国家二级证书。

在校三年，我利用寒暑假，多次参加社会实践活动。实习期间还参加了前台秘书的培训，学完了接待礼仪等课程。

“器必试而后知其利钝，马必骑而后知其良驽”，请给我一次机会，您得到的定不会只是一份简单的承诺！

如蒙录用，感激之至。

此致

敬礼

应聘人　秦丽

2013年3月6日

（1）这封求职信主旨不够明确，开头应改为：

（2）文中个别地方语言表达欠恰当，应修改的有：

（3）文中主要采用了　　　　　　　　　　　　表达方式，你认为恰当吗？

## 技能提要

（1）文书拟写要有明确的目的，做到一文一事一主旨；材料要充分，但不要面面俱到；结构要完整，符合格式规范；表达方式要恰当，以叙述说明为主；语言要得体，言简意赅。

（2）文书拟写工作是一项非常严肃的工作，拟写人不仅要熟悉文书拟写的要素，还要有较高的政策水平、较好的写作表达能力，善于学习和积累，文书拟写才能得心应手。

## 相关知识

### 一、文书拟写的基本要素

#### 1．主旨

文书的主旨是指贯穿全文的基本观点、主张和意图，是文书的灵魂和生命。文书的主旨要求正确、鲜明、深刻，要依据方针、政策、领导意图和实际情况来确立，角度要新颖。文书确立主旨的具体方法有：题目明旨；篇首总提，篇中提炼小标题或段首撮要，篇末点题；呼应显旨，一线贯通。

### 2. 材料

文书的材料指的是拟写人为某一写作目的而收集使用的基本情况、具体事实、统计数字，以及被具体化的党和国家的方针、政策等。文书的材料主要包括事实材料和理论材料。文书对材料的选择和使用要求有：围绕主旨选择材料，注意材料的整体概括性；选择真实典型的材料，保证材料的客观可靠性；选择新颖生动的材料，保证材料的时效性和影响力。

### 3. 结构

文书的结构指的是文书内部的组织构造，表现为格式构成。文书的结构要求严谨、自然、完整、规范。这里简单介绍文书的一般结构。

（1）标题

文书的标题要求准确、简洁，能直接反映文书的主旨或主要内容。标题形式主要有两种：一是公文式，由发文机关、事由、文种三要素或其中的某一两个要素构成，如“嘉兴物业服务有限公司关于举办敬老活动的通知”；二是主题式，主要用以突出文章的主题，如“科技立厂 人才兴业”。

（2）开头

文书的拟写一般都开门见山、直入主题。文书的开头的形式包括依据目的式、情况概述式、提问式、导语式、致意式等。

（3）主体

文书的主体是主干所在，要求内容务实、层次清晰、结构简约。文书的主体有纵向组合结构（按时间先后顺序、事件发展过程或事理层次安排）、横向组合结构（包括并列分述式、空间转换式）、纵横混合式结构等。

（4）结尾

文书的结尾可采用惯用语式结尾、总结式结尾、希望要求式结尾等。

### 4. 语言

文书拟写须使用事务语体。事务语体是机关团体、企事业单位和个人用以处理事务的一种语体，要求语言准确简明、规范得体。所用词语要有确定性，常按习惯使用一整套事务性词语；一般不用语气词、感叹词、儿化词，不用富于描绘性的词语、口语词汇和方言，不滥用简称、缩略语；句式简洁严整，大多运用陈述句，适当运用长句，普遍使用主谓完全句；语气恰当、讲究分寸。

### 5. 表达方式

表达方式是指行文时采用的表述角度与方法，又称表达手法、表现方法。文书拟写以说明、叙述为主，兼用议论，有些文书会综合使用这三种表达方式。下面主要介绍它们在文书拟写中的应用。

（1）说明

说明在文书拟写中常用于介绍背景材料和环境，可为叙述做铺垫，可为议论提供依据。

使用说明这种表达方式，要求内容科学真实、条理清晰、语言通俗简洁。如计划、总结、通知、报告、商品说明书等均以说明为主，兼用叙述和议论。

（2）叙述

文书中的叙述以概述为主，目的是以实告人，注重对时间，地点，人物，事件的起因、结果等基本信息进行概括叙述，要求内容真实可靠、清楚完整、综合概括。如总结、报告、新闻等均需使用叙述。

（3）议论

文书中的议论主要起点明主旨、深化主旨的作用。以正面议论为主，常用例证法、对比法、引证法，有时还会用到因果论证法、喻证法。文书拟写时常将议论、叙述、说明等方式综合运用，如总结、报告等文书都要用议论提出观点、画龙点睛。使用议论这种表达方式，要求抓住关键有的放矢，要以事实为依据，旗帜鲜明地表明观点。

此外，抒情、描写等表达方式在文书拟写中较少使用，不过有时在新闻、广告、讲话稿、简报、通报、贺信等文书中会使用到，但要讲究语言的准确朴实，不能像在文学作品中那样夸张铺排。

## 二、文书拟写的基本要求

### 1. 要熟悉政策和法规

拟写文书必须熟悉党和国家的政策、法律、法规，具有较高的政策水平和理论水平，才能确保文书本身的政策性。

### 2. 要有较好的文学表达能力

文书拟写要求文从字顺、言简意赅，这就要求文书拟写人要提高文字表达能力，要认真学习语法、修辞、逻辑知识，加强写作实践。

### 3. 要熟知文书的规范格式

各种文书在实际使用中都形成了一套比较固定的行文格式，拟写人应该熟练掌握运用各种文书的行文格式，使拟写出的文书既能体现出不同文书的格式特点和规范要求，又便于贯彻执行。

### 4. 要熟练运用写作技巧

拟写文书一定要明确发文主旨，对要阐述的问题做到心中有数，围绕主题搜集真实、典型的材料。还要养成先写提纲后起稿的习惯，即在拟稿前应先拟出提纲，安排结构，对全篇做通盘安排。

### 5. 要举一反三，触类旁通

文书种类繁多，已形成了一个庞大的文书体系。作为学习者很难把所有文书都一一学到，但可以对一些常用文体进行有针对性地学练，要抓住重点，举一反三，触类旁通。

## 巩固训练

请仔细阅读分析下面的例文，然后按要求回答问题。

**××市商务局关于百货公司重大火灾事故的报告**

省商务厅：

①6月4日凌晨2时40分，我市江南区百货公司发生重大火灾，经过两个多小时的扑救，于5时将明火扑灭。②该公司二层经营的商品及柜台、货架、门窗等全部烧毁，直接经济损失达50万元。造成此次重大火灾的直接原因是二楼……

……

今后，我们要吸取教训，切实加强对安全工作的管理，及时消除各种不安全的因素和隐患，为企业创造来良好的经营环境。

××市商务局

××××年×月×日

（1）这份报告主要运用了哪几种表达方式行文？

（2）①句运用的是__________表达方式。这样写符合文书拟写中这种表达方式的写作要求吗？为什么？

（3）②句运用的是__________表达方式。这种表达方式的拟写要求是什么？

## 职业技能鉴定指导

### 一、知识与技能要点

**（一）知识要点**

文书拟写的基本要素、基本要求。

**（二）技能要点**

能够恰当运用各种表达方式拟写规范文书。

### 二、模拟训练

**（一）单项选择题**

1. 文书拟写中可兼用的基本表达方式是（ ）

A．议论、描写、说明　　B．议论、抒情、说明

C．议论、叙述、说明　　D．叙述、抒情、说明

2. 在文书拟写的基本要素中，起决定作用的是（ ）

A．结构　　B．材料　　C．语言　　D．主旨

3. 下列关于文书的表达方式表述不正确的是（ ）

A．说明时要求内容科学真实　　B．文书中的议论主要起点明主旨、深化主旨的作用

C．文书拟写时会经常用到抒情　　D．文书中的叙述必须真实可靠、清楚完整

**（二）多项选择题**

1. 文书结构拟写的要求是（ ）

A．严谨　　B．自然　　C．完整　　D．规范

2. 文书拟写的基本要求是（　　）

A. 要熟悉政策和法规　　B. 要有较好的文字表达能力

C. 要举一反三，触类旁通　　D. 要熟知文书的规范格式

3. 文书主旨的写作要求是（　　）

A. 正确　　B. 深刻　　C. 鲜明　　D. 新颖

（三）判断题

1. 文书拟写须使用事务语体。（　）

2. 应合理安排正文的结构，使层次清楚、言之有序。（　）

3. 文书中的议论主要起点明主旨、深化主旨的作用，应以反面议论为主。（　）

4. 文书拟写时可借助文学创造手法，以提高文书的趣味性。（　）

5. 讲话稿、简报、通报等文书有时会使用抒情手法。（　）

（四）技能操作题

下面这则通知在主旨表达、结构安排、语言运用方面都存在不妥之处，请指出并修改。

**通　知**

各位学校领导、职工：

根据校长安排，今天晚上我们将在行政楼北楼多功能厅召开教改工作会议。校长请各位领导和职工一定要参加，如果不参加的话，年终考核将以不合格论处。事关重要，万望牢记，不要缺席。

特此通知

时间：7：00

地点：行政楼北楼多功能厅

学校办公室

××××年×月×日

# 任务评价

**任务评价表**

| 项目 | 等级 A | 等级 B | 等级 C | 个人评价 | 小组评价 | 教师评价 |
|---|---|---|---|---|---|---|
| 能力达成 | 能正确熟练判定各种表达方式在文书拟写中的作用 | 能判定各种表达方式在文书拟写中的作用 | 对各种表达方式在文书拟写中的作用的判定不够正确 | | | |
| 知识掌握 | 已充分理解和掌握文书拟写基本要素及要求的相关知识 | 能基本理解和掌握文书拟写基本要素及要求的相关知识 | 对文书拟写基本要素及要求的相关知识不能很好地掌握，理解有困难 | | | |
| 学习态度 | 任务实施过程中精力集中，全身心投入 | 主要任务环节认真投入，能基本完成任务 | 能参与任务实施全过程，但缺乏主动性 | | | |

# 项目二 文书处理概览

Project 2

## 项目概述

文书处理是指文书拟制、办理、管理等一系列相互关联、衔接有序的工作，是机关企事业单位制作、传递、使用、保存或销毁文件等行为的总称。文书处理是行政管理工作的重要组成部分，其质量与效率对国家机关或其他组织的工作成效有直接影响。作为文秘人员，在文书处理工作中，必须严格遵守文书处理的原则和要求，确保工作的准确规范、高效精简、安全有序。本项目主要帮助学习者掌握文书处理基本任务与原则，熟悉文书的拟制程序，为今后掌握文书处理技能打下坚实的基础。

## 学习目标

知识目标

1. 熟悉文书处理的基本任务，充分认识规范文书处理工作的意义。
2. 了解文书处理的工作内容，熟悉文书处理原则。

技能目标

掌握文书拟制程序，能按要求正确填写文件签批表（单）。

# 任务一　掌握文书处理原则

Task 1

## 任务情境

通过笔试、面试，秦丽终于被嘉兴物业服务有限公司录用为总公司办公室秘书。鉴于秦丽尚无文书处理方面的工作经验，对公司业务也不熟悉，张主任安排她先跟着已在公司工作多年的陈秘书学习。

秦丽发现陈秘书这里整洁有序，桌上依次排列着很多文件夹，文件夹上分别贴着发文登记、收文登记、传阅登记等标签，分类特别详细，不由得心生佩服。

## 任务实施

1. 陈秘书刚起草完一份公文，对秦丽说："这份文件拟写好了，我得拿去给总经理过目，你稍坐一下。"你知道这是文书处理过程中的哪道程序吗？接下来还需做些什么才能把这份文件分发出去？请参照【相关知识】，列出文书拟制和发文办理的工作内容：

2. 办公室小李给陈秘书送来一份文件，陈秘书签收后，一看标着"急件"，立刻放下手头的工作，做了登记，就开始处理这份文件。陈秘书先办急件所遵循的原则是：　　　　；请列出陈秘书具体要做的收文办理工作：

3. 陈秘书一边跟秦丽说着有关事宜，一边忙着把办毕的文件整理归档。这一工作属于　　　　程序，要遵循的原则是：

4. 陈秘书来到对面一间未挂牌的办公室门前，她先按了旁边的密码器，一进门就立即把门反锁上了。秦丽知道这是　　　　室，陈秘书出来时秦丽什么都没问。她做得对吗？陈秘书和秦丽都遵循了文书处理的　　　　原则，请你说说这一原则的具体要求。

## 技能提要

（1）要熟练掌握文书处理程序，首先必须认真理解文书处理的基本任务，全面了解文书处理的工作内容。做文书处理时应做到不遗漏任何一个环节，养成按要求规范处理文书的好习惯。

（2）在掌握文书处理程序的基础上，领会急件急办、特事特办的高效原则，学会按轻重缓急处理文书。

（3）熟悉文书处理准确规范、安全保密的原则要求，处理文书时做到专人收发，及时登记。

## 相关知识

### 一、文书处理的基本任务

文书处理工作是指文书拟制、办理、管理等一系列相互关联、衔接有序的工作，是各级行政机关和企事业单位一项不可或缺的行政行为，也是各机关、单位、部门之间进行工作联系的纽带与桥梁。文书处理的基本任务是科学地组织与管理机关的文书工作，安全高效地运转公文，妥善地保管文书，正确地发挥文书的作用，有效地推进机关工作。

#### 1. 科学地组织与管理机关的文书工作

文书管理工作指的是让文书拟制、办理、保管等各环节按规定要求和一定程序进行的所有工作，如对各个环节制定规则、提出要求、进行登记检查等。它贯穿于文书处理的各个环节，是文书处理工作得以规范有序运行的保障。因此，《党政机关公文处理工作条例》（中办发〔2012〕14号）（以下简称《条例》）指出：各级党政机关应当高度重视公文处理工作，加强组织领导，强化队伍建设，设立文秘部门或者由专人负责公文处理工作；各级党政机关办公厅（室）主管本机关的公文处理工作，并对下级机关的公文处理工作进行业务指导和督促检查。

#### 2. 安全高效地运转公文

运转公文是文书处理工作的核心任务，《条例》是文书运转处理的最高法则，文书处理中的党政机关公文处理必须严格遵照《条例》执行，其他类别的文书的处理工作则参照《条例》执行。

#### 3. 妥善地保管文书

文书的保管工作是指文书的收集、整理、鉴定、编目、归档、保存等一系列工作。其核心任务是根据相关规定（参见《中华人民共和国档案法》《中华人民共和国档案法实施办法》）及程序将有保存价值的文书收集整理成档案加以保管和编研，以备利用。

### 二、文书处理的工作内容

参照《条例》，我们将文书的拟写、印制、传递、使用、保存、销毁等一系列具体处理工作划分为文书拟制、文书办理和文书管理三大部分。有关文书处理的主要工作内容和程序（见下表），本教材将按模块、分项目设置任务进行专项学习与训练。

文书处理的主要工作内容与程序一览表

<table>
<tr><td rowspan="5">文书处理</td><td>文书拟制</td><td colspan="2">包括拟写（起草）、审核、签发等程序</td></tr>
<tr><td rowspan="3">文书办理</td><td>收文办理</td><td>包括签收、登记、初审、承办、传阅、催办、答复等程序</td></tr>
<tr><td>发文办理</td><td>包括复核、登记、印制、核发等程序</td></tr>
<tr><td>整理归档</td><td>包括收集、整理、归档、移交等程序</td></tr>
<tr><td>文书管理</td><td colspan="2">包括文书拟制管理、收发与传阅管理、撤销与废止管理，涉密文件管理，文书档案管理等内容</td></tr>
</table>

## 三、文书处理的原则

### 1. 实事求是原则

实事求是原则首先体现在文书的拟制环节，要求保证行文确有必要，讲求实效，注重针对性和可操作性。文书的出发点和落脚点都是为了解决工作中的实际问题，这就要求我们在处理过程中必须深入实际，全面调查，了解情况，摸清问题，有的放矢；反对在行文过程中打官腔，讲套话，浮夸虚饰，生搬硬套。

### 2. 准确规范原则

准确规范原则涉及的工作内容比较多，从文书文稿的拟写到文书整理归档，从收发文办理到涉密文件管理，每一个环节都必须遵守准确规范原则。尤其是党政机关公文，在拟制环节中必须严格遵守公文的起草、审核与签发程序；在办理环节中，要严格遵守收文和发文办理以及整理归档的程序和规定；在管理环节中，要求各级党政机关建立健全的公文管理制度，确保管理严格规范，充分发挥公文效用。

### 3. 精简高效原则

"繁文缛节"一直是困扰文书处理的突出问题。要想提高文书处理的效率，就必须在实际工作中及时迅速地处理文书，不拖拉，不积压。急件急办，特事特办，简化程序，缩短文书运转周期。应根据需要适时更新办公设备，采用现代化的办公手段。

### 4. 安全保密原则

文书是党政机关、企事业单位、社会团体传达方针政策、进行决策部署、反映各项工作活动内容的重要工具。其中，部分文书可能涉及相关单位的重要机密，一旦外泄将造成重大损失，因此，这类文书在传递和处理的过程中要注意保密，必须由机要秘书专人管理，不得随便让无关人员翻印或接触，更不许在公共场合随意谈论。设立党委的县级以上单位应当建立机要保密室和机要阅文室。涉密文书一般不得复制、汇编，确有此工作需要的，应当经发文机关或者其上级机关批准。复制、汇编的涉密文书应加盖复制、汇编机关戳记并视同原件管理。机关合并时，全部文书应当随之合并管理；机关撤销时，需要归档的文书经整理后按照有关规定移交档案管理部门。不具备归档和保存价值的文书，经批准后可以销毁。文书处理相关人员要严格按照文书自身的保密要求和阅知范围办事，个人不得私自销毁、留存涉密公文，离职时应将暂存、借用的公文按规定移交、清退。

### 四、文书处理的主要法律法规依据

（1）《党政机关公文处理工作条例》（中办发〔2012〕14 号）。

（2）《党政机关公文格式》（GB/T 9704—2012）。

（3）《中华人民共和国国家通用语言文字法》。

（4）《标点符号用法》（GB/T 15834—2011）。

（5）《出版物上数字用法》（GB/T 15835—2011）。

## 巩固训练

1. 文书处理的基本任务和主要工作内容是什么？
2. 认真复习总结所学知识，填写并完善下列文书处理工作的组织结构图。

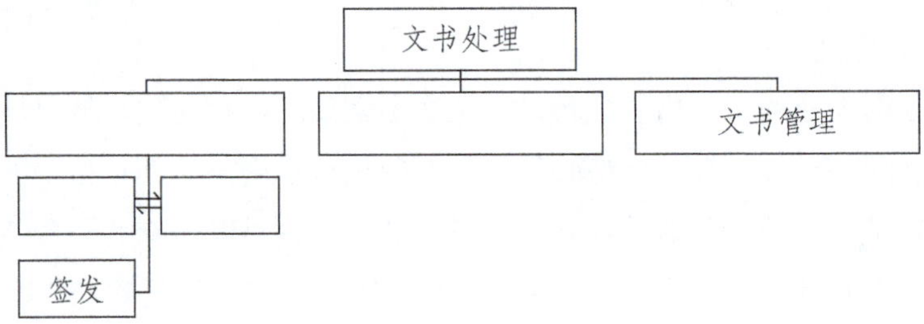


## 职业技能鉴定指导

### 一、知识与技能要点

#### （一）知识要点

1. 文书处理的基本任务与主要工作内容。
2. 文书处理的原则。

#### （二）技能要点

1. 熟悉并掌握文书处理程序。
2. 熟悉文书处理的主要法律法规依据。

### 二、模拟训练

#### （一）单项选择题

1. 对文书管理工作理解不当的说法是（　）

A．文书管理工作指的是让文书处理各环节按规定要求和一定程序进行的所有工作

B．文书管理工作包括对文书处理各环节制定规则、提出要求、进行登记检查等工作

C. 文书管理工作贯穿于文书处理的各个环节

D. 文书管理工作是领导的事，与文秘人员无关

2. 收文办理的工作内容不包括（　）

A. 签收　B. 初审　C. 复核　D. 催办

3. 涉密公文应当由（　）管理

A. 单位负责人　B. 办公室　C. 机要秘书　D. 资料员

（二）多项选择题

1. 下列表述不符合文书处理的准确规范原则的是（　）

A. 各级党政机关应当建立健全本机关公文管理制度

B. 文书有专人管理即可，无需建立管理制度

C. 设立党委的县级以上单位应当建立机要保密室和机要阅文室

D. 机关撤销时，所有公文就地销毁

2. 下列说法符合文书处理的安全保密原则的是（　）

A. 不具备归档和保存价值的文书，经批准后可以销毁

B. 不具备归档和保存价值的文书，可随意销毁

C. 个人不得私自销毁、留存涉密公文

D. 领导可以留存涉密公文

3. 根据《条例》规定，文书处理工作应当坚持的原则是（　）

A. 实事求是　B. 精简高效　C. 准确规范　D. 安全保密

（三）判断题

1. 安全高效地运转公文，妥善地保管文书都是文书处理工作的基本任务。（　）

2. 机关合并时，全部文书应当随之合并管理。（　）

3. 绝密公文无需专人管理。（　）

4. 涉密文书一般不得复制、汇编。（　）

5. 不具备归档和保存价值的文书可自行销毁。（　）

（四）技能操作题

背景说明：你是荣华公司的文秘人员王娟，下面是办公室张主任交给你的工作任务。

王娟：

后天，市档案局将组织一次关于公文处理的培训，请你参加。培训结束后，请你上交一份学习汇报材料，谈谈你对公文处理原则的理解。

办公室主任　张小鹏

2013年7月5日

# 任务评价

任务评价表

| 项目 | 等级 | | | 个人评价 | 小组评价 | 教师评价 |
|---|---|---|---|---|---|---|
| | A | B | C | | | |
| 能力达成 | 熟悉文书处理的主要工作内容与程序，能熟练判断文书处理原则的运用情况 | 了解文书处理的主要工作内容与程序，能基本判断文书处理原则的运用情况 | 对文书处理的主要工作内容与程序了解不全面；了解文书处理原则，但不能准确判断文书处理原则的运用情况 | | | |
| 知识掌握 | 能熟练掌握文书处理的基本知识，熟知文书处理的基本任务、主要工作内容、原则 | 基本掌握文书处理的相关知识，理解文书处理的基本任务、主要工作内容、原则 | 基本了解文书处理的相关知识，但对文书处理的基本任务、主要工作内容、原则理解不全面 | | | |
| 学习态度 | 任务实施过程中精力集中，全身心投入 | 主要任务环节认真投入，能基本完成任务 | 能参与任务实施全过程，但缺乏主动性 | | | |

# 任务二 熟悉文书拟制程序

Task 2

## 任务情境

2014 年是嘉兴物业服务有限公司走上规范管理的第二年。为全面评价公司中层管理人员的履职情况，11 月 18 日上午，公司党政联席会研究决定，将于 12 月份在全公司范围内部署开展中层管理人员年度综合考评工作。领导要求办公室负责制发文件，然后向蓝天城市控股集团请示，如获批准，则组织开展考评工作。办公室张岩主任将制发相关文件的任务交给了秦丽。

## 任务实施

1. 领会领导意图、明确工作任务是每一个文秘人员必须具备的工作能力。秦丽分析自己的任务是制发公文：先拟写一份发送给上级主管单位蓝天城市控股集团的请示；在获得蓝天城市控股集团的批准后，再拟写第二份文稿，即发送给本公司各部门的通知。秦丽对任务的领会正确吗？正确选用文种属于文书拟制的＿＿＿＿＿＿＿＿环节，需要遵循的原则是：＿＿＿＿＿＿＿＿

2. 秦丽完成了初稿拟写工作，将文稿送办公室张主任审核。此过程属于文书拟制的＿＿＿＿＿＿＿＿环节。在审核文稿过程中，如果张主任提出异议，秦丽该怎样解决？

3. 秦丽拟写的《嘉兴物业服务有限公司关于开展 2014 年度中层管理人员综合考评工作的请示》已通过审核，请代秦丽完成填写文件签批表任务。请思考总结：表中内容要分几步才能完成？哪些栏目应由秦丽自己填写？哪些栏目应送相关人员填写？

**嘉兴物业服务有限公司文件签批表**

<table>
<tr><td>文号/编号</td><td></td><td>拟稿人</td><td colspan="2"></td><td>缓急</td><td></td></tr>
<tr><td>签发意见</td><td rowspan="2"></td><td>核稿人</td><td colspan="2"></td><td>密级</td><td></td></tr>
<tr><td>签 发 人</td><td>办公室审核</td><td colspan="3"></td><td>共　页</td></tr>
<tr><td>标　　题</td><td colspan="6"></td></tr>
<tr><td>文件类型</td><td colspan="6">□合同　□报价单　□公关传播　□内部发文　□对外发文　□其他：</td></tr>
<tr><td>主　　送</td><td colspan="3"></td><td>抄送</td><td colspan="2"></td></tr>
<tr><td>附　　件</td><td colspan="6"></td></tr>
</table>

续表

| 部门负责人审批 | 签名：　　　　　　　　年　月　日 |
|---|---|
| 专项管理者审批 | 签名：　　　　　　　　年　月　日 |
| 律师意见<br>（合同类） | 签名：　　　　　　　　年　月　日 |
| 公司领导审批 | 签名：　　　　　　　　年　月　日 |

4. 张主任审核后，秦丽将已修正的审核稿呈送杨总经理。当天下午，秦丽从杨总经理办公室取回审核稿。文件签批表上，杨总经理已在相关栏目上签了“发”字，并签署了姓名和日期。此过程属于文书拟制的________环节。经公司领导签发的文稿称为□草稿　□定稿，未经________不得再改动。

5. 秦丽完成了请示的拟制程序后将整个工作过程总结如下：

公文拟制程序：起草→审核→签发

（1）秦丽拟制请示的过程及其归纳的公文拟制程序是否规范？请你补充具体操作环节及其要求：________

（2）所有文书的拟写都必须履行这样的程序吗？

## 技能提要

（1）文书拟制要认真贯彻落实实事求是原则，明确文书起草要求，既要充分领会并表达领导意图，又要符合政策法规，做到一切从实际出发，分析问题实事求是，所提政策措施和办法切实可行，讲求实效。

（2）重视审核修改，保证拟制质量。文书拟制包括拟写、审核、签发三大主要程序。重要文书在公布之前，必须由领导审阅签发或审阅并同意。《条例》明确规定“公文应当经本机关负责人审批签发”。初学者要注意避免对领导的审核意见产生恐惧或抵触情绪，应认真按领导的审核意见反复修改。外发的传播类文书、礼仪文书多数需要履行签发手续，有的只需要请领导审阅即可，如很多单位对上网的新闻要求填写文件签批表（单），而请柬等只是请领导过目，一般不填文件签批表（单）。内部使用的计划、总结等日常事务文书一般不需要领导审核签发，但仍要坚持自查自纠，保证拟制质量。文书拟制质量是保证文书运作质量的前提，文秘人员必须养成拟写厚积薄发、检查认真细致、修改精益求精的良好习惯，力求把文书拟制工作做到最好。

## 相关知识

文书拟制是将发文机关的发文意图变成文稿的整个过程，是形成一份文书的最基本工作，也是文书处理的最基础环节，主要包括文稿拟写、审核、签发等程序。

## 一、文稿拟写

文稿拟写在公文中称为公文的起草。文稿拟写是文书拟制的第一道程序，是体现发文机关意图的重要环节。拟写步骤详见流程图。文稿拟写注意事项如下：

（1）明确行文权限及行文的必要性，正确选用文种。

（2）准确传达发文机关主要意图，并与相关地区或部门意见协调一致，同现行有关公文相衔接。

（3）严格按各类文书的具体格式和表达要求规范拟写。

（4）机关负责人应当主持、指导公文书的拟写工作。

文稿拟写流程图

## 二、文稿审核

文稿的审核工作是文稿拟制的基础管理工作。文稿签发前，应当由发文机关办公厅（室）进行审核。需要发文机关审议的重要公文文稿，审议前应由发文机关办公厅（室）进行初核。经审核不宜发文的文稿，应当退回起草单位并说明理由；符合发文条件但内容需做进一步研究和修改的，由起草单位修改后重新报送。文稿审核的重点如下：

### 1. 审权限

部门内设机构除办公厅（室）外不得对外正式行文。新设立的机关应当向本级党委、政府的办公厅（室）提出发文立户申请，经审查符合条件被列为发文单位的，才能对外发文。

### 2. 审内容

（1）行文理由是否充分，行文依据是否准确。

（2）内容是否符合国家法律法规和党的路线方针政策，是否完整准确体现发文机关意图，是否同现行有关文书相衔接，所提政策、措施和办法是否切实可行。

（3）涉及有关地区或者部门职权范围内的事项是否经过充分协商并达成一致意见。

### 3. 审表达规范

（1）审文种是否正确，格式、用语是否规范；注意不要滥用简称、缩略语。

（2）审人名、地名、时间、数字、段落顺序、引文等是否准确。

（3）审文字、数字、计量单位、标点符号等用法是否规范。

## 三、文稿签发

### 1. 签发负责人

文书应当经本机关负责人审批签发，重要文书和上行文由机关主要负责人签发。党委、政府的办公厅（室）根据党委、政府授权制发的文书，由授权机关主要负责人签发或者按照有关规定签发。联合发文则由所有联署机关的负责人会签。机关各处室涉及经费的公文在送办公室审签前要送经计财处（室）审核同意并签署意见，涉及法律法规的公文在送办公室审签前要送经法规产业处（室）审核同意并签署意见。

### 2. 签发内容

签发文书，应当签署意见、签发人姓名和签发时的完整日期；圈阅或者签名的，视为同意。

### 3. 签发形式

目前主要有直接在文稿上签名批示和填写文件签批表（单）两种签发形式，有的单位规定重要文书须同时采用这两种形式。文件签批表（单）的标题名称、格式与内容大多由各单位根据本单位具体情况拟制，目前不是很统一，如有的单位就将文件签批表（单）称为“××××公司发文稿纸”。

## 四、文书稿本

文书稿本是指同一内容和形式的文件，根据其在撰写、审核、印制过程中的作用和使用的不同需求，形成的文稿和文本。其中，草稿和定稿通称为文稿，正本和副本通称为文本。

（1）草稿。草稿又称草案、征求意见稿、送审稿、初稿等，是文书拟写过程中的原始稿件，供讨论、修改、审批之用。它不属于正式文件，不具备现实执行效用。除少数用于征求意见的文件之外，草稿一般不向外发出，亦无需归档保存。对于某些特别重要的文件，经反复修改多次会产生多个草稿，因此这些草稿反映了文件的形成过程，具有参考价值，可归档保存。

（2）定稿。定稿又称原稿，是经领导审阅签发或经会议讨论通过的最后完成稿，是印制正本的依据。草稿一旦经领导签发便成为定稿，不经其同意不得再做任何修改改动。定稿反映了文件拟写、审核、签发的全过程，具有重要的参考价值和凭证作用，因此，凡需保存的文件，其定稿也应予以保存。

## 巩固训练

三人一组，分别扮演杨总经理、张主任和秦丽的角色，完成下面的任务：

（1）演示文书拟制程序。

（2）汇报交流演示心得。

（3）列出本次文书拟制的详细的程序图。

# 职业技能鉴定指导

## 一、知识与技能要点

### （一）知识要点

1. 文书拟制的程序。
2. 文稿的审核重点。

### （二）技能要点

1. 能熟练掌握文书拟制的三大主要程序。
2. 能熟练完成文件签批表（单）的填写任务。

## 二、模拟训练

### （一）单项选择题

1. 以下文书中必须经过审核处理程序的是（　）

A．请柬　　B．批复　　C．介绍信　　D．计划

2. 文书拟制不包括的环节是（　）

A．文稿审核　　B．文稿签发　　C．文稿拟写　　D．文稿收集

3. 下列不属于文书审核的内容的是（　）

A．文书格式是否规范

B．文书末尾是否有领导人签字

C．文字、数字、计量单位、标点符号等用法是否规范

D．人名、地名、时间、数字、段落顺序、引文等是否准确

### （二）多项选择题

1. 重要文书在公布之前，必须做的是（　　）

A．由领导审阅签发或审阅并同意　　B．应当由发文机关办公厅（室）进行审核

C．加盖单位公章　　D．确保文书制作精美

2. 文书审核程序包含的工作内容是（　　）

A．审权限　　B．审内容　　C．审表达规范　　D．审签发意见

3. 签发人签发文书时，应当签署的内容有（　　）

A．签发人的意见　　B．签发人姓名

C．签发时的完整日期　　D．盖上签发人印章

### （三）判断题

1. 重要公文和上行文由机关主要负责人签发。（　）
2. 如遇联合发文，公文由所有联署机关的负责人会签。（　）
3. 单位发文只要符合领导意图就行，与政策无关。（　）
4. 公文草稿一经签发，就变成定稿，具有凭证作用。（　）
5. 公文文稿签发前，应当由发文机关办公厅（室）进行审核。（　）

### （四）技能操作题

背景说明：你是嘉兴物业服务有限公司的秘书秦丽，下面是办公室张主任交给你的工作任务。

秦丽：

公司计划后天给各部门的文秘人员组织一次关于《党政机关公文处理工作条例》（中办发〔2012〕14号）的培训，你负责介绍公文拟制程序。请你准备一份PPT材料，要重点说明公文拟制的注意事项。

谢谢！

办公室主任　张岩

2012年7月5日

## 任务评价

任务评价表

| 项目 | 等级 | | | 个人评价 | 小组评价 | 教师评价 |
|---|---|---|---|---|---|---|
| | A | B | C | | | |
| 能力达成 | 熟悉文书拟制程序；能正确模拟文书拟制过程，内容完备，操作准确规范 | 了解文书拟制程序；能正确模拟文书拟制过程，但操作不够规范 | 基本了解文书拟制程序；能模拟文书拟制的部分环节，但操作不够规范 | | | |
| 知识掌握 | 能熟练掌握文书拟制的基本知识与文稿拟写要求，熟悉文稿审核与签发注意事项 | 能掌握文书拟制的基本知识，了解文稿拟写要求，了解文稿审核与签发注意事项 | 基本掌握文书拟制的基本知识，对文稿拟写要求理解不透彻，对文稿审核与签发注意事项理解不全面 | | | |
| 学习态度 | 任务实施过程中精力集中，全身心投入 | 主要任务环节认真投入，能基本完成任务 | 能参与任务实施全过程，但缺乏主动性 | | | |

# 模块二 Module 2 事务文书拟写

## 模块概述

事务文书是指党政机关、企事业单位、社会团体和个人用于沟通信息、安排工作、总结得失、研究问题的实用文书。与公文相比，它的特点在于：一是不能单独作为文件发文，需要时只能作为公文的附件行文；二是其行文格式乃约定俗成，并无统一规定；三是必要时它也可以面向社会公开。由于事务文书在管理工作中被频繁和大量地使用，文秘人员必须了解事务文书的适用范围，把握其行文格式和用语规范，掌握其撰写方法，规范拟制和使用事务文书。

本模块包括日常事务文书拟写和传播类文书拟写两个项目，共设置八个任务，目标是带领学习者理解启事、新闻、简报等传播类文书的适用范围和语言规范；使学习者熟知并掌握计划、总结的拟写要求和方法，熟练拟写条据、电子邮件、传真稿、备忘录等日常事务文书。

# 项目一
# 日常事务文书拟写

Project 1

## 项目概述

日常事务文书是党政机关、企事业单位、社会团体或个人为处理日常事务所使用的文书。日常事务文书的使用很广泛，在格式上呈现出明显的灵活性与多样性，在撰写的时候要抓住其实用性的特点。本项目的学习任务主要是掌握日常事务文书的结构与格式，熟悉计划、总结等文书的写作方法和要求，能够使用规范得体的语言熟练拟写条据、电子邮件、传真稿、备忘录等日常事务文书。

## 学习目标

知识目标

1. 熟知日常事务文书的适用范围和特点。
2. 掌握日常事务文书的结构与格式。
3. 掌握日常事务文书的拟写要求。

技能目标

1. 能根据写作主旨准确选用文种。
2. 能熟练拟写条据、电子邮件、传真稿、备忘录。
3. 能按要求拟写计划和总结。

# 任务一 条据拟写

## 任务情境

3 月 12 日上午，办公室秘书秦丽约了策划部李强 11:00 来归还策划部开会借去的投影设备。几分钟后，办公室主任张岩派秦丽马上外出办事。秦丽留下便条，把回收投影设备的事情委托给同事何伟峰。由于事情办得很顺利，秦丽 10:30 就回来了。李强如约而至，秦丽找出了李强写的借条，仔细核对后给李强写了张收条。另外，她顺便把要发给各部门的《法律读本》交给了李强 20 本，请他代发给策划部，并让他写了领条。

## 任务实施

1. 请帮秦丽完成以下任务：

（1）请分析条据的分类与作用。

条据的分类

便条的作用

凭据的作用

（2）秦丽拟写的条据应该包括哪些内容？

便条的内容

收条的内容

2. 秦丽匆忙地给何伟峰留下了下面的便条，请你帮忙检查修改。

**便　条**

我约了策划部李强 11:00 来归还投影设备，但我临时接到通知外出办事，请帮我办理。

谢谢！

秦丽

2014 年 3 月 12 日

便条存在的问题是：

（1）标题不合乎使用习惯，可改为：

（2）受文对象缺失，请补充：

（3）语言有歧义，请指出并改正：

（4）事项交待不清楚，请补充：

3. 收到李强归还的投影设备，确认设备完好后，秦丽给李强写了收条。请你阅读后回答问题。

**收　条**

今收到李强归还投影设备一套。经检查设备完好可用。

秦丽

2014 年 3 月 12 日

（1）有关收到的物品的表述不准确，可改为：

（2）结束语缺失，可补充：

（3）署名不规范，可改为：

## 技能提要

（1）便条实际上是不拘字数且方便实用的短信，以说明事情为准，在形式上可参考书信的格式。语言要求简明扼要、准确精炼，使接收者一看就明白，不要引起歧义。

（2）凭据本身就含有“凭证”、“证据”的意思，在涉及法律关系事务时可作为证据使用，因此在写作时要文种选择正确、格式规范，力求语言准确精炼、简洁明了。

## 相关知识

### 一、条据的概念、种类与适用范围

条据是人们在处理事务或财务事宜过程中，写给对方说明某事或作为凭证的文书。条据一般分为便条和凭据两大类。

**1. 便条**

便条也称为说明性条据，是人们用来处理一般性事务的文字形式，通常在无法面谈或手续需要的情况下，用以传递信息、说明事项。常见的便条主要有请假条、留言条、托事条等。

**2. 凭据**

凭据也称凭证性条据，常用于处理涉及法律关系的事务，在民事纠纷中可作为证据使用，内容往往会涉及财物的收、借、交换等。常见的凭据主要有借条、欠条、收条、领条等。

（1）借条。借条是在借用别人的财物时所立的便条式字据。借条是一份简化了的借款（物）合同，其法律后果是在当事人之间确立了债权债务关系，借款人应依照约定向出借人归还借款或物品，否则将承担相应的违约责任。

（2）欠条。欠条是借别人的财物没有还或应当给别人财物却没有给时所立的字据，是双方基于以前的经济往来而进行结算的一种结算凭证。

（3）收条。收条是收到对方归还或交来的财物时所立的凭据。

（4）领条。领条一般是从单位领取财物，或是单位按规定发给个人财物时由领取人出具的凭据。

## 二、条据的结构内容

条据一般由四部分构成：标题、称谓、正文、落款。

### 1. 标题

条据的标题一般顶行居中，以文种名称作为标题。留言条、托事条省略标题。

### 2. 称谓

在便条的标题之下，单独起一行并顶格写收件人称谓。收件人可与日常交往称谓一致，既可用口头语，也可以用书面语。需要注意的是，请假条的收件人应该是按照考勤管理权限有权批准请假申请的部门、组织或个人。

凭据一般不用写称谓。

### 3. 正文

（1）便条的正文

第一部分一般应写明目的或缘由。如请假条的缘由是请假条主体部分的重要内容，批准人将根据这部分内容进行衡量，以确定请假人请假的必要性及其请假后对组织的影响程度，从而做出是否批准的决定。

第二部分是事项，这是便条的核心部分。这部分应准确、简洁地说明事情。如果是委托别人做事情，则需要尽量详细具体地告诉对方委托其处理的事情，明确表达希望对方什么时候完成，并留下联系方式；如果是请假，则要写明请假时间，请假时间由请假的时间量和日期组成，如“请假 2 天（2014 年 10 月 11—12 日）”。

第三部分为结束语，应表示感谢、敬意等，如托事条在文末都要向对方表示感谢。

（2）凭据的正文

凭据的正文要开门见山，简洁而准确地交代清楚写给谁、什么事，如“今借到 ××× （对方姓名）人民币 ×× 元整”。借条要写上归还日期，欠条要写上还清日期。必要时要约定利息和违约责任。涉及物品要写清楚名称、特征、规格、数量等，数量要用大写，且后面要跟上量词。如果是金钱，则要写明货币的种类、金额、单位，金额要用大写，还要在货币单位后面加“整”字。数字或金额前不可留空白。如果写错了，改正后需要在改正处加盖印章或按手印，最好能够重新写一张。

凭据一般不写致意词，但应在正文后或另起一行首空两格写“此据”做结尾。

**4. 落款**

在正文右下方写上立据者的姓名、单位名称并加盖印章，下一行写上立据时间。留言条还应注明具体的时间点，而不能笼统地写一个日期，否则易引起误会。

## 三、条据的拟写要求

**1. 正确选用文种，规避风险**

条据的种类很多，在现实生活中使用非常广泛，但人们常常因为混用各种条据惹来麻烦，甚至惹上官司。所以，写条据特别是凭据时，必须认真谨慎，要熟悉各类条据的适用范围，正确选用文种。如“欠条”和“借条”虽只有一字之差，但法律意义却不同，产生纠纷诉讼时法院的判决结果也会不同。

**2. 规范书写**

写条据时字迹要端正清楚，要用钢笔或毛笔书写。对外使用的条据，写对方单位名称要用全称。要严格按照条据正文的写作要求书写。

**3. 填写表格要规范**

现在很多企事业单位为了统一规范，往往使用表格式条据，如用办公用品领用申请表（如下表）代替领条。填写时要注意填写清楚领用物品的名称、规格、型号和数量。表格由领用人签名后，送主管领导审核签字，交给物品发放人核发物品并签字确认。

**办公用品领用申请表**

部门：　　　　　　　　编号：

| 领用物品名称 | 规格 | 型号 | 数量 | 备注 |
|---|---|---|---|---|
| | | | | |
| | | | | |
| | | | | |
| | | | | |
| 领用人： | 主管领导审核： | | | 发放人： |
| 日期： | 日期： | | | 日期： |

## 巩固训练

请仔细阅读分析下面的例文，然后按要求回答问题。

初萌：

公司领导希望行政部能够通过培训提高会议服务人员的素质，特别是会议引导人员的素质，因此，我们将在下周对有关人员进行会议服务知识的培训。为了做好此项工作，请你就会议引导人员的素质要求帮我拟出一个培训大纲。

谢谢！

行政经理　××

××××年×月×日

（1）这份文书是　　　　　　条。

（2）这份文书的正文内容包括：

（3）行政经理写这份文书的的原因是：

（4）行政经理交办的事项是：

## 职业技能鉴定指导

### 一、知识与技能要点

**（一）知识要点**

1. 便条的拟写要点。
2. 办公用品领用申请表的内容及物品领用手续。

**（二）技能要点**

1. 能正确梳理便条中传递的信息，规范拟写便条。
2. 能正确填写办公用品领用申请表，规范履行物品领用手续。

### 二、模拟训练

**（一）单项选择题**

1. 办公用品领用申请表上不需填写（　）

A．领用物品的价格　B．领用物品的名称　C．领用物品的数量　D．领用人的姓名

2. 员工在领用办公用品时，应填写办公用品领用申领表，并由（　）签字批准

A．主管领导　B．总经理　C．员工本人　D．秘书

3. 收到他人交来的财物，需要写（　）

A．领条　B．收条　C．欠条　D．借条

**（二）多项选择题**

1. 办公用品领用申请表上有（　　）的签字，物品发放人才能发放办公用品

A．发放人　B．使用人　C．主管领导　D．领用人

2. 便条的正文内容应该包括（　　）

A．事项　B．目的　C．缘由　D．结束语

3. 请假条的结构包括（    ）

A. 标题　　B. 称谓　　C. 正文和敬语　　D. 署名和成文日期

（三）判断题

1. 借到别人的财物，应该写欠条。（    ）
2. 领到物品，应该写领条，以做凭证。（    ）
3. 便条常用于处理涉及法律关系的事务，可作为凭据使用。（    ）
4. 凭据写作中，数量应该用大写。（    ）
5. 借条的结尾一定要用致谢语。（    ）

（四）技能操作题

请仔细阅读分析下面的例文，然后按要求回答问题。

赵子墨：

公司新来的黄秘书在文书签收中多次出现差错。请你以书面形式告知她文书签收的程序、具体工作内容、基本要求与注意事项。

谢谢！

行政经理　左晓珊

2012 年 7 月 5 日

1. 这张便条的收件人和发件人分别是谁？
2. 这张便条中，行政经理要求赵子墨完成什么任务？
3. 便条中提到的“书面形式”可以是哪种形式？

## 任务评价

**任务评价表**

| 项目 | 等级 A | 等级 B | 等级 C | 个人评价 | 小组评价 | 教师评价 |
|---|---|---|---|---|---|---|
| 能力达成 | 能按要求完成条据的拟写，内容完备，格式正确，语言规范得体 | 能完成条据的拟写，内容较完备，格式无错误，语言基本能传达作者意图 | 能基本完成条据的拟写，内容不够完备，格式不规范，语言不得体 | | | |
| 知识掌握 | 理解条据的适用范围并能正确运用条据，已掌握条据的结构与格式，熟悉条据的拟写要求 | 了解条据的适用范围，基本掌握条据的结构与格式，理解条据的拟写要求 | 基本了解条据的适用范围但实际运用有困难，对条据的结构与格式把握不准确，对条据的拟写要求理解有困难 | | | |
| 学习态度 | 任务实施过程中精力集中，全身心投入 | 主要任务环节认真投入，能基本完成任务 | 能参与任务实施全过程，但缺乏主动性 | | | |

# 任务二　电子邮件与传真稿拟写

## 任务情境

秦丽一上班，先把拟写好的《国庆节放假通知》发到总经理杨明超的电子邮箱，恰巧杨总经理打来电话，让秦丽注意接收兴达公司发来的有关合作预案的电子邮件。

## 任务实施

1. 请你试着帮秦丽拟写电子邮件各部分内容，把《国庆节放假通知》发到杨总经理的电子邮箱。

收件人：　　　　　主题：　　　　　附件名：

正文、落款：

2. 下面是兴达公司秘书发给秦丽的电子邮件。邮件各部分的拟写是否恰当？请你指出并修改。

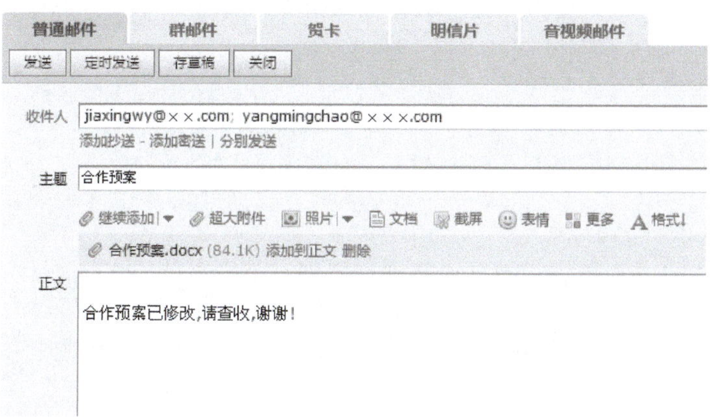


（1）收件人：

（2）主　题：

（3）附件名：

（4）正　文：

（5）落　款：

3．采购部主任武平请秦丽帮她修改一份传真稿。请你帮忙检查，若有问题请改正。

**嘉兴物业服务有限公司**
**JIA XING WU YE FU WU YOU XIAN GONG SI**

| | |
|---|---|
| 传真单位：嘉兴物业有限公司 | 传真批号：［2014］年第 7 号 |
| 传真日期：2014 年 11 月 12 日 | 传真人姓名：武平 |
| 退货地址：江苏南京北京西路 ××× 号 | |
| 收文单位：富兴劳保用品公司 | 传真号：0311-9875×××× |
| 抄　送： | 接受日：2014 年 11 月 12 日 |
| 接收人：张志光 | 登记号：876347 |
| 附　件：部分退货订单 | 页　数：1 |

富兴劳保用品公司：

您好！近日，我公司收到了贵公司发出的第一批订单。经我公司技术人员验货之后发现有一半订单货物技术标准不符合国规要求。此事严重影响到我公司的正常运作，望收到传真后，给予妥善处理！具体退货数据请见传真附件。

谢谢合作！

拟报人：武平

嘉兴物业服务有限公司拟定

（1）传真稿的首页：

（2）传真稿的标题：

（3）传真稿的正文：

（4）传真稿的署名：

## 技能提要

（1）拟写电子邮件和传真稿时要注意内容的普适性。在发送电子邮件给多个人的时候，要注意收件人的排序。

（2）要注意电子邮件的隐私性。不能确认你列出的电子邮件地址是否可以被所有收件人分享的时候，记得一定要使用“密送”功能。

（3）要注意电子邮件的安全性。尤其是在公共场所收发电子邮件时要注意电子邮件的安全性，可以通过网页浏览器中“Internet 选项”的“常规”选项卡删除临时文件（包括所有脱机内容）、历史记录、Cookie。另外，还可以到“内容”选项卡的“自动完成”栏进行自动完成功能设置，清除表单上的用户名及密码等。

## 相关知识

### 一、拟写电子邮件的基本技巧

本任务讲述的电子邮件主要指工作电子邮件。与生活电子邮件的随意不同，工作电子邮件在主题、正文、署名方面的要求更加严谨规范。工作电子邮件一般由六部分构成：收件人、发件人、主题、正文、署名、附件。

#### 1．收件人与发件人

应正确填写收件人与发件人的电子邮箱地址。需要注意的是“抄送”与“密送”功能的使用。抄送是指将电子邮件发送给收件人的同时，还会让其他人收到该电子邮件，并且要让收件人知道这种情况。密送的功能大致相同，区别是收件人并不知道你把该电子邮件发送给了其他人。

**2. 主题**

人们通常会根据主题判断电子邮件的重要性，因此主题不能空缺，并且要简洁，突出电子邮件的重要性。一封电子邮件一个主题，不在一封电子邮件内谈及多件事情，以便日后整理。回复电子邮件时要更改主题。主题不要随便用“紧急”标示，也不可出现错别字。

**3. 正文**

正文前要有称谓，用语要正式礼貌。

正文内容的写作与书信相同。

带有附件的电子邮件，正文部分要提示收件人查看附件。正文要对附件中的关键内容进行简要解说，要对附件内容进行必要的补充；带有多个附件的电子邮件，正文应对各个附件做简要说明。如附件是特殊格式文件，应在正文中注明打开方式，以免影响收件人正常阅读。

**4. 署名**

为了使收件人可以清楚地了解发件人信息，应在落款处加上签名档。签名档可包括姓名、职务、单位、手机号码、传真、电子邮箱等信息，但信息不宜行数过多。

例如：

外研社人力资源部专员　李 ×
通讯地址：北京市海淀区西三环北路 19 号外研社大厦
手机号码：1391033××××
传真：010-8881××××
电子邮箱：××××@fltrp.com

电子邮件签名档是一个公司品牌形象的组成部分，正规企事业单位对电子邮件签名档（尤其是对外部联系的电子邮件的签名档）都有统一的格式设计。当多个人员或者多个部门都需要与同一用户发生联系时，这种统一使品牌形象的效果更加明显。

**5. 附件**

附件的名称最好能够概括附件的内容，方便收件人下载后管理。附件数目不宜超过四个，数目较多时应打包压缩成一个文件。如果附件过大，应分割成几个小文件分别发送，并注明顺序。

## 二、拟写传真稿的基本技巧

传真具有真实、便捷、可靠等特点。传真稿可以说是文件原件的影印文件。传真稿一般由五部分构成：稿头、标题、署名、正文、附件。

**1. 稿头**

稿头一般 包括收件人姓名、单位、传真号，发件人姓名、单位、传真号、电话，（传真）发件日期、总页数，主题，回复要求等信息。收件人姓名、单位应使用规范名称以示尊重。

传真稿的稿头非常重要，正确完整填写稿头信息，有助于避免传真稿的错看、漏看，也可以为日后的整理归档做好准备。

公司的传真信纸通常是自己统一印刷的，不同公司的传真信纸在印制上虽有所不同，但信纸的上方都印有公司名称、地址、Logo 等。

**2. 标题与正文**

传真稿的标题多采用“公司名称 + 文种”的结构，如“嘉兴物业服务公司传真稿”；发送正文内容较多或较重要的文件，传真稿的标题多采用“事由 + 文种”的结构，如“关于组建通讯报道小组的通知的传真稿”。

传真稿的正文与电子邮件正文拟写要求基本相同。

**3. 落款与附件**

传真稿的落款应有发稿者署名和日期。以发文单位或部门名称署名的，常需加盖相应公章；需要回复联系的，可附上联系电话、电子邮箱地址等信息；重要文件还需要加签署签发人姓名。

传真稿附件与电子邮件的附件名称拟写名称拟写要求基本相同。附件名称要有概括性，同时要在正文中对附件进行简单解说。

## 三、电子邮件和传真稿的拟写要求

**1. 电子邮件拟写要准确规范、表达清晰**

工作电子邮件与生活电子邮件不同，要注意主题、正文、署名的规范拟写。主题要有概括性，正文语言应简洁，附件名称应恰当，署名应信息完备、能代表公司形象。

**2. 传真稿要信息明确、语言简洁、格式规范**

传真稿要注意标清收件人与发件人相关信息、发件日期、总页数等，标题和正文拟写要语言简洁、格式规范。

## 巩固训练

销售部的刘斌到人事部办事，人事部小王对刘斌说：“正要给你发关于新进人员接洽的电子邮件呢。”刘斌说：“我都来了，还发什么邮件，啥事？说吧！”小王传达完电子邮件内容要点之后还告知刘斌，要把销售部上个月各分销点的销售业绩报表传真到总公司。刘斌说：“没问题，一会儿就办。”回到自己的办公室，刘斌马上把业绩报表直接传真给了总公司。当他打开电子邮箱时，收到了人事部小王发给他的关于新进人员接洽的电子邮件。

（1）人事部小王工作严谨，最终还是把关于新进人员接洽的电子邮件发给了刘斌。请帮刘斌回复这封电子邮件。

（2）刘斌没写传真稿就直接把业绩报表传真给了总公司，这样做妥当吗？请帮刘斌拟写传真稿。

## 职业技能鉴定指导

### 一、知识与技能要点

#### （一）知识要点

1. 电子邮件的拟写要点。
2. 传真稿的拟写要点。

#### （二）技能要点

1. 能熟练拟写电子邮件。
2. 能熟练拟写传真稿。

### 二、模拟训练

#### （一）单项选择题

1. 电子邮件的附件发送的要点是（　）

A. 附件应以发件人姓名命名　　B. 只可以有一个附件

C. 附件可以有多个　　D. 每个附件应单独发送

2. 传真所传递的是（　）

A. 文书附件　　B. 文书原件　　C. 文书原件的手稿　　D. 文书原件的影印件

3. 传真稿标题多采用（　）

A. 公司名称+文种　　B. 公司名称　　C. 文种　　D. 公司名称+对方公司名称

#### （二）多项选择题

1. 关于电子邮件正文拟写的描述正确的是（　　）

A. 正文前要有称谓

B. 正文要对附件内容进行必要的补充

C. 正文要解释特殊格式附件的打开方式

D. 电子邮件的正文可有可无

2. 关于电子邮件拟写的说法不正确的是（　　）

A. 电子邮件的主题可有可无，随便写个相关的名称就可以

B. 有多个收件人的电子邮件，要确保收件人都填写上，但顺序不重要

C. 带有附件的电子邮件，附件名称要有概括性

D. 电子邮件应有签名档

3. 传真稿的组成部分包括（　　）

A. 标题　　B. 正文　　C. 署名　　D. 首页

（三）判断题

1. 电子邮件有附件就不用拟写主题。（　）

2. 电子邮件不用专门拟写主题。（　）

3. 电子邮件的收件人可以有多个。（　）

4. 传真稿可以不写发件人姓名。（　）

5. 传真稿和电子邮件都具有快捷方便的特点。（　）

（四）技能操作题

1. 经公司领导审议，2014 年入职的新员工已经确定下来，分别是：

| 序号 | 姓名 | 学历 | 邮箱 | 电话 |
|---|---|---|---|---|
| 12 | 李冬惠 | 硕士 | ××××@sina.com | 1583684×××× |
| 21 | 王一扬 | 本科 | ××××@163.com | 1858262×××× |
| 43 | 尚平山 | 本科 | ××××@163.com. | 1511369×××× |

请以宏远公司人事部的名义拟写电子邮件，通知以上人员他们已被公司录取，要求他们于 10 月 8 日上午 8：00 携带相关证件到公司人事部报到，逾期不到者取消入职资格。

## 任务评价

### 任务评价表

| 项目 | 等级 | | | 个人评价 | 小组评价 | 教师评价 |
|---|---|---|---|---|---|---|
| | A | B | C | | | |
| 能力达成 | 能按要求完成电子邮件和传真稿的拟写，内容完备，格式正确，语言规范得体 | 能完成电子邮件和传真稿的拟写，内容比较完备，格式无错误，语言基本能传达作者的意思 | 基本能完成电子邮件和传真稿的拟写，内容不够完备，格式不规范，语言不得体 | | | |
| 知识掌握 | 理解电子邮件和传真稿的适用范围，完全掌握电子邮件和传真稿的拟写要求 | 了解电子邮件和传真稿的适用范围，基本掌握电子邮件和传真稿的拟写要求 | 基本了解电子邮件和传真稿的适用范围，对电子邮件和传真稿的拟写要求把握不准确 | | | |
| 学习态度 | 任务实施过程中精力集中，全身心投入 | 主要任务环节认真对待，能基本完成任务 | 能参与任务实施全过程，但缺乏主动性 | | | |

# 任务三 备忘录拟写

Task 3

## 任务情境

嘉兴物业服务有限公司总经理杨明超将赴北京参加2014年度中国青年创新创业论坛，会议时间是2014年11月2日—3日。杨总经理打算在京停留3天。在京期间，他还想顺便拜访一下老同学——北京市蓝海建筑工程公司财务总监顾源，了解一下北京市物业管理行业的最新动态。办公室主任张岩想把这次差旅事务安排的任务交给秦丽，因为要交代的事项较多，他给秦丽写了份备忘录。

## 任务实施

1. 请帮助张岩分析写作任务。

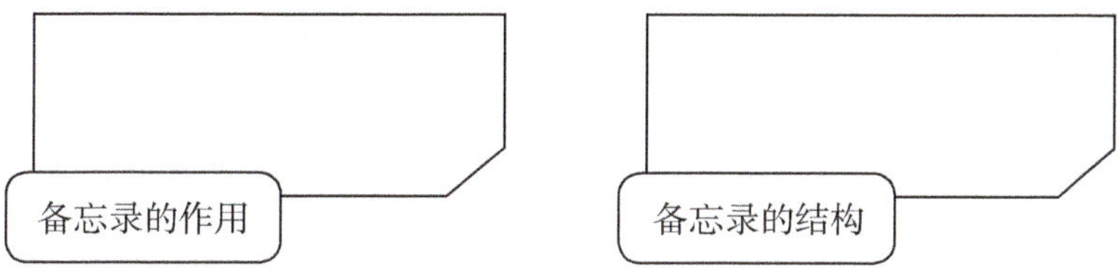


2. 职场中的工作任务错综复杂，在交代任务、形成文字材料时要尽可能做到重点突出、条理清楚、表达准确。请帮张岩明确有哪些信息必须写入备忘录？

3. 张岩拟写出了初稿，请帮张岩检查修改。

**备　忘**

发给：秦丽

发自：张岩

日期：2014年10月20日

主题：杨总经理赴京

总经理杨明超将赴北京参加2014年度中国青年创新创业论坛，会议时间是2014年11月2日—3日，在京期间，他还想顺便拜访一下老同学——北京市蓝海建筑工程公司财务总监顾源，了解一下北京市物业管理行业的最新动态。请你为杨总经理做一份详细的差旅安排表，交我审核后发给杨总经理。

（1）“备忘”这个标题未能准确概括主题，可改为：

（2）事项交代不完备，漏掉出差时间、具体地点、交通工具、订房要求等要素，请补充：

## 技能提要

（1）备忘录旨在使口头陈述书面化，方便查看，因此要尽量采用简洁明了的形式。

（2）备忘录要写得清楚明白、准确无误，才能起到提醒、备忘的作用，因此，可用小标题分条列项使内容重点突出、条理清晰。

（3）虽然无需套话，但语言表达应礼貌得体，减少沟通障碍。

## 相关知识

### 一、备忘录的作用与种类

备忘录是一种录以备忘的文书。备忘录可用于个人事务记录，也可用于单位内部员工之间沟通交流、传达信息、就某个问题提出自己的意见或看法的记录，还可作为单位之间公务或商务合作的记录。在业务上，它一般用来补充正式文件的不足。

#### 1. 个人备忘录

个人备忘录一般包括个人事务备忘录、交往备忘录、计划备忘录等。个人事务备忘录主要记录个人的事情；交往备忘录通常记录人与人之间的活动，有时带有商务的性质；计划备忘录用于提醒将来之事。

#### 2. 公务（商务）备忘录

（1）按使用形式分，公务（商务）备忘录通常包括面交备忘录、送交备忘录等。面交备忘录就是会谈之后直接交给对方或向对方当面宣读之后交给对方的备忘录；送交备忘录是在会谈后邮寄或送达给对方的备忘录，可以直接行文，也可答复来文。

（2）按内容分，公务（商务）备忘录包括工作任务备忘录、会议备忘录、会谈备忘录、谅解备忘录等。工作任务备忘录，用于布置、提醒、督促工作或交换意见；会议备忘录，用于对某一次会议内容做记录和综述；会谈备忘录，用于对某一次会谈内容进行概括和整理；谅解备忘录是将双方的备忘录合在一起形成一份经双方签字、具有协议性质的备忘录。

### 二、备忘录的结构内容

这里所讲的备忘录主要指公务（商务）备忘录。备忘录一般由四部分构成：标题、前言、正文、签章。

**1. 标题**

标题拟写共有四种方式。

（1）直接用文种名称作为标题，如“备忘录”。

（2）由“事由＋文种”组成，如“2014年度重阳节敬老活动工作备忘录”。

（3）由“双方单位名称＋文种”组成，如“嘉兴物业服务有限公司和天宏科技有限公司备忘录”；

（4）由“双方单位名称＋事由＋文种”组成，如“中国人民银行与马来西亚国家银行关于在吉隆坡建立人民币清算安排的合作备忘录”。

**2. 前言**

前言又称“首部”，通常包括发件人、收件人、日期、主题、事由等项，常用“发给”、“发自”或英文“From”、“To”两个单词来开头。前言中应说明主题或事由（可以标题的形式出现），要求简洁达意。备忘录要写清双方单位名称、人员职衔、会谈的时间与地点。

**3. 正文**

正文要写出需要备忘的具体内容。拟写时必须把何时、何地、何事、如何处理、有何要求等写清楚。如果事项多，正文结构可分前后两部分：前一部分为内容概述，后一部分是具体的事项（可用分条列项式）。

**4. 签章**

不同类型的备忘录对签章的要求有所不同。谅解备忘录文末需要双方签署、盖章；送交备忘录既要签署，也要盖章；个人备忘录、面交备忘录可以不签署、不盖章。

## 三、备忘录的拟写要求

（1）内容简洁，无需套话。备忘录的内容应直截了当地写清具体事项和内容，力求简洁明了、正确无误。备忘录不是正式函件，不需要写称谓和结束的套话。

（2）语言规范。表达要准确无歧义，尽量使用日常熟悉的词汇，句子结构要符合语法，表达完整规范。

## 巩固训练

请仔细阅读分析下面的例文，然后按要求回答问题。

**备忘录**

发给：张岩（办公室主任）

发自：秦丽（办公室秘书）

日期：2014年9月20日

主题：2014年度重阳节敬老活动工作安排

一、总公司将在重阳节（10 月 2 日）当天与所在街道同福居委会联合举办敬老活动，主要活动安排如下：

1．与同福敬老院签《“一帮一”敬老帮扶协议》，定向帮扶 5 位孤寡老人。

2．举办夕阳红歌舞晚会。

3．现场慰问 20 名社区老干部和贫困老人。

二、我们办公室配合的事项如下：

1．审核拓展部拟写的活动方案，9 月 23 日之前完成。

2．拟写《“一帮一”敬老帮扶协议》，9 月 23 日之前完成。

3．准备好慰问 20 名社区老干部和困难老人的慰问金，每人 1 000 元；通知慰问活动相关人员到活动现场，组织慰问活动。10 月 2 日之前完成。

（1）这份备忘录的种类和作用是：

（2）这份备忘录的事由是：

（3）这份备忘录传达的信息有：

# 职业技能鉴定指导

## 一、知识技能要点

### （一）知识要点

1. 备忘录的适用范围。

2. 备忘录的结构、内容与拟写要求。

### （二）技能要点

1. 能根据不同工作情境，准确选用备忘录的种类。

2. 能规范拟写备忘录。

## 二、模拟训练

### （一）单项选择题

1. 下列哪个文种的结尾不需要盖章？（　）

A．谅解备忘录　B．便条　C．送交备忘录　D．面交备忘录

2. 个人备忘录可以不包括（　）

A．个人签名　B．标题　C．需要备忘的事项　D．写备忘录的日期

3. 备忘录的拟写要求不包括（　）

A．内容简洁　B．结尾表示敬意　C．语言规范　D．结尾无需套话

### （二）多项选择题

1. 备忘录可用于（　　）

A．记事备忘　B．单位员工之间传递信息

C．提醒催促对方　D．布置工作任务

2. 关于备忘录正文，下面表述正确的是（　　）

A．准确交代事项　B．语言要简洁明了

C．结尾应使敬语　D．正文要写出需要备忘的具体内容

3. A 公司与 B 公司会谈，可以把所谈事项拟写成（ ）

A. 会谈记录 B. 纪要 C. 决议 D. 备忘录

（三）判断题

1. 备忘录只是用于组织之间、单位内部员工之间传达信息的文种。（ ）
2. 备忘录可以用“事由＋文种”式的标题。（ ）
3. 备忘录不需要写称谓。（ ）
4. 备忘录一定要有表示谢意的结束语。（ ）
5. 备忘录的首部一般包括发件人与收件人信息、日期、主题等项。（ ）

（四）技能操作题

背景说明：你是远大公司的秘书韩蜜，下面是行政经理需要你完成的几项工作任务。

韩蜜：

为加强公司的办公用品领用管理，请你设计一份办公用品领用申请表，以备忘录的形式交给我。

谢谢！

行政经理 张毅

2013 年 7 月 5 日

# 任务评价

**任务评价表**

| 项目 | 等级 A | 等级 B | 等级 C | 个人评价 | 小组评价 | 教师评价 |
|---|---|---|---|---|---|---|
| 能力达成 | 能按要求完成备忘录的拟写，内容完备，格式正确，语言规范得体 | 能完成备忘录的拟写，内容比较完备，格式无太大错误，语言基本能传达作者的意思 | 基本能完成备忘录的拟写，内容不够完备，格式不规范、语言不得体 | | | |
| 知识掌握 | 理解备忘录的适用范围并能正确运用备忘录，已掌握备忘录的结构与格式，熟悉备忘录的拟写要求 | 了解备忘录的适用范围，基本掌握备忘录的结构与格式，理解备忘录的拟写要求 | 基本了解备忘录的适用范围，对备忘录的结构与格式把握不准确，对备忘录的拟写要求的理解有困难 | | | |
| 学习态度 | 任务实施过程中精力集中，全身心投入 | 主要任务环节认真投入，能基本完成任务 | 能参与任务实施全过程，但缺乏主动性 | | | |

# 任务四 计划拟写 Task 4

## 任务情境

嘉兴物业服务有限公司打算在重阳节（10月2日）当日与所在街道同福居委会联合举办敬老活动。本次活动关系到公司形象与公司市场的开拓办公室又是活动的重要部门，办公室主任张岩觉得颇有压力。公司布置了拓展部拟写活动方案，拓展部昨天已把方案发到公司办公室的电子邮箱。由于张岩有一个接待任务无法脱身，他让秦丽下载方案并修改，改完后再发给他审核。秦丽不敢拖延，马上行动起来。

## 任务实施

1. 请帮秦丽分析写作任务。

发文目的　　计划的种类　　你对活动方案的理解

2. 与居委会联合举办敬老活动，会涉及较为复杂的人、财、物的调配，在进行活动方案写作时一定要重视活动方案的预见性和可操作性。请你帮秦丽梳理活动方案应该包括的内容。

（1）

（2）

（3）

3. 以下是拓展部撰写的活动方案初稿。该活动方案存在一些问题，请你帮助修改。

**活动方案**

尊老爱幼是中华民族的传统美德。为弘扬这一光荣传统，融洽公司与社区的关系，为公司树立良好的公众形象，公司打算与同福居委会联合举办敬老活动。为了使活动顺利有序地开展，特拟订以下方案。

一、活动目的

开展敬老活动，以孝爱文化为纽带，大力挖掘孝爱文化资源，并通过开展一系列人文关怀、精神文明建设等活动，融洽公司与社区的关系，树立良好公众形象。

二、活动安排

（一）组织养老服务队为社区孤寡老人提供“一帮一”敬老帮扶服务，使老人们随时能够得到周到的志愿服务。

（二）组织公司志愿者广泛开展“弘扬孝爱文化”为主题的敬老活动。

（三）开展关爱活动。街道办事处领导和公司领导慰问老干部、贫困老人，为其提供精神食粮。

（四）开展有益老人身心健康的夕阳红歌舞晚会，丰富老年人的文化生活。

（五）邀请媒体到场采访，加大宣传力度。

三、活动要求

公司高度重视服务老人的工作，成立敬老便民工作小组，精心组织敬老月的宣传工作，着力落实活动方案的各项内容，努力使老人能够感受到浓厚的敬老氛围，切实解决老人实际生活中的困难。

（1）标题未能体现活动方案的内容，可改为：

（2）这一活动安排存在的问题是：

（3）活动的人员安排、经费安排未体现，可在　　　　　　　　　　　　　　　　添加。

（4）除了以上问题，你认为该活动方案还存在哪些问题？

## 技能提要

（1）制订计划前，应了解工作职责，事先进行调查研究，广泛征求群众意见，力争计划既有前瞻性，又能保证群众的认可度和可操作性。

（2）拟写计划时要把各要素落到实处，做到定人、定事、定时、定量、定质，尽量使工作目标化、行动步骤化、数量具体化、表述条理化。

（3）计划的语言要准确、明晰，各项内容只需平实叙述、简洁说明，不要描写、抒情和论证。

## 相关知识

### 一、计划的概念、种类与适用范围

计划是对未来一定时期内的工作或需要完成的任务提出预想目标、制订具体实施办法而写的文书。按照期限的不同，计划可分为长期计划与短期计划。计划是一个统称，常见的规划、设想、意见、要点、方案、安排等都属于计划。写作侧重点不同，往往选用不同的名称。如：规划、设想适用于时间长、范围较广的工作或项目，意见、要点适用于上级对下级布置工作，方案侧重于一个具体的工作项目，安排是对短期事项做具体的布置，打算适用于对近期要做的工作的指标或措施做粗线条的考虑。

计划具有目的性、可行性、预见性、针对性等特点。

## 二、计划的结构内容

计划一般由三部分构成：标题、正文、落款。

### 1. 标题

（1）完全式标题。由“单位（部门）+时限+事由+文种”构成，如“销售部2014年外销工作计划”。

（2）省略式标题。由“时限+事由+文种”或“单位（部门）+事由+文种”构成，如“2014年财务工作计划”、“销售部外销工作计划”。

（3）仅用文种名称做标题。

### 2. 正文

计划的正文通常由前言、主体和结尾组成，其形式有条文式、表格式、条文加表格式。

（1）前言。主要解决“为什么做”的问题。可概述本单位的基本情况，简要说明制订计划的指导思想、目的和意义，概括提出总体任务和要求。

（2）主体。主要解决“怎么做”的问题。主体部分一般要写清计划的“三要素”：目标（做什么）、措施（怎么做）、步骤（分几步完成）。每一项工作的目标、任务、措施、步骤、进度等都要写得明确具体。

（3）结尾。根据实际需要，在结尾处补充说明计划的实施要求，也可以提出希望或号召，而有些计划无需添加结尾。

### 3. 落款

落款要写明制订计划的单位名称或个人姓名以及订立计划的日期。如标题已经标明单位名称，落款可不再具名。如果制订计划的是单位或团体，成文日期应写计划通过或批准的日期。下发的计划还要加盖单位公章。

## 三、计划的拟写要求

（1）计划的指导思想要符合党和国家的有关方针、政策、法律、法规精神。

（2）要有预见性，注意从本单位、本部门的实际情况出发，不要脱离现实，任务指标不要定得过高或过低。

（3）注意可行性，措施和办法要制订得具体、可行，便于落实和监督检查。

（4）表达方式要以说明为主，行文中不要夹杂不必要的议论，更不需要进行描写和抒情。

## 巩固训练

秦丽对拓展部上交的活动方案初稿做了修改，形成下面的文稿，请认真阅读后回答问题。

**嘉兴物业服务有限公司2014年重阳节敬老活动方案**

尊老爱幼是中华民族的传统美德，为弘扬这一光荣传统，融洽公司与社区的关系，帮助公司树立良好的公众形象，公司决定与同福居委会联合举办敬老活动。为了使活动顺利地开展，特拟订以下方案。

一、活动目的

本次活动的目的为开展敬老活动，以孝爱文化为纽带，大力挖掘孝爱文化资源；通过开展一系列人文关怀、精神文明建设等活动，融洽公司与社区的关系，树立良好公众形象。

二、活动地点

同福居委会办公楼前文化广场。

三、活动时间

2014 年 10 月 2 日。

四、工作安排

<table>
<tr><th colspan="2">活动项目</th><th>工作内容</th><th>负责人</th><th>备注</th></tr>
<tr><td colspan="2">“一帮一”敬老帮扶活动</td><td>与同福敬老院签订《“一帮一”敬老帮扶协议》，定期组织公司青年团员到同福敬老院帮扶 5 位孤寡老人</td><td>×××</td><td></td></tr>
<tr><td colspan="2">慰问社区老干部、贫困老人</td><td>公司领导与同福居委会领导慰问社区老干部、贫困老人，赠送慰问金1 000元/人（共20人）</td><td>×××</td><td></td></tr>
<tr><td rowspan="11">夕阳红歌舞晚会</td><td>节目编排</td><td>公司自排节目6个，同福居委会节目6个，著名歌唱家表演节目3个</td><td>×××</td><td></td></tr>
<tr><td>著名歌唱家邀请</td><td>邀请本市著名歌唱家2名</td><td>×××</td><td></td></tr>
<tr><td>主持人邀请</td><td>邀请本市电视台主持人1名</td><td>×××</td><td></td></tr>
<tr><td>舞台布置</td><td>布置音响、灯光、舞台效果</td><td>×××</td><td></td></tr>
<tr><td>座位安排</td><td>晚会设嘉宾席30个、演员席70个、观众席200个</td><td>×××</td><td></td></tr>
<tr><td>活动宣传</td><td>邀请媒体到场采访，做宣传报道</td><td>×××</td><td></td></tr>
<tr><td>接待服务</td><td>安排演员及外地嘉宾的吃、住、行，安排演员的现场休息室、化妆台、出场引位</td><td>×××</td><td></td></tr>
<tr><td>礼仪服务</td><td>安排礼仪人员引导与会人员</td><td>×××</td><td></td></tr>
<tr><td>安全保卫</td><td>与公安、交警、武警合作，确保场内外安全</td><td>×××</td><td></td></tr>
<tr><td>医疗服务</td><td>联系市第一人民医院救护车</td><td>×××</td><td></td></tr>
<tr><td>后勤服务</td><td>准备与发放与会人员礼品</td><td>×××</td><td></td></tr>
</table>

五、经费预算

活动经费预算为 5 万元。

六、活动要求

相关部门应高度重视敬老服务工作，成立敬老便民工作小组，精心组织敬老月的宣传工作，着力落实活动方案的各项内容，努力使老年人感受到浓厚的敬老氛围，切实解决老年人的实际生活困难，同时广泛宣传公司的文化、价值观，融洽公司与社区的关系，树立良好公众形象。

2014 年 9 月 22 日

（1）这份活动方案的标题属于　　　　　　　　　　式标题。

（2）这份活动方案的活动时间安排不具体，请补充：

（3）本活动方案用表格列出工作安排，简洁清晰，一目了然，比初稿有了很大进步，但秦丽发现有些事项还不够明确，请你修改补充：

（4）方案的活动经费预算不具体，请补充：

# 职业技能鉴定指导

## 一、知识与技能要点

### （一）知识要点

1. 计划的种类与适用范围。
2. 计划的结构内容与拟写要求。

### （二）技能要点

1. 能根据不同的工作情境准确选用计划名称。
2. 能够按要求拟写常用的计划。

## 二、模拟训练

### （一）单项选择题

1. 以下不能作为计划的标题的是（　）

A. 计划　　B. 2014年××公司计划

C. 2014年财务工作计划　　D. ××公司2014年财务工作计划

2. 内容侧重于一个具体的工作项目的计划应称作为（　）

A. 方案　　B. 总结　　C. 报告　　D. 规划

3. 对本单位未来五年发展做出计划，可以写成（　）

A. 要点　　B. 打算　　C. 规划　　D. 安排

### （二）多项选择题

1. 按照期限的不同，计划可分为（　）

A. 政策型计划　　B. 长期计划　　C. 短期计划　　D. 程序型计划

2. 计划的特点包括（　）

A. 可行性　　B. 预见性　　C. 针对性　　D. 目的性

3. 计划的前言一般包括（　）

A. 基本情况　　B. 制订计划的指导思想

C. 总体任务和要求　　D. 制订计划的意义

### （三）判断题

1. 意见与要点适用于上级对下级布置工作。（　）
2. 对将来某一较短时段做出具体的工作布置，用方案。（　）
3. 对将来较长时间的发展做出工作安排，用规划。（　）
4. 计划的主体一般要写清“三要素”，即目标（做什么）、措施（怎么做）、步骤（分几步完成）。（　）

5. “时限＋事由＋文种”的标题是完全式标题的写法。(  )

(四)技能操作题

请仔细阅读分析下面的例文，然后按要求回答问题。

**××学校2014—2015学年度上学期社团活动规划**

2014年，学校将继续开展社团活动，现规划如下：

一、继续巩固趣味数学社、绘画社、硬笔书法社、音乐社、棋牌社、快乐英语社等社团组织的活动成果，增加十字绣社、街舞社、茶艺社、篮球社四个社团，使社团活动内容更加丰富多彩，努力做到全员参与。

二、12月26日开展社团日展示活动，每个社团都要展出自己的成果。

三、开展评优评先进活动。

希望校团委、学生会认真组织落实，学校各部门通力配合，确保社团活动顺利进行。

××学校

2014年9月5日

1. 标题应该改为：

2. 前言表述不完整，可改为：

3. 活动的相关要求不明确，可操作性不强，可改为：

## 任务评价

**任务评价表**

| 项目 | 等级 | | | 个人评价 | 小组评价 | 教师评价 |
|---|---|---|---|---|---|---|
| | A | B | C | | | |
| 能力达成 | 能按要求完成计划的拟写，内容完备，格式正确，语言规范得体 | 能完成计划的拟写，内容比较完备，格式无太大错误，语言基本能传达作者的意思 | 基本能完成计划的拟写，内容不够完备，格式不规范，语言不得体 | | | |
| 知识掌握 | 理解计划的适用范围并能正确运用计划，已掌握计划的结构与格式，熟悉计划的拟写要求 | 了解计划的适用范围，基本掌握计划的结构与格式，能理解计划的拟写要求 | 基本了解计划的适用范围但实际运用有困难，对计划的结构与格式把握不准确，对计划的写作要求理解有困难 | | | |
| 学习态度 | 任务实施过程中精力集中，全身心投入 | 主要任务环节认真投入，能基本完成任务 | 能参与任务实施过程，但缺乏主动性 | | | |

# 任务五 总结拟写

Task 5

## 任务情境

10月2日重阳节，公司与同福居委会联合举办的敬老活动非常成功。此次活动由拓展部牵头，各部门通力配合，以孝爱文化为纽带，组织了夕阳红歌舞晚会，慰问了20位老人，签订了《“一对一”敬老帮扶老人协议》。此次活动给社区老人提供了人文关怀，融洽了公司与社区的关系，为公司树立了良好的公众形象。公司领导对这次活动的效果非常满意，要办公室尽快写出材料在公司内部推广经验，带动公司相关工作。

## 任务实施

1．请帮秦丽分析写作任务。

| 文种选择 | 行文原因 | 行文目的 |
| --- | --- | --- |
| | | |

2．请帮助秦丽整理相关写作资料，概括总结正文要体现的内容。

| 前言 | 主体 | 结尾 |
| --- | --- | --- |
| | | |

3．请帮秦丽指出初稿存在的问题。

**总 结**

尊老爱幼是中华民族的传统美德，为弘扬这一光荣传统，融洽公司与社区的关系，为公司树立良好的公众形象，公司于2014年10月2日重阳节这天与同福居委会联合举办了敬老活动。现将活动总结如下：

一、采取多种形式广泛宣传，如写标语达20余条，邀请电视台的记者到场宣传报道。

二、在重阳节当天，举办了丰富多彩的活动，庆祝重阳节。

1．举办夕阳红歌舞晚会。组织社区有歌舞特长的老人登台表演，邀请本市著名歌唱家张××等到现场演唱。夕阳红歌舞晚会激发了老人们的积极性，提升了社区居民对公司的认可度。

2．慰问老人。在重阳节当天，公司领导慰问了徐元凤等20位贫困老人，送出慰问金2万元。

3．重阳节当天，除举办夕阳红歌舞晚会和开展文娱活动外，还举行了礼物派送，大家欢聚一堂，显得喜笑颜开。

4．公司领导与同福敬老院签订了《“一帮一”敬老帮扶协议》。

三、加强组织领导。公司非常重视此次活动，精心筹备、开展、宣传此次活动，以致使今年重阳节期间，公司通过多种形式广泛宣传、开展文娱活动、歌舞晚会和看望慰问老人等，收到了显著效果。

嘉兴物业服务有限公司

2014 年 10 月 3 日

（1）标题未能概括总结的内容，可改为：

（2）总结的正文存在哪些问题？请指出来。

## 技能提要

（1）全面了解情况。拟写总结前要掌握第一手材料，充分占有、认真消化有关材料，通过多种形式听取各方面的意见，保证总结的内容丰富翔实。

（2）条理要清晰。要善于归纳和选材，把同类的工作概括在一起，切忌事无巨细，一一罗列，写成流水账。

（3）要善于发现。抓住能突出特点的材料树立典型，列举具有一定普遍性的材料，点面结合，使总结写得既有深度又有广度。

（4）文字要考究。用词要精准，尽量不用“大概”、“可能”等模棱两可的词语，尽量多用群众喜闻乐见、生动鲜活的词语。

## 相关知识

### 一、总结的概念、种类与适用范围

总结是单位或个人对过去一个时期内的实践活动做出系统的回顾归纳、分析评论，并从中得出规律性认识，用以指导今后工作的事务性文书。

（1）按性质分，总结可分为全面总结和专题总结。全面总结也称综合性总结，主要用于对一个地区、一个单位、一个部门在一定时期内的各项工作进行比较全面的总结。专题总结也称专项性总结，是对某项特定工作或某一方面的问题做专门总结。

（2）按内容分，总结可分为工作总结、生产总结、学习总结、教学总结、会议总结、思想总结等。

（3）按作者分，总结可分为部门总结、单位总结、个人总结等。

（4）按时间分，总结可分为月份总结、季度总结、年度总结、阶段总结等。

## 二、总结的结构内容

总结一般由三部分构成：标题、正文、落款。

### 1. 标题

（1）单标题

① 全面总结的标题有两种：一是完全式，由“发文单位＋时限＋事由＋文种”构成，如“嘉兴物业服务有限公司2014年工作总结”；二是省略式，由“时限＋事由＋文种”或“事由＋文种”构成，如“2014年工作总结”、“财务工作总结”。

② 专题总结的标题比较灵活，可以突出内容中心，如“科技立厂，人才兴业”；可以概括内容范围，如“学习应用写作的体会”。

（2）双标题

双标题即由正标题和副标题组成，正标题点明文章的主旨，副标题说明内容和文种，如“凝心聚力谋发展——××学校创建国家中等职业教育改革发展示范校工作总结”、“科技立厂，人才兴业——××制药厂扭亏为盈经验总结”。

### 2. 正文

总结的正文通常由前言、主体和结尾组成。

（1）前言

前言主要概述基本情况、总结背景，点明主旨，总体说明成绩。前言的拟写要求简明扼要、有的放矢。

（2）主体

主体是总结的中心内容，一般要写清楚成绩和做法、经验和教训、今后的打算等方面内容。这部分篇幅大、内容多，写作上要特别注意层次分明、条理清楚。常见的模式如下：

① 横式结构。全面总结包括基本概况、主要工作和成绩、存在的问题和不足、今后的打算。专题总结包括基本概况、主要做法、经验与体会。

② 纵式结构。适用于专题总结，一般按一件事情的经过，以时间顺序为线索组织文章。

③ 纵横式结构。或以纵式为主，其中某个阶段用横式展开；或以横式为主，其中某个方面用纵式陈述。

（3）结尾

正文结尾应总结全文，说明成功的经验及带来的积极效果，或提出今后努力的目标和方向。

### 3. 落款

正文结尾应落款要写明总结的单位名称或个人姓名。如果标题已经标明单位名称，落款处可不再具名。

## 三、总结的拟写要求

（1）要坚持实事求是的原则，这是总结写作的基本原则。在总结中坚决防止夸大成绩、隐瞒缺点、弄虚作假。

（2）要总结规律，把握个性。不要把总结写得千篇一律，要善于归纳提升，有独到的发现和体会、新鲜的角度和新颖的材料。

（3）要详略得当，重点突出。总结不能面面俱到、主次不分，要根据实际情况和总结的目的，重点选用那些既能显示特点，又有一定普遍性的材料，并把这些材料写详、写实；一般性的材料要略写，甚至舍弃。

（4）语言要准确、简洁、朴实。准确指事实可靠、判断正确、用词得当、表述明确；简洁指语言要简单明了；朴实指要客观地叙述事实，不做华丽的修饰，不用夸张的修辞，不用描写、抒情的表达方式。

## 四、总结与计划的关系

（1）总结是计划执行的结果。做总结要以计划为依据，也是在实践活动结束后对计划完成情况进行鉴定。

（2）计划是总结的发展。订计划要以上一段工作的总结为依据，也有利于促进实践活动后的总结工作。计划与总结相互制约、相互促进；两者都以实践为基础，以指导实践为目的。

（3）拟写时间和重点不同。计划是事前拟订一定时期的具体任务以及完成任务的具体方法、步骤和措施，总结则是事后做总检查、总分析、总评价。计划要回答的是某一时期“做什么”、“怎么做”，总结要回答的是某一时期“做了什么”、“做得怎么样”。

# 巩固训练

1. 以下是秦丽的总结修改稿，请你补充完善。

2014年10月2日重阳节当天，我公司与同福居委会联合举办敬老活动。通过开展“一帮一”敬老帮扶活动，慰问社区老干部、贫困老人及举办夕阳红歌舞晚会等活动，大力了弘扬我公司的孝爱文化理念，融洽了我公司与同福社区的关系，为公司树立了良好的公众形象。现将活动情况总结如下：

一、做法与成绩

1. 公司非常重视本次活动，成立了活动领导小组，精心组织、开展、宣传活动，提供活动经费达5万元。公司副总经理××亲自监督活动的准备和落实情况，活动当天公司中层以上领导全部参加了这次活动。这些举措使今年的重阳节敬老活动取得显著效果。

2.

（1）举办夕阳红歌舞晚会。组织社区有歌舞特长的老人登台表演，邀请本市著名歌唱家张××等到现场演唱。夕阳红歌舞晚会激发了社区老人的积极性，提升了社区居民对我公司的认可度。

（2）慰问贫困老人。在重阳节当天，公司领导慰问了徐元凤等20位贫困老人，送出慰问金2万元，展现公司关注弱势群体、弘扬孝爱的企业文化。

（3）重阳节当天，公司为到场的观众派送了小礼物，广泛宣传公司诚信、孝爱、协作、创新的文化理念。

（4）公司领导与同福敬老院签订了《“一帮一”敬老帮扶协议》，将定期组织青年团员到敬老院看望和护理老人，使敬老活动常规化，孝爱文化根植于青年员工的心中。

3. ____________________

本次活动由我公司与同福社区居委会联合开展，晚会节目筹备、慰问贫困老人、“一帮一”敬老帮扶活动等都得到了同福社区的大力支持，密切了公司与同福社区的关系，促进公司在同福社区中的和谐发展。

4. ____________________

通过邀请知名歌唱家到场演唱，邀请电视台主持人主持晚会，邀请电视台记者到现场采访报道，多处悬挂标语等举措形成了强大的宣传阵容，大大提高了活动的知名度，增强了公司的影响力。

二、经验与体会

1. 领导重视，经费充足，全员参与，团结协作，是活动取得成功的保障。（略）

2. 联合社区，多方协作，服务群众，致力公益，是促进公司和谐发展的法宝。（略）

3. 内强素质，外塑形象，借力名人，宣传造势，是提高公司知名度的有效手段。（略）

嘉兴物业服务有限公司拓展部

2014年10月5日

（1）这份总结属于 □综合性总结 □专题性总结。

（2）请拟写总结标题：____________________

（3）请提炼小标题：____________________

4. 请你参考以上例文，拟写一份学期个人学习总结（字数不少于600字）。

# 职业技能鉴定指导

## 一、知识技能提要

### （一）知识要点

1. 总结的种类及适用范围。

2. 总结的结构内容与拟写要求。

### （二）技能要点

1. 能围绕主旨选择总结的拟写材料。

2. 能够有条理地拟写总结。

## 二、模拟训练

### （一）单项选择题

1. 计划与总结既有联系，又有区别。（ ）应在（ ）执行一个时期或完成以后写作，它要检查（ ）的执行情况，又是今后修订或制订（ ）的依据。符合本题填写内容的一项是（ ）

A．总结 总结 总结 计划　　B．总结 计划 计划 计划

C．总结 计划 总结 计划　　D．总结 总结 计划 计划

2. 总结按性质分，除综合性总结外，还有（ ）

A．单一性总结　B．专项性总结　C．年度总结　D．个人总结

3. 下列选项不属于总结标题的常见形式的是（ ）

A．完全式标题　B．省略式标题　C．双标题　D．用文种名称做标题

### （二）多项选择题

1. 总结写作的基本要求是（ ）

A．实事求是　　B．详略得当，重点突出

C．总结规律，把握个性　　D．语言准确、简洁、华丽

2. 年终工作总结属于（ ）

A．专题总结　B．综合性总结　C．专项性总结　D．全面总结

3. 总结正文的主体一般要写清（ ）

A．基本情况　B．成绩和做法　C．经验和教训　D．今后的打算

### （三）判断题

1. 计划和总结的写作时机不同，计划是事前写作，总结是事后写作。（ ）

2. 总结的标题可以采用双标题的形式，即正标题和副标题兼有。（ ）

3. 专题总结的结构一般包括基本概况、主要做法、经验与体会、今后的努力方向。（ ）

4. 专题总结也叫专项性总结，是对某项特定工作或某一方面的问题做专门总结。（ ）

5.《2014 年 ×× 学校教学工作总结》属于综合性总结。（ ）

### （四）技能操作题

下文是 ×× 酒业有限公司 2013 年第一季度的销售工作总结，多处存在语病，且有条理不清、内容前后颠倒等问题。请根据总结的结构安排要求分条列项，重新整理，并修改语病和标点符号。

**×× 酒业有限公司 2013 年度第一季度销售工作总结**

2013 年是我们公司迎接挑战，大力发展的一年。目前，第一季度已经结束，总结第一季度的销售情况，将对今年后期的工作有直接的影响。下面对第一季度的销售工作总结如下。目标完成情况及存在的问题。今年我们销售部根据年初制订的总体目标以及在年中分阶段制订的时段性目标，根据既定的销售策略和任务，按照常年的习惯进行人员细分，并根据市场供求关系，组织我部门工作人员，以销售业绩为衡量标准，进行针对销售。其间，我部门工作人员也制订了各自的目标计划和销售计划。由于我们充分发挥了自主性和创新性，所以顺利完成了第一季度的销售任务。存在的问题。今年是公司的创利年，我们在销售方面应该有

更大的提高。但事实上创利没有想象的那么容易。主要有以下几个方面的因素。质量问题偏多。竞争比较激烈，其他企业价格对比差异大。内部资金运作紧张，产品供应出现较长时间断货。对2013年第二季度工作的设想。在公司统一部署下，以经济效益为中心，以公司利润最大化为目标，对外开拓市场，对内严格制订每一个相关步骤，以市场为导向，面对市场经济越来越激烈的竞争挑战，抢抓机遇，团结拼搏，齐心协力完成好第二季度的销售工作计划任务。第二季度的目标是。总体目标完成情况。销售目标110万元，实际回款107万元，负计划目标3万元。销售库存合计约47万元，实际销售61万元。与去年同期增长35%左右。总体销售目标60万。2013年第二季度，我们销售部销售目标计划达到60万，这是2013年度最困难的一个季度。第二季度工作需要改善之处。提高质量。调整价格。拓宽多种销售渠道，发展更多的销售平台。随时关注业内动态，掌握更多的市场信息。提高销售部人员自身的工作素质。结论。在过去的一个季度里，我们走过了展望计划、艰辛起步到共创成功的历程，也体会到了这一过程带来的快乐。今天，我们站在一个新的起点，面对的是更严峻的挑战和更期待的机遇。我们深信，在公司的正确领导下，只要我们销售部全体干部、员工坚定信念，奋发进取，团结协作，一步一个脚印，一定能出色完成任务，让2013年成为名副其实的创利年！

××酒业有限公司销售部

2013年4月1日

# 任务评价

**任务评价表**

| 项目 | 等级 | | | 个人评价 | 小组评价 | 教师评价 |
|---|---|---|---|---|---|---|
| | A | B | C | | | |
| 能力达成 | 能按要求完成总结的拟写，内容完备，格式正确，语言规范得体 | 能完成总结的拟写，内容比较完备，格式无太大错误，语言基本能传达作者的意图 | 能基本完成总结的拟写，内容不够完备，格式不规范，语言不得体 | | | |
| 知识掌握 | 理解总结的适用范围并能正确运用总结，已掌握总结的结构与格式，熟悉总结的拟写要求 | 了解总结的适用范围，基本掌握总结的结构与格式，能理解总结的拟写要求 | 基本了解总结的适用范围但实际运用有困难，对总结的结构与格式把握不准确，对总结的拟写要求理解有困难 | | | |
| 学习态度 | 任务实施过程中精力集中，全身心投入 | 主要任务环节认真投入，能基本完成任务 | 能参与任务实施全过程，但缺乏主动性 | | | |

# 项目二
# 传播类文书拟写

Project 2

## 项目概述

传播类文书是为了一定的目的将特定信息传递给大众的应用文书。传播类文书的种类较多、使用广泛，如解说词、导游词、广播稿、新闻、通讯、简报、广告、启事、海报等。随着传播媒介的多样化和现代化，各机关、企事业单位、社会团体都越来越重视传播文书的拟写。本项目重点学习最常用的启事、新闻和简报三种传播类文书，要求掌握这三种文书写作的结构、格式和用语特点、规范，学会拟写这三种常用的传播类文书。

## 学习目标

### 知识目标

1. 了解传播类文书的适用范围。
2. 掌握启事、新闻和简报的结构与格式。
3. 掌握传播类文书的拟写要求。

### 技能目标

1. 能根据工作需要和预设情境准确选择传播类文书文种。
2. 能熟练拟写启事、新闻和简报。

# 任务一 启事拟写 Task 1

## 任务情境

近期办公室的工作很繁忙。主任张岩对秦丽说，公司决定招聘3名文秘专业的中职生作为兼职人员，以解决办公室近期人手不足的问题。张岩让秦丽拟写一则招聘启事，并在市人才招聘市场、市人才招聘网和本公司网站上发布。

## 任务实施

1. 请列举你见过的启事：________________。这些启事大致可分为______类。秦丽需要写的这则启事属于________________类启事。

2. 这则启事的发文目的是什么？秦丽应该把哪些信息写入启事中？

| 发文目的 | 启事内容 |
| --- | --- |
| | |

3. 以下是秦丽拟写的招聘启事初稿，请帮她检查修改。

**启　事**

各在校文秘专业中职生：

嘉兴物业服务有限公司是一家集物业管理咨询服务、物业管理、物业项目管理、房地产销售策划代理、房地产中介服务、室内外装修装饰、后勤管理、家政保洁服务于一体的综合性物业服务企业。本公司隶属于蓝天城市控股集团，集团旗下拥有嘉兴、嘉庆、嘉华、嘉喜四家分公司。公司近年来迅速发展壮大，现有员工680人。近期公司办公室因业务繁忙，人员不足，各项工作无法照常进行，公司特决定招聘3名兼职人员。

工作内容：协助做好办公室文秘工作。

招聘条件：本市在校文秘专业中职生，具备社会活动经验者、学校青年志愿者优先。

报名办法：携带本人身份证、学生证、个人简历和两张1寸照片到公司报名，或者邮寄以上资料复印件至本公司；登陆市人才招聘网（www.××××.com）报名。

报名时间：9月28日截止。

报名地点：到市人民路 132 号嘉兴物业服务有限公司行政办公楼 3 楼人力资源部报名。

待遇情况：工资当天结算，120 元 / 天，包晚餐和往返车费。

嘉兴物业服务有限公司

2014 年 9 月 25 日

（1）标题未能体现招聘内容，可改为：

（2）受文单位应改为：

（3）启事缘由和目的语言啰嗦，可改为：

（4）启事内容不完备，漏掉了重要信息，请补充：

（5）语言表述不详细，请指出并修改：

## 技能提要

（1）启事要内容完整、事件单一，使公众易于理解和接受，才能达到发布启事的目的。

（2）启事只是提醒公众关注或参与某件事情，不能强制执行，因此要注意语言的鼓动性，更要真挚、诚恳、得体。

（3）要根据告启者的目的和传播媒介采用最适合的表达方式。如在报纸、杂志等纸媒上刊登的启事因为按字计价所以要特别直白简明；在电台广播的启事要注意谐音字词对意思表达的影响，还要少用长句。

## 相关知识

### 一、启事的概念、种类与特点

“启事”的“启”是陈述、告知之意。启事是党政机关、企事业单位、社会团体或个人需要向公众说明某事，或希望公众帮助与参与时使用的一种传播类文书。

常见的启事有三大类：一是征招类，如征文、征婚、招标、招聘、招商、招租等；二是寻找类，如寻人、寻物等；三是告知类，如开业、致歉、更名、迁址等。

启事具备四个特点：媒体的公开性、内容的单一性、传播的区域性和公众的非约束性。

### 二、启事的结构内容

启事一般由三部分构成：标题、正文和落款。

#### 1. 标题

启事的标题一般由“事由 + 文种”构成，如“招聘启事”、“寻人启事”。较为复杂的启事的标题可以加上具体的内容，如“招聘酒店服务员启事”；也可以加上告启者名称，如“东方红酒店招聘启事”。

**2. 正文**

（1）正文开头一般首先要简要说明发布启事的主要缘由、目的、要求，也可以对告启者做简要的情况介绍。

（2）启事的内容。这是启事的核心部分。告启者应根据不同的告启目的和启事类别提请公众注意相应的具体内容和参与的实际方式，如：招领启事应交代拾物的时间，对拾到物品做简单介绍，说清认领地点和方法；招聘启事应说明招聘方的情况，交代招聘者工作内容、招聘条件、报名办法、报名时间、报名地点等信息。写作时，尽可能地从公众的角度考虑，使他们既能获取自己所需的信息，又便于实际操作。

**3. 落款**

落款处署上发文单位名称或个人信息和成文日期，发文单位名称还要加盖公章。若标题或正文中已经提及发文单位名称，则落款可以省略。

### 三、启事的拟写要求

（1）标题要正确醒目。启事是传播类文书，受文对象涉及面较广，因此标题要醒目、准确。标题中“启事”二字不可写成“启示”，因为“启示”的“启”是开导、启发之意，“启事”的“启”是陈述、告知之意。

（2）发布途径要恰当。有的启事需要到处粘贴，但不能违反当地的城市市容管理规定。有的启事需要通过广播、电视、报纸、网络等媒介发布，需提前与新闻媒体联系。

（3）内容要简明得体。启事只能是一文一事，内容强调单一性，内容和方式要方便公众注意和参与。

## 巩固训练

复习【相关知识】，整理你的意见，帮秦丽重新拟写一则规范的招聘启事。

## 职业技能鉴定指导

### 一、知识与技能要点

**（一）知识要点**

1. 启事的种类。
2. 启事的结构内容及拟写要求。

**（二）技能要点**

1. 能够根据不同的工作情境，准确选用相应的启事类别。
2. 能够正确拟写征招启事、寻找启事、告知启事。

## 二、模拟训练

### （一）单项选择题

1. 党政机关、企事业单位、社会团体或个人需要向公众说明某事，或希望公众帮助与参与时可以采用的文种是（　）

A. 启事　　B. 公告　　C. 通告　　D. 启示

2. 启事的“启”，意为（　）

A. 启发　　B. 启动　　C. 陈述　　D. 开始

3. 以下受文对象涉及面广泛的文书是（　）

A. 启事　　B. 简报　　C. 总结　　D. 留言条

### （二）多项选择题

1. 常见的启事类别有（　　）

A. 征招类　　B. 寻找类　　C. 招聘类　　D. 告知类

2. 启事在生活中应用得非常广泛，它的特点是（　　）

A. 媒体的公开性　　B. 内容的单一性　　C. 传播的区域性　　D. 公众的非约束性

3. 启事可以借助大众传媒向公众发布，主要媒介有（　　）

A. 报纸　　B. 广播电台　　C. 电视　　D. 各类网站

### （三）判断题

1. 启事是传播类文书，受文对象涉及面较广。（　）

2. 启事的内容要简明得体，吸引公众注意，但不需要公众参与。（　）

3. 征招类启事包括征婚、招标、招聘、招商、招租等。（　）

4. 启事只能通过广播、电视、报纸、网络等媒介发布。（　）

5. 启事内容具有单一性，只能是一文一事。（　）

### （四）技能操作题

请根据下面的材料，拟写一则招领启事。

有人在昨日下午6点于南湖公园捡到一个钱包，内有人民币500元、3张银行卡、5张单位业务票据、10张会员卡。请失主到南湖公园管理处办公室认领，联系电话138××××××××。

# 任务评价

**任务评价表**

| 项目 | 等级 | | | 个人评价 | 小组评价 | 教师评价 |
|---|---|---|---|---|---|---|
| | A | B | C | | | |
| 能力达成 | 能按要求完成启事的拟写，内容完备，格式正确，语言规范得体 | 能完成启事的拟写，内容比较完备，格式无太大错误，语言基本能传达作者的意图 | 基本能完成启事的拟写，内容不够完备，格式不规范，语言不得体 | | | |
| 知识掌握 | 理解启事的适用范围并能正确运用启事，已掌握启事的结构与格式，熟悉启事的拟写要求 | 了解启事的适用范围，基本掌握启事的结构与格式，能理解启事的拟写要求 | 基本了解启事的适用范围，对启事的结构与格式把握不准确，对启事的拟写要求理解有困难 | | | |
| 学习态度 | 任务实施过程中精力集中，全身心投入 | 主要任务环节认真投入，能基本完成任务 | 能参与任务实施全过程，但缺乏主动性 | | | |

# 任务二 新闻拟写

## 任务情境

2014 年 10 月 2 日重阳节，嘉兴物业服务有限公司与同福居委会联合举办敬老活动。当天上午办公室主任张岩交代秦丽带上相机去活动现场，跟进活动进程、了解情况；活动结束后马上写出新闻稿，在公司网站上发布。

## 任务实施

1．新闻应包括哪六个要素？

2．新闻的标题是新闻主要内容、主要精神的提炼和概括，你认为拟写这则新闻时秦丽应该写入标题的关键词有哪些？

3．一般来说，导语经常采用叙述式、提问式、描写式、评论式、引用式，秦丽写的新闻导语应该选用哪种形式更好？具体可写成：

4．以下是秦丽拟写的新闻初稿，请帮她检查修改。

**嘉兴物业服务有限公司举办敬老活动**

2014 年 10 月 2 日重阳节，尊老爱幼是中华民族的传统美德，为了弘扬这一光荣传统，融洽我公司与社区的关系，树立良好的公众形象，公司与同福居委会联合举办敬老活动。

组织社区有歌舞特长的老人登台表演，邀请本市著名歌唱家张 ×× 等到现场演唱，夕阳红歌舞晚会激发了老人们的积极性，提升了社区居民对我公司的认可度。

在重阳节当天，公司领导慰问了徐元凤等 20 位贫困老人，送出慰问金 2 万元，体现了公司关注弱势群体、弘扬孝爱文化的理念。

重阳节当天，我公司向到场的观众派送小礼物，广泛宣传公司诚信、孝爱、协作、创新的文化理念。

公司领导与同福敬老院签订了《“一帮一”敬老帮扶协议》，将定期组织青年团员到敬老院看望和护理老人，使敬老活动常规化，孝爱文化根植于青年员工的心中。

本次活动与同福居委会联合开展，晚会节目筹备、慰问老人、“一帮一”敬老帮扶活动等，都得到了社区的大力支持，密切了公司与社区的关系，促进公司在社区中的和谐发展。通过邀请知名歌唱家到场演唱，邀请电视台主持人主持晚会，邀请电视台记者现场采访报导，悬挂标语（达 20 余条），形成了强大的宣传阵容，大大提高了活动的知名度和公司的影响力。

（1）标题可换成：

（2）新闻的导语应改为：

（3）主体部分语言表达不够精炼，且有语病，请指出并修改：

（4）结语部分的表达不够精炼，应改为：

## 技能提要

（1）要增强新闻敏感度，善于发现新闻线索。看一件事能否成为新闻，不妨多换几个角度进行考察，如从思想角度找准精神价值，从特色角度挖掘活动意义，从读者角度关注民生民意，等等。只要有一双善于发现的眼睛，选择发生在身边的“小事”，以小见大，也能增强新闻的吸引力。

（2）要有实事求是的态度。拟写前多调查采访，充分掌握第一手材料，保证选用的材料完全真实可信；拟写时要忠于事实，用事实讲话，反映本质的真实，每个事件中的人物和事件的细节的叙述与描写都必须准确无误、分寸得当，防止片面性和表面性。

（3）表达要既准确又生动。可在客观真实的基础上，巧用比拟、排比、对比、顶针等修辞手法，充分调动读者阅读的兴趣，但要注意修辞手法不能夸张。主体部分要处理好议论与叙述的关系，所发的议论必须是从事实本身得出来的结论，不能抽象推理。

## 相关知识

### 一、新闻的种类与适用范围

新闻有广义和狭义之分。广义的新闻指消息、通讯、报告文学、特写、评论等；狭义的新闻单指消息，即用概括的叙述方式、简明扼要的文字，迅速及时地报道国内外新近发生的、有价值的、群众最关心的事实，简言之，新闻是对最近发生的新鲜而重要的事实的报道或述评。本书主要讲的是狭义的新闻，即消息。消息的种类包括：

（1）动态消息。适用于迅速、及时地报道国内国际的重大事件。

（2）综合消息。适用于综合反映全局性的情况、动向、成就和问题的消息的报道。

（3）典型消息。适用于对某一部门或某一单位的典型经验或成功做法的集中报道。

（4）述评消息。除具有动态消息的一般特征外，作者还往往在叙述新闻事实的同时，直接发出一些必要的议论，简明地表达自己的观点。

### 二、新闻的结构内容

新闻一般由五部分构成：标题、导语、主体、背景、结语。新闻包括六要素，可概括为“5W1H”，具体为谁（Who）、何时（When）、何地（Where）、何事（What）、为何（Why）、过程如何（How）。

#### 1. 标题

新闻的标题被称为新闻的眼睛，是新闻的主要内容、主要精神的提炼和概括。

根据新闻标题的作用，新闻的标题包括引题、正题和副题。引题，用于引出正题，说明事实，交代背景，烘托正题；正题，用于揭示主体重要事实，是标题的核心部分；副题，用于补充说明情况。

根据标题的形式，标题可分为多行标题和单行标题两种。

（1）多行标题

多行标题有以下几种组成方式：

① 引题 + 正题 + 副题，如：

经贸部负责人发表谈话 （引题）

**希望海峡两岸实现直接贸易** （正题）

愿与台经贸主管部门接触协商解决双方贸易中问题 （副题）

② 引题 + 正题，如：

真正幸福要靠自己劳动去创造 （引题）

**杜芸芸将十万元遗产献国家** （正题）

③ 正题 + 副题，如：

**成都电信局花钱“买”批评** （正题）

在报上登“公告”欢迎群众对通信服务工作进行监督 （副题）

（2）单行标题

单行标题只有正题，如“长春出现近 44 年来最早初雪”。

**2. 导语**

导语是新闻的开头部分，往往就是第一段或第一句话。它常由最新鲜、最主要的事实或精辟的议论组成，以吸引读者。导语通常有以下几种形式：

（1）叙述式。简明扼要地写出主要事实、经验，或对全篇事实材料进行综合概括，揭示主要内容，如：“日前，江苏省省级国库集中支付业务电子化系统成功上线运行。”

（2）提问式。把消息中要解决的问题或要介绍的经验、做法以设问的形式提出，然后再用事实作答，如：“酒楼女服务员一年四季都要穿裙子吗？不穿裙子顾客真的不高兴吗？答案是否定的。”

（3）描写式。对富有特色的事实或有意义的一个侧面，用简练的笔墨进行形象描绘，给读者以鲜明的印象，如：“一盆盆翠绿欲滴的麦冬、松柏、万年青和盛开的鲜花装点在人民大会堂的大厅里，全国妇联今天下午在这里举行联欢会。中外妇女 1 500 多人欢聚一堂，相互握手问好，亲切交谈，共同庆祝‘三八’妇女节。”

（4）评论式。对所报道的事实做出评论性结论，如：“今天，新中国颁布的第一部专利法正式生效了。从此，脑力劳动成果被无偿占用的历史在我国宣告结束。”

（5）引用式。引用消息中人物深刻的语言、有见地的观点作为导语，如：“女青年杜芸芸到上海司法机关，要求将继承的十万元遗产捐献给国家，她说：‘我还年轻，应该靠自己的劳动来生活，我愿意将这笔钱用来支援国家的四化建设。’”

### 3. 主体

主体是新闻的主要部分。它承接导语，阐述导语所揭示的主题，或回答导语中提出的问题，对新闻事实做具体的叙述与展开。主体拟写要注意以下几点：

（1）主干突出。典型材料要用在主干上。要去头绪，减枝蔓，与主题无关的材料要舍弃，次要材料要简略。

（2）内容充实。回答导语中提出的问题，其内容必须具体、充实，这样才有说服力。导语提出什么问题，主体就要回答什么问题，这样才能紧扣中心，突出重点。

（3）层次安排恰当。一般有以下几种顺序：一是时间顺序。可以是倒金字塔式，把高潮或结局放在开头，然后再介绍其余内容，使读者一下子抓住要点，满足读者的好奇心；可以是金字塔式，按事情的发生、发展、结束的先后顺序安排层次，特点是事件的高潮和结尾要到最后一段才显示。二是逻辑顺序，即根据事物的内在联系来安排层次。三是时间顺序和逻辑顺序相结合，这样写严密而有条理，活泼而不凌乱。

### 4. 背景

背景是指事件发生的历史环境和原因，它说明事件发生的具体条件、性质和意义，使新闻内容充实，主题突出。背景既可在主体部分出现，也可在导语或结尾部分出现，位置不固定。

### 5. 结语

结语是新闻的最后一段或一句话。结语应阐明新闻所述事实的意义，使读者对新闻的理解、感受加深，从中得到更多的启示。新闻的结尾方式有小结式、评论式、希望式等。有的新闻事实写完，文章就止住了，结尾就在事实之中。

## 三、新闻的拟写要求

（1）新闻内容要真实而有价值。内容真实是新闻的生命，新闻必须用事实讲话，新闻中的人物、时间、地点，事件发生、发展的经过、结果等每一个要素都不能虚构。所报道的事件要具有社会价值，能给人以启发或具有指导意义。

（2）新闻报道要新。即时间新、内容新、角度新、结构新。新闻是稍纵即逝的客观现象的及时记录，最讲究时效，如果迟写慢发，新闻就会贬值或失去意义。

（3）新闻语言要简明扼要。用简洁、概括的文字，把客观事实要点表达出来，篇幅要短小精炼，以便传播媒介做更多的报道，使读者了解更多信息。

## 巩固训练

复习【相关知识】，整理你的意见，帮秦丽拟写一则规范的新闻。

# 职业技能鉴定指导

## 一、知识与技能要点

### （一）知识要点

1. 新闻的结构内容。
2. 新闻的拟写要求。

### （二）技能要点

1. 能根据事实撰写新闻。
2. 能审核、修改新闻。

## 二、模拟训练

### （一）单项选择题

1. 新闻的（　）被称为新闻的眼睛，是新闻的主要内容、主要精神的提炼和概括

A. 标题　　B. 导语　　C. 主体　　D. 结尾

2. 新闻这一概念有狭义和广义之分。狭义的新闻指（　）

A. 快讯　　B. 通讯　　C. 消息　　D. 评论

3. 对富有特色的事实或有意义的一个侧面，用简练的笔墨进行形象描绘，给读者以鲜明的印象，这属于新闻导语写法中的（　）

A. 叙述式　　B. 提问式　　C. 评论式　　D. 描写式

### （二）多项选择题

1. 新闻导语常采用的写法是（　　）

A. 叙述式　　B. 说明式　　C. 评论式　　D. 描写式

2. 新闻中的标题构成可以是（　　）

A. 引题+正题+副题　　B. 引题+正题　　C. 副题　　D. 正题

3. 新闻的语言应（　　）

A. 主观　　B. 简洁　　C. 通俗　　D. 概括

### （三）判断题

1. 新闻背景是指事件发生的历史环境和原因，在新闻的写作中位置固定。（　）
2. 新闻的导语往往就是新闻的第一段或第一句话。（　）
3. 新闻的主体是新闻的主要部分。它承接导语，阐述导语所揭示的主题，或回答导语中提出的问题，对新闻事实做具体的叙述与展开。（　）
4. 新闻的标题可包括引题、正题和副题，这三种标题可以任意组合使用。（　）
5. 新闻是稍纵即逝的客观现象的及时记录，即使迟发慢写，新闻也不会贬值。（　）

### （四）技能操作题

请给下述材料分别拟一个标题。

材料一

**标题：**

本报讯（记者 聂丽娟）汉阳共勉街牌坊被人当作停车场，附近居民为保护建筑文物自发

摆起石头阵阻止泊车（本报9月10日报道）。记者昨日获悉，报道见报后武汉市文化局、汉阳区房管局联合召开专题会议，确定对该处建筑文物进行保护，安排专人维护管理。

位于汉阳阳新路的共勉街牌坊，因保存有贡院牌坊、状元牌坊被列为武汉优秀历史建筑的七座建筑之一，但因缺乏管理竟沦为私家车泊车场，致牌坊的铭牌屡受撞损。附近居民不得不在牌坊下摆起石头阵阻止车辆停放。此次专题会后，占地停放的车辆已都被迁走，并有政府专人看守维护牌坊。

材料二

**标题：**

本报讯（记者 乐毅　实习生 林笛　通讯员 刘涛）国际棉花基因组计划会议昨日在汉召开，记者从会上获悉，华中农业大学棉花研究团队研制出了可以吃的棉花。

据该团队研究者之一、华中农业大学副教授金双侠介绍，棉花属于高蛋白作物，其食用价值巨大，但由于含有“棉酚”这种有毒成分，让有7 000年种植史的棉花一直不能成为人们饱口腹之物。去年，该团队通过分子生物学和常规育种技术，成功培育出一种可食用低酚棉，这种棉花品种提炼的棉籽油可食用，无传统棉花提炼的棉籽油的涩味和毒性。

## 任务评价

**任务评价表**

| 项目 | 等级 | | | 个人评价 | 小组评价 | 教师评价 |
|---|---|---|---|---|---|---|
| | A | B | C | | | |
| 能力达成 | 能按要求完成新闻的拟写，内容完备，格式正确，语言规范得体 | 能完成新闻的拟写，内容比较完备，格式无太大错误，语言基本能传达作者的意图 | 基本能完成新闻的拟写，内容不够完备，格式不规范，语言不得体 | | | |
| 知识掌握 | 理解新闻的适用范围并能正确运用新闻，已掌握新闻的结构与格式，熟悉新闻的拟写要求 | 了解新闻的适用范围，基本掌握新闻的结构与格式，能理解新闻的拟写要求 | 基本了解新闻的适用范围，对新闻的结构与格式把握不准确，新闻写作有困难 | | | |
| 学习态度 | 任务实施过程中精力集中，全身心投入 | 主要任务环节认真投入，能基本完成任务 | 能参与任务实施全过程，但缺乏主动性 | | | |

# 任务三 简报拟写

Task 3

## 任务情境

嘉兴物业服务有限公司与同福居委会联合举办重阳节敬老活动取得了圆满成功。这是公司的一项重要活动，秦丽当晚就把新闻放到了公司网站上。但国庆放假后第一天上班，张主任又交代秦丽就这个活动做一期简报，发送到公司各部门和各分公司。

## 任务实施

1．请帮秦丽分析筛选，明确有哪些信息必须写入简报？

2．请帮助秦丽分析写作任务。

行文目的

简报结构

简报正文内容

3．以下是秦丽拟写的简报初稿，请帮她检查修改。

**简　报**

15

公司办公室编　　　　　　　　　　　　　　　　　　　2014 年 10 月 10 日

---

**简　报**

2014 年 10 月 2 日重阳节，我公司与同福居委会联合举办敬老活动。活动当天，具体开展了“一帮一”敬老帮扶活动，慰问社区老干部、贫困老人，举办歌舞晚会等活动，大力弘扬公司孝爱文化理念。活动取得了很好的效果，使公司融洽了社区关系，为公司树立了良好的公众形象。

一、公司领导高度重视，使敬老活动顺利开展

公司非常重视本次活动，成立了活动领导小组，精心组织、开展、宣传活动，提供活动经费达 5 万元。公司 ×× 副总经理亲自监督活动的准备和落实情况，活动当天公司中层以上

领导全部参加，使今年的重阳节敬老活动取得显著效果。

二、活动丰富多彩、组织有序，提高了公司美誉度

1．举办夕阳红歌舞晚会。组织社区有歌舞特长的老人登台表演，邀请本市著名歌唱家张××等到现场演唱。夕阳红歌舞晚会激发了老人们的积极性，提升了社区居民对公司的认可度。

2．慰问老人。在重阳节当天，公司领导慰问了徐元凤等20位贫困老人，送出慰问金2万元，展示了公司关注弱势群体、弘扬孝爱的企业文化。

3．重阳节当天，公司向到场的观众派送了小礼物，广泛宣传公司诚信、孝爱、协作、创新的文化理念。

4．公司领导与同福敬老院签订了《“一帮一”敬老帮扶协议》，将定期组织青年团员到敬老院看望和护理老人，使敬老活动常规化，孝爱文化根植于青年员工的心中。

三、联合社区，多方协作，促进了公司和谐发展

本次活动由公司与同福社区居委会联合开展，得到了社区的大力支持，密切了公司与社区的关系，促进公司在社区中的和谐发展。

四、借力名人，加强宣传，提高了公司知名度

本次活动邀请知名歌唱家到场演唱，邀请电视台主持人主持晚会，邀请电视台记者现场采访报导，悬挂标语达20余条，从而形成了强大的宣传阵容，大大提高了活动的知名度和增强了公司的影响力。

---

报：公司各分公司，各部门

---

嘉兴物业服务有限公司2014年10月10日印发

---

（共印40份）

（1）简报的名称可改为：

（2）简报期数的表达应改为：

（3）简报的编发单位可改为：

（4）简报的标题可改为：

（5）简报的导语部分应改为：

（6）简报的报尾部分应改为：

## 技能提要

（1）简报是一种内部小报，编写时却应树立全局意识，注意跳出小圈子小范围，从大局着眼。

（2）要善于看趋势、抓苗头，应该对代表事物发展方向，但还处于萌芽状态的苗头性问题予以高度重视。

（3）简报内容要体现简、快、新、实的特点，对于经验性、可借鉴性的内容要加以保留；对事件经过的描述可根据实际情况省略；对事件所反映出的问题要加以客观的评论和分析，且评论和分析要立足于为本单位工作服务，不能随意评论和分析。

# 相关知识

## 一、简报的概念、种类与适用范围

简报是党政机关、企事业单位、社会团体编发的，在汇报工作、反映和通报情况、交流经验、指导工作时广泛使用的一种表现内部事物的文书。

按照时间分，简报有定期简报和不定期简报；按照性质分，简报有综合简报和专题简报；按照内容分，简报有工作简报、会议简报和动态简报。

（1）工作简报。反映工作开展情况，介绍工作经验、活动作用和价值，报告工作中出现的问题等。

（2）会议简报。反映会议召开情况，报道会议主要精神和与会人员的意见或建议。

（3）动态简报。反映思想动态或人们关注的问题，一般只报送上级有关领导参考。

工作简报、动态简报都属于长期性简报，而会议简报属于临时性简报。

## 二、简报的结构内容

简报一般由三部分构成：报头、报核、报尾。

### 1. 报头

报头一般占简报首页三分之一的上方版面，用间隔红线与正文部分隔开。报头由简报名称、秘密等级、期号、编印单位、印发日期组成。

（1）简报名称。简报名称一般用套红印刷的大号字体，名称如“工作简报”、“工作通讯”、“会议简报”等。

（2）秘密等级。秘密等级一般写在左上角，也有的写“内部文件”或“内部资料，注意保存”等字样。

（3）期号。期号标在简报名称正下方，居中排。一般是按年度依次排列期号，并用括号括上，如“（第 25 期）”或“（25）”。

（4）编发单位。编发单位标在期号左下方，一般应写全称。

（5）印发日期。印发日期写在与编印单位平行的右侧。印发日期以领导签发日期为准，应标明具体的年、月、日。

内部文件

**会议简报**

（第 × 期）

中共 ×× 市委办公室编　　　　×××× 年 × 月 × 日

---

### 2. 报核

报核，即简报所刊的一篇或几篇文章。报核是简报的主要组成部分，由按语、标题、导言、正文和结尾五项内容构成。当然，不是所有的简报都包括这五项。

（1）按语。按语又称“编者按”，是编者针对简报的内容所写的说明性或评论性文字。它视需要而用，并非每篇文章必有。

（2）标题。类似新闻的标题，要揭示主题，简短醒目。

（3）导言。简要概括全文的主旨或主要内容，给人留下总体印象。

（4）正文

正文有以下几种写法：

① 新闻报道式。按照新闻的结构（包括标题、导语、主体、背景、结语等）和写法进行写作。

② 归纳分析式。对材料进行归纳，找出问题的症结，提出解决的办法。

③ 问题汇编式。先对所要反映的问题做总的介绍，然后将其分类展开写作。

④ 材料转摘式。直接引用有关材料，可以完整地转抄，或根据需要部分转抄。

（5）结尾。结尾对主体部分进行归纳和概括，提出希望和打算。

**3. 报尾**

在简报最后一页下部，用一横线与报核隔开，横线下左边写明发送范围。发送范围应包括简报的报送、分送、抄发单位。报送单位，指简报呈报的上级单位；分送单位，指简报送往的同级单位或不相隶属的单位；抄发单位，指简报发放的下级单位。在与发送范围右侧写明印发份数。最后加上一条横线，表示结束。

报尾样例如下：

---

报送：县教育局
分送：校长办公室、书记办公室、各副校长办公室
抄发：各处室、教研组、年级组

共印 25 份

---

## 三、简报的拟写要求

（1）抓准问题，有的放矢。要围绕本单位的实际，反映最重要、最典型、最新鲜、最为群众关心、最需要引起注意的问题。

（2）材料准确，内容真实。简报作为加强领导和推动工作的重要工具，内容必须保证绝对真实、准确，用事实说话。

（3）简明扼要，一目了然。简报写作必须做到简短、明快，用尽可能少的文字说清必须说明的问题。

（4）讲究时效，反映迅速。简报是单位领导对一些问题做出决策的参考依据之一，也是单位推动工作的一个重要手段，因此，简报的编写必须讲求时效、不失时机。

## 四、新闻与简报的联系与区别

（1）新闻和简报的内容都要求新。新闻侧重于新闻性，而简报则侧重于经验性，两者的侧重点有所区别。

（2）新闻和简报在篇幅上都要求短。由于新闻只需报道事件的本身即可，而简报还需对事件所反映出的问题加以评论和分析，所以简报的篇幅相对来说要长于新闻。

（3）新闻和简报都要求反映真实的情况。新闻仅仅局限于客观的报道，而简报则允许

对客观的事实加以评论。

（4）新闻和简报在编发时都要求快速及时。新闻在编发的速度上要求更高，追求的是快速反应；而简报在编发的时间上有一定的弹性，允许稍稍延后。

（5）新闻具有公开性，而简报在一定程度上具有保密性。

## 巩固训练

根据班内近期发生的一件或几件要事为材料，撰写一篇内容完整而规范的简报。

## 职业技能鉴定指导

### 一、知识与技能要点

#### （一）知识要点

1. 简报的种类与适用范围。
2. 简报的结构内容和拟写要求。

#### （二）技能要点

1. 能按要求拟写简报。
2. 能正确排制简报。

### 二、模拟训练

#### （一）单项选择题

1. 简报名称的正下方是简报的（ ）

A．编发单位　B．印发日期　C．期号　D．印发份数

2. 简报的哪部分可以简要概括全文的主旨或主要内容，给人留下总体印象？（ ）

A．按语　B．报核　C．标题　D．导言

3. 简报报头约占简报首页的（ ）

A．三分之一　B．四分之一　C．五分之二　D．五分之一

#### （二）多项选择题

1. 简报的特点有（ ）

A．快　B．新　C．实　D．短

2. 简报报头包括（ ）

A．简报名称　B．编发单位　C．抄送单位　D．期号

3. 简报按其内容可分为（ ）

A．工作简报　B．专题简报　C．会议简报　D．动态简报

#### （三）判断题

1. 工作简报、动态简报都属于长期性简报，而会议简报属于临时性简报。（ ）
2. 简报的主要部分由按语、标题、导言、正文和结尾构成。（ ）
3. 简报中，编发单位标在期号右下方，一般应写全称。（ ）
4. 简报报尾中的“抄发”，指简报发放的下级单位。（ ）

5. 简报在一定程度上具有保密性，而新闻具有公开性。(　)

（四）技能操作题

请仔细阅读分析下面简报的报核部分，然后按要求回答问题。

**本期要目**

◆秘书处新干事见面交流会

◆院级秘书处干部见面会

**简　讯**

1. 秘书处新干事见面交流会

校级学生干部选拔已结束，校秘书处的新干事名单已确定。校秘书处随即开展了新干事见面交流会，会上主要是新干事进行自我介绍，副部级以上学生干部也对秘书处工作做了简单的介绍。这个见面交流会促进了部门内部人员的相互熟悉，也确保后续工作能顺利开展。

……

2. 院级秘书处干部见面会

因新一届学生干部的加入，各学院秘书处人员发生变动。校秘书处开展了院级秘书处干部见面会，会上校秘书处对学院材料的改动和工作考核评价标准的变动做了详细的说明，各院秘书处也就这些问题提出了一些好的建议。

……

（1）这则简报属于什么类型的简报？

（2）简报目录的作用是什么？

（3）简报的正文采用了哪种写法？

## 任务评价

**任务评价表**

| 项目 | 等级 | | | 个人评价 | 小组评价 | 教师评价 |
|---|---|---|---|---|---|---|
| | A | B | C | | | |
| 能力达成 | 能按要求简报的拟写，内容完备，格式正确，语言规范得体 | 能完成简报的拟写，内容比较完备，格式无太大错误，语言基本能传达发文单位的要求 | 基本能完成简报的拟写，内容不够完备，格式不规范，语言不得体 | | | |
| 知识掌握 | 理解简报的适用范围并能正确运用简报，已掌握简报的结构与格式，熟悉简报的拟写要求 | 了解简报的适用范围，基本掌握简报的结构与格式，能理解简报的拟写要求 | 基本了解简报的适用范围，对简报的结构与格式把握不准确，简报拟写有困难 | | | |
| 学习态度 | 任务实施过程中精力集中，全身心投入 | 主要任务环节认真投入，能基本完成任务 | 能参与任务实施全过程，但缺乏主动性 | | | |

# 模块三 Module 3 礼仪文书拟写

## 模块概述

礼仪文书指党政机关、企事业单位、社会团体和个人在各种社交活动或礼仪场合使用的文书，具有沟通关系、融洽感情、交流信息、塑造形象等作用。拟写礼仪文书应当准确、恰当地体现礼仪上的要求，能根据不同的时间、空间和对象，针对具体情况，把文辞写得恰如其分，意思表达得恰到好处。由于很多礼仪文书常常用于现场讲话，因此语言还要符合口语表达的相关要求。文秘人员必须了解礼仪文书的种类及其适用范围，熟知礼仪程序，熟练拟写常用礼仪文书。

本模块包括致词拟写与社交书信拟写两个项目，共设置了五个任务，目标是使学习者了解欢迎词、欢送词、开幕词、闭幕词、请柬、邀请函、感谢信、贺信的适用范围，掌握其拟写要求，熟练拟写这些常用礼仪文书。

# 项目一 致词拟写

Project 1

## 项目概述

致词指在举行某种活动时发表的表示欢迎、感谢、祝贺等内容的礼仪讲话，包括节日致词、欢迎词、欢送词、开幕词、闭幕词、答谢词、祝酒词、祝寿词、婚礼祝词、庆典或文体联欢活动致词等。本项目主要学习最为常用的欢迎词、欢送词、开幕词、闭幕词的相关知识及拟写技巧，帮助学习者准确地把握这几种致词的适用场合与对象，熟练拟写这几种致词。

## 学习目标

**知识目标**

1. 了解欢迎词、欢送词、开幕词、闭幕词的适用范围。
2. 熟悉欢迎词、欢送词、开幕词、闭幕词的特点、拟写要求。

**技能目标**

1. 能掌握欢迎词、欢送词、开幕词、闭幕词的结构与格式。
2. 能熟练拟写欢迎词、欢送词、开幕词、闭幕词。

# 任务一 欢迎词、欢送词拟写

## 任务情境

嘉兴物业服务有限公司所属的蓝天城市控股集团决定进军休闲娱乐行业，收购了成立达十年之久的靓彩形象设计公司。靓彩形象设计公司与祥和广场合作经营的靓彩祥和形象设计店准备在五一劳动节开张，并举行促销活动。秦丽因踏实肯干，被临时派到该公司协助祥和分店配合开业庆典的组织工作。在4月10日的工作会议上，秦丽接到的任务是：为新店店长写开业庆典的欢迎词和促销活动闭幕式上的欢送词。

## 任务实施

1. 请帮秦丽确定欢迎词的主要写作内容。

| 庆典举行缘由 | 双方身份 | 主体内容 |
| --- | --- | --- |
| | | |

2. 职场中接收工作任务时很有可能存在信息不对等，领导无明确指示、不按程序布置工作等问题，我们在执行任务时一定要注意搜集信息。请帮秦丽分析哪些信息影响致词的拟写，还需要收集哪些信息才能很好地完成写作任务？

3. 以下是秦丽为新店店长拟写的开业庆典的欢迎词，请帮她检查修改。

**欢迎词**

各位尊敬的领导、亲爱的朋友们：

早上好！

早晨的一切都是美好的，东方的一抹晨曦宣告着新一天的开始。伴着清爽的晨风、雨露和晨光，听着优美动听的乐曲，女士们、先生们、朋友们，欢迎大家参加靓彩形象设计公司与祥和广场合作经营的靓彩祥和形象设计店的开业庆典仪式！感谢大家把这一天中最美好的时光留在这里，见证我们靓彩祥和分店的诞生！

在此，我谨代表靓彩祥和分店的全体店员向各位表示热烈的欢迎！恰逢今年是本公司成立十周年，在成为蓝天城市控股集团旗下的一员后，本公司决定在祥和广场开设第七家分店——

靓彩祥和形象设计店！本店是我市规模最大的分店，分店面积达500平方米，可同时接待美发、美容、美甲、彩妆、色彩诊断、形象设计等多方面的顾客百余人。大家在享受本店提供的优质服务的同时还可以俯瞰城市的美景。

据内部消息，本公司将与祥和广场合作，采用股份制形式开设本店。预计正式合作后，靓彩控股75%，祥和控股25%。我们为能够携手共建靓彩祥和分店，共同创造事业的辉煌，感到无比高兴。我们相信本店的前景会更美好！

最后，让我们以热烈的掌声，向我们的合作单位、我们的新老顾客及各位尊贵的朋友表示最诚挚的欢迎！

（1）开头部分冗长，应改为：

（2）欢迎词公布了靓彩公司将与祥和广场合作的消息，这显然已经超出了“分店店长”的职权范围，与致词者的身份不符，可改为：

（3）这篇欢迎词的内容要点不全，请补充：

## 技能提要

（1）情感要真挚，态度要热情。既要让客人感到亲切，不觉矫揉造作、虚情假意，又要热情得体，带动仪式气氛。切忌空洞虚假或平淡刻板。

（2）措辞得体。表达情感，应有礼有节、张弛有度，情感不能过于强烈或大起大落。

（3）欢迎有意见分歧的来宾时，应注意避开使对方尴尬的话题，回避双方的矛盾焦点，为加强沟通创造良好的氛围。

## 相关知识

### 一、欢迎词、欢送词的概念与种类

欢迎词是在集会、宴会等迎接宾客的仪式上展现宾主之间美好情谊，传达主人对宾客的光临表示热烈欢迎的一种致词。欢送词是在送别宾客的仪式上，主人对来宾的离去表示热情欢送的一种致词。

### 二、欢迎词、欢送词的结构内容

欢迎词和欢送词的基本结构一致，一般由五部分构成：标题、署名、日期、称谓、正文。

**1. 标题**

标题一般由“致词者＋参加的活动＋致＋欢迎/欢送对象＋文种”构成，也可以不写明致词者与参加的活动，直接用“致……的欢迎词/欢送词”的结构。

### 2. 署名

如标题中没有写明致词者，则需在标题之下署名，位置居中。必要时要在署名前写上致词者的职务或职称。

### 3. 日期

此日期指欢迎或欢送仪式举行的日期，应标注在署名之下。也可以不标示日期。

### 4. 称谓

称谓是对欢迎或欢送对象的称呼。身份从高到低，性别先女后男，尽可能覆盖全体参加对象。如果用于大型活动，开头应列举到场的几位贵宾的姓名、职务或职称，再加上常用的称谓“各位专家学者、朋友们……”。

### 5. 正文

正文结构一般为：开头 + 主体 + 结尾。

（1）开头

开头一般表示欢迎或欢送。

常用的表示欢迎的语句有“热烈欢迎你们的到来”、“你们的光临是我们期待已久的”、“向 ××× 表示热烈的欢迎”等。在规格较高的场合常使用外交辞令，致词者应首先表明自己的身份，例如：“请允许我以 ××× 的身份，代表 ×× 机构，向远道而来的各位嘉宾表示热烈的欢迎！”

常用的表示欢送的语句有“对本次活动 / 会议的圆满结束表示祝贺”“在即将分别地时刻，我们依依不舍”等。

（2）主体

主体即欢迎词或欢送词的核心部分。

欢迎词的主体部分要根据对象的具体情况来写。如果欢迎的是嘉宾，要介绍嘉宾来访的意义、作用，回顾彼此间的友谊、交往和合作取得的成就等；如果欢迎的是即将加入团体的新成员，一般要表示对新成员的信任和期待，描绘携手共创辉煌的美好将来；如果欢迎的是执行公务归来的团体或个人，就要肯定或赞颂执行公务者所付出的艰苦努力、所获得的荣誉及所创造的业绩。

欢送词的主体部分一般是简单回顾活动过程或简要阐释活动的意义，表达惜别之情和感谢之意。

（3）结尾

欢迎词的结尾多为表示欢迎、祝愿或感谢的话语，如“再一次向各位表示热忱的欢迎”、“让我们携手并进，共创辉煌”等。

欢送词的结尾多为表示欢送、惜别、祝愿的话语，如“感谢你们参加 ××× 活动 / 会议……期待与您再次相会”等。

### 三、欢迎词、欢送词的拟写要求

（1）礼仪周到。一般由东道主方面的要员致词，既要向对方表示友好，又要坚持自己的原则和立场。措辞要注意分寸，表达要委婉。尊重对方的风俗习惯，避免谈及双方有争议的问题或对方忌讳的内容。

（2）运用口语。语言应通俗简洁、热情幽默，以拉近主宾之间的距离。

（3）注意篇幅。若致欢迎词之后还有领导或嘉宾致开幕词，则要求欢迎词篇幅简短，与开幕词侧重的内容不同。致欢送词一般在闭幕词之后，同样要注意这一点。

（4）迎送有节。欢迎词在表达热烈的感情时，不必为“长他人志气”而“灭自己威风”。欢送词在表达惜别之情时，不要过于严肃或过于激动、哀伤。

## 巩固训练

1. 请仔细阅读分析下面的例文，然后按要求回答问题。

**欢迎词**

女士们、先生们：

值此宏图纸厂30周年厂庆之际，请允许我代表宏图纸厂，向远道而来的朋友们表示热烈的欢迎！

朋友们不顾路途遥远专程前来贺喜，并与我厂洽谈贸易合作事宜，为我厂30周年厂庆倍添喜庆，我由衷地感到高兴！并对朋友们为增进彼此友好关系付出的努力表示诚挚的谢意！

今天在座的各位来宾中，有许多是老朋友，我们之间一直有着良好的合作关系。我厂建厂30年能取得今天的成绩！离不开老朋友们的真诚合作和大力支持，对此，我们表示由衷的感谢！同时，我们也为有幸结识来自全国各地的新朋友感到十分高兴。在此，我代表宏图纸厂向新朋友们的到来表示热烈欢迎，并希望能与新朋友们密切协作，发展相互间的友好合作关系。

“有朋自远方来，不亦乐乎？”在此新朋老友相会之际，我提议：为我们今后的进一步合作，为我们之间日益增进的友谊，为朋友们的健康幸福，干杯！

（1）你认为这则欢迎词可能用在________场合。

（2）这则欢迎词的正文部分主要包含哪些内容？

2. 复习【相关知识】，整理相关信息，请你帮秦丽为新店店长拟写一则活动闭幕式上的欢送词。

## 职业技能鉴定指导

### 一、知识与技能要点

（一）知识要点

1. 欢迎词、欢送词的适用场合。

2. 欢迎词和欢送词的拟写要求。

（二）技能要点

1. 能把握致欢迎词和欢送词的场合、欢迎与欢送的对象及致词者的身份。

2. 能拟写欢迎词和欢送词。

## 二、模拟训练

（一）单项选择题

1. 活动举办方在活动开始时表示欢迎各位来宾的致词是（ ）

A. 欢迎词　B. 欢送词　C. 开幕词　D. 闭幕词

2. 致欢迎词和欢送词的人一般是（ ）

A. 领导　B. 主持人　C. 东道主方面的要员　D. 应邀嘉宾

3. 致词者在现场发表欢送词时，应持的态度是（ ）

A. 严肃庄重　B. 喜笑颜开，表述时一定要幽默

C. 表达致词者的惜别之情　D. 极力挽留，表述时最好痛哭流涕

（二）多项选择题

1. 欢送词的主体内容一般包括（ ）

A. 简单回顾活动过程　B. 阐释活动的意义

C. 表达致词者的惜别之情　D. 表达致词者的感谢之意

2. 欢迎词和欢送词的正文在结构上一般包括（ ）

A. 标题　B. 开头　C. 主体　D. 结尾

3. 欢迎词或欢送词的语言特点有（ ）

A. 热情幽默　B. 通俗简洁　C. 极力吹捧　D. 大肆渲染

（三）判断题

1. 欢迎词常用表示欢迎的语句来开头，特定场合还应表明致词者的身份。（ ）

2. 欢送词是东道主对来宾表示极力挽留的一种礼仪文书。（ ）

3. 欢迎词的标题必须写明致词者。（ ）

4. 欢送词的结尾除了表示欢送和惜别之外，还可以表示祝愿。（ ）

5. 欢送词表达惜别之意，点到即可，不必过于悲伤。（ ）

（四）技能操作题

请仔细阅读分析下面的例文，然后按要求回答问题。

### 欢送词

先生们、女士们、朋友们：

首先，我谨代表本公司董事会及全体员工，对诸位圆满结束本次参观交流表示热烈的祝贺！

明天，各位就要离开我们公司了，在即将分别的时刻，我们都依依不舍。大家相处的时间是短暂的，但我们的友谊是长久的。我们随时欢迎各位再次来我们公司参观学习！今年11月份，本公司的部分管理者将到贵公司参观学习，届时还望各位不吝赐教。相信我们今后的友好交流一定能不断加强！

祝大家一路顺风，万事如意！

1. 本文的称谓（　）

A. 正确　　B. 可加“尊敬的”

C. 改为“女士们、先生们”　　D. 应改为“××公司人员”

2. 如果这则欢送词要刊登在报纸上，需要添加致词的时间，应添加在（　）

A. 标题正下方　　B. 文章结尾处　　C. 文章落款处　　D. 标题中

3. “我们随时欢迎各位再次来我们公司参观学习！”应改为（　）

A. 我们随时欢迎各位再次来我们公司批评指正！

B. 我们随时欢迎各位再次来我们公司指导工作！

C. 我们随时欢迎各位再次来我们公司交流经验！

D. 我们欢迎各位在适当的时候来我们公司参观学习！

## 任务评价

### 任务评价表

| 项目 | 等级 | | | 个人评价 | 小组评价 | 教师评价 |
|---|---|---|---|---|---|---|
| | A | B | C | | | |
| 能力达成 | 能按要求完成欢迎词、欢送词的拟写，内容完备，格式正确，语言规范得体 | 能完成欢迎词、欢送词的拟写，内容比较完备，格式无太大错误，语言符合致词者的身份 | 能基本完成欢迎词、欢送词的拟写，内容不够完备，格式不规范，语言不得体 | | | |
| 知识掌握 | 理解欢迎词、欢送词的适用场合，已掌握欢迎词、欢送词的结构与格式，熟悉欢迎词、欢送词的拟写要求 | 了解欢迎词、欢送词的适用场合，表述符合致词者的身份，基本掌握欢迎词、欢送词的结构与格式，能理解欢迎词、欢送词的拟写要求 | 基本了解欢迎词、欢送词的适用范围，但实际运用有困难；对欢迎词、欢送词的结构与格式把握不准确；拟写有困难 | | | |
| 学习态度 | 任务实施过程中精力集中 | 主要任务环节认真投入，能基本完成任务 | 能参与任务实施全过程，但缺乏主动性 | | | |

# 任务二　开幕词、闭幕词拟写

## 任务情境

4 月 15 日，在靓彩公司管理层的例会上，刘洪经理宣布了新店开业庆典的方案、与祥和广场进行股份制合作的事宜和举办"'五一'为您添彩"促销活动等事项。会后，刘洪经理特意留下秦丽，嘱咐她邀请楚天市形象设计行业协会会长张咏兰女士到会并致开幕词，开幕词由秦丽代拟。

## 任务实施

1. 拟写开幕词一定要考虑致词者和致词对象的身份及两者之间的关系，简介活动最重要的环节，点明活动的意义，表示良好祝愿。请帮秦丽分析哪些信息要写进开幕词？

2. 现在很多大型活动的闭幕式上，常常只宣布闭幕，不再致欢送词。在这种情况下，闭幕词需要兼顾"闭幕"和"欢送"的内容。如果新开业的靓彩祥和分店在庆典活动结束时只有刘经理致闭幕词，那么闭幕词还要添加哪些内容？

3. 以下为秦丽拟写的开幕词初稿，请帮她检查修改。

**在开幕式上的致词**

张咏兰

尊敬的蓝天城市控股集团董事长赵先生、靓彩公司的总经理刘先生、祥和广场的首席执行官孙先生、各位嘉宾、各位朋友：

早上好！

由蓝天城市控股集团旗下的靓彩形象设计公司和祥和广场合作经营的靓彩祥和形象设计店即将开业，该店的"'五一'为您添彩"促销活动即将拉开帷幕，我谨代表楚天市形象设计行业协会对此表示热烈祝贺！向各位来宾表示热烈的欢迎！

朋友们，靓彩形象设计公司是我们行业的龙头企业，祥和广场更是集商业、休闲、餐饮、娱乐于一体的大型城市综合广场。现在两家企业联合经营一家形象设计店，在经营模式上是创新之举，这是双方领导高屋建瓴的合作，我们期待他们在行业内能起到示范作用，为更多的消费者带来福音。

"'五一'为您添彩"促销活动将面向老顾客开展大幅度的促销活动，面向新顾客开展免费体验活动，因此，大家都能更好地享受到靓彩与祥和强强联合带来的福音。

再次祝贺靓彩祥和形象设计店开业大吉！现在，我宣布靓彩祥和形象设计店开业庆典暨

"'五一'为你添彩"促销活动开幕！

最后祝各位嘉宾、各位朋友一帆风顺，十全十美，百般如意，千样称心，万事大吉！

（1）标题不够明确，可改为：

（2）结尾的语言啰嗦，可改为：

（3）正文语言有语病，请指出并修改：

## 技能提要

（1）注意简明性。开幕词、闭幕词要求篇幅简短，语言简明，快速切入正题。

（2）多使用祈使句，表示祝贺和希望。

（3）适当口语化。语言应该通俗、明快、朗朗上口。

（4）现场发表时要注意语气，不可照本宣科。

（5）结尾处应明确宣布"开幕"或"闭幕"。

## 相关知识

### 一、开幕词、闭幕词的概念与种类

开幕词是大型活动或会议开始的时候，由主办方的主要领导或身份尊贵的特邀嘉宾向参加活动的来宾发表的讲话。

闭幕词与开幕词相对应，是活动或会议结束时由主要领导向所有来宾做的总结性讲话。致闭幕词的人通常与致开幕词的人身份相当或比之略低。

### 二、开幕词、闭幕词的结构内容

开幕词、闭幕词的基本结构一致，一般由五部分构成：标题、署名、日期、称谓、正文。

#### 1. 标题

（1）单行式标题。一是用文种做标题；二是由"致词者＋致词场合＋文种"构成标题；三是由"会议或活动名称＋文种"构成标题。

（2）双行式标题。标题结构为"正题＋副题"，提炼内容中心或主旨作为正题，副题格式为"致词者＋致词场合＋文种"。

#### 2. 署名

如标题中没有写明致词者，应在标题之下署名，位置居中。必要时要在署名前写上致词者的职务或职称。

**3. 日期**

此日期指开幕式或闭幕式举行的日期，注明开闭幕的年、月、日，标注在署名之下。也可以不标示日期。

**4. 称谓**

称谓是对参加开幕式或闭幕式人员的统称。如果是党的会议，称谓比较简单，就是"同志们"三个字，后加冒号；如果是国际会议，要按照国际惯例来排列顺序，较常见的是"各位嘉宾、女士们、先生们"，后加冒号。

**5. 正文**

正文结构一般为：开头＋主体＋结尾。

（1）开头。开幕词应直接陈述因何宣告开幕；闭幕词应说明活动或会议已经完成预定任务，现在即将闭幕。

（2）主体。开幕词可以介绍参加活动或会议的领导和各方来宾，通报参加活动或会议的代表和团体名称，回顾过去的工作、成绩、经验及不足，提出活动或会议的议题、议程的安排。闭幕词可以概述活动或会议的主要事项、进行情况与基本精神，恰当地评价活动或会议的收获、意义及影响，向参与的人员提出贯彻相关精神的基本要求。

（3）结尾。开幕词应写出对参与人员的感谢之意。闭幕词一般先以坚定语气发出号召、提出希望、表示祝愿等，最后郑重宣布会议闭幕（请举办方宣布开幕也可），常用"祝愿/祝贺××××（获得）圆满成功"之类的祝福语。注意用"宣布……开幕"、"宣布……闭幕"的话语明确意图，以示强调。

## 三、开幕词、闭幕词的拟写要求

（1）要有号召力。开幕词、闭幕词的行文都应充满热情，语言要坚定有力，富有号召性和鼓动性，以激励参与人员为实现相应目标或任务而奋斗，增强参与人员贯彻相关精神的决心和信心。

（2）要高度概括。开幕词、闭幕词应对活动或会议的进行情况、完成的议题、取得的成果、倡导的精神及举行的意义等进行高度的概括。

（3）做简要总结。闭幕词一般对活动或会议的精神和进程进行简要的总结并做出恰当评价，肯定重要成果，强调主要意义和深远影响。

# 巩固训练

1. 请仔细阅读分析下面的例文，然后按要求回答问题。

### 第29届奥林匹克运动会闭幕式上的致词

国际奥委会主席　罗格

2008年8月24日

亲爱的中国朋友们：

今晚，我们即将走到16天光辉历程的终点。这些日子将在我们的心中被永远珍藏。感谢中国人民，感谢所有出色的志愿者，感谢北京奥组委。

通过本届奥运会，世界更多地了解了中国，中国更多地了解了世界。来自204个国家和地区奥委会的运动健儿们在光彩夺目的场馆里同场竞技，用他们精湛的技艺博得了我们的赞叹。

新的奥运明星诞生了，往日的奥运明星又一次带来惊喜。我们分享他们的欢笑和泪水，我们钦佩他们的才能与风采，我们再次见证辉煌，并将长久铭记。

在庆祝奥运会圆满成功之际，让我们一起祝福才华横溢的残奥会运动健儿们，希望他们在即将到来的残奥会上取得优秀的成绩。他们也令我们倍感鼓舞。

今晚在场的运动员们，你们是真正的楷模，你们充分展示了体育的凝聚力。来自冲突国家的竞技对手热情拥抱，这闪耀着奥林匹克精神的光辉。希望你们回国后让这种精神生生不息，世代永存。

这是一届真正的无与伦比的奥运会！

现在，遵照惯例，我宣布第29届奥林匹克运动会闭幕，并号召全世界青年4年后在伦敦举办的第30届奥林匹克运动会上相聚，谢谢大家！

（1）这份致词的开头内容包括：________

（2）这份致词的主要内容包括：________

2. 复习【相关知识】，合理发挥想象，整理有关信息，帮秦丽写一则完整而规范的闭幕词。

## 职业技能鉴定指导

### 一、知识与技能要点

#### （一）知识要点

1. 开幕词、闭幕词的适用场合与致词者的身份。

2. 开幕词、闭幕词的拟写要求。

#### （二）技能要点

1. 能把握开幕词、闭幕词的适用场合与致词者的身份。

2. 能拟写开幕词、闭幕词。

### 二、模拟训练

#### （一）单项选择题

1. 致词者在现场表述一般采用（　）

A. 当地方言　　B. 口语　　C. 普通话　　D. 书面语

2. 下列标题拟写不正确的是（　）

A. ××有限公司2015年企业文化节开幕词

B．××有限公司第10届企业文化节开幕词

C．我们的文学应该站在世界的前列——中国作家协会第4次会议代表大会会议开幕词

D．×××同志的会议开幕词

3. 在开幕式上，开场白、欢迎词、开幕词最好分别由谁现场发表？（ ）

A．东道主、东道主、邀请的嘉宾　B．邀请的嘉宾、东道主、东道主

C．主持人、东道主、邀请的嘉宾　D．东道主、主持人、邀请的嘉宾

（二）多项选择题

1. 开幕词和欢迎词的区别包括（ ）

A．致词者的身份不同　B．表述的目的不同　C．强调的内容不同　D．听众不同

2. 闭幕词的内容包括（ ）

A．说明活动或会议已完成预定任务　B．向参与人员提出贯彻相关精神的基本要求

C．恰当评价活动或会议的意义　D．宣布闭幕

3. 能致开幕词的人是（ ）

A．行业内的翘楚　B．特邀嘉宾　C．举办方的主要领导　D．主持人

（三）判断题

1. 开幕词一般应有号召力。（ ）

2. 闭幕词必须包含“宣布闭幕”的话语。（ ）

3. 致开幕词的人可以不宣布“开幕”。（ ）

4. 开幕词可以介绍参加活动或会议的领导和各方来宾。（ ）

5. 不论什么会议，开幕词的称谓都用“各位嘉宾、女士们、先生们”。（ ）

（四）技能操作题

请仔细阅读分析下面的例文，然后按要求回答问题。

**蓝天城市控股集团董事长赵顾佳在嘉兴物业服务有限公司**
**成立十周年庆典暨“感恩十周年”活动上的开幕词**

尊敬的各位来宾、尊贵的朋友们：

大家好！

首先我谨代表蓝天城市控股集团感谢各界朋友在百忙中抽空前来参加我们集团的嘉兴物业服务有限公司成立十周年庆典。感谢各位对蓝天城市控股集团嘉兴物业的大力支持！热烈祝贺嘉兴物业服务有限公司成立十周年！希望“感恩十周年”活动达到预期的收效！

朋友们，蓝天城市控股集团作为国内外知名企业，旗下原有嘉兴、嘉庆、嘉华、嘉喜四家公司，加上今年并购的形象设计行业的龙头企业——靓彩形象设计公司，一共有五家分公司。从物业服务与管理领域到休闲娱乐行业，我们都有很好的业绩，目前正在为集团继续扩大规模做准备。

嘉兴物业服务有限公司在这十年的经营中，一直坚持顾客至上的原则，对顾客诚信体贴；坚持开拓进取的原则，不断拓宽业务领域；坚持以人为本的原则，十年来帮助千余名下岗职工学习技能，让他们重新走上工作岗位。其中不少人在学到技能和管理经验后，开设了自己的家政服务店，帮助更多的人就业。可以说，嘉兴物业是全市乃至全省物业服务行业的航母，为这个行业的发展培养了主力军，训练了后备军。

再次预祝嘉兴物业服务有限公司“感恩十周年”活动取得圆满成功！现在，我宣布嘉兴

物业服务有限公司十周年庆典暨“感恩十周年”活动开幕！

最后祝各位朋友家庭幸福美满，万事如意！

1. 开幕词内容（ ）

A．无错误　　B．有误，第三段对蓝天城市控股集团的介绍可删去

C．有误，有署名，没日期　　D．不完整，结尾处还应说“谢谢”

2. 下列表述正确的是（ ）

A．“达到预期的收效”可改为“达到最高的目的”

B．“达到预期的收效”可改为“取得预期的效果”

C．“让他们重新走上工作岗位”可改为“让他们走上新的工作岗位”

D．“让他们重新走上工作岗位”可改为“让他们捧起新的饭碗”

3. “培养了主力军，训练了后备军”这句话（ ）

A．无错误

B．应改为“培养了主力军，提供了后备军”

C．应改为“培养了栋梁之才，提供了经营模式”

D．应改为“培养了中坚力量，提供了服务典范”

# 任务评价

**任务评价表**

| 项目 | 等级 | | | 个人评价 | 小组评价 | 教师评价 |
| --- | --- | --- | --- | --- | --- | --- |
| | A | B | C | | | |
| 能力达成 | 能按要求完成开幕词、闭幕词的拟写，内容完备，格式正确，语言规范得体 | 能完成开幕词、闭幕词的拟写，内容比较完备，格式无太大错误，语言基本符合要求、符合致词者的身份 | 能基本完成开幕词、闭幕词的拟写，内容不够完备，格式不规范，语言不得体 | | | |
| 知识掌握 | 理解开幕词、闭幕词的适用场合已掌握开幕词、闭幕词的结构与格式，熟悉其拟写要求 | 了解开幕词、闭幕词的适用场合，基本掌握开幕词、闭幕词的结构与格式，能理解其拟写要求 | 基本了解开幕词、闭幕词的适用场合，但实际运用有困难；对开幕词、闭幕词的结构与格式把握不准确；拟写有困难 | | | |
| 学习态度 | 任务实施过程中精力集中，全身心投入 | 主要任务环节认真投入，能基本完成任务 | 能参与任务实施全过程，但缺乏主动性 | | | |

# 项目二
# 社交书信拟写

## 项目概述

社交书信是个人进行社会交往所用的信函。社交书信的拟写，一要注意体式的约定俗成和用语规范，二要注意写作目的和所使用的礼仪场合。本项目的学习任务主要是明确各类社交书信使用的礼仪场合，掌握各类社交书信规范的格式和用语规范，学会拟写请柬、邀请函、感谢信、贺信等常用社交书信。

## 学习目标

**知识目标**

1. 了解请柬、邀请函、感谢信、贺信的适用范围。
2. 熟悉请柬、邀请函、感谢信、贺信的拟写要求。

**技能目标**

1. 能掌握请柬、邀请函、感谢信、贺信的结构与格式。
2. 能熟练拟写请柬、邀请函、感谢信、贺信。

# 任务一 请柬与邀请函拟写

Task 1

## 任务情境

4月21日上午，靓彩形象设计公司的管理层再次开会，确定了开业庆典的具体事宜：一是开业庆典仪式定于5月1日上午9:00开始；二是为了加强与相关单位的合作关系，邀请客户单位和其他的业务合作单位的负责人来参加新店开业庆典；三是为了稳定客户群，扩大客源，与开业庆典同期举行"'五一'为您添彩"促销活动。会后，秦丽根据领导布置的工作任务，开始着手拟制请柬、邀请函。

## 任务实施

1. 秦丽列出了邀请对象——电视台、模特经纪公司、影楼、婚庆公司、老顾客及嘉宾名单，请你帮秦丽对邀请对象进行分类并确认发送何种礼仪文书。

客户单位

其他的业务合作单位

老顾客、嘉宾

2. 请帮秦丽整理开业庆典的相关信息，明确哪些信息必须写入请柬或邀请函。

发文缘由

邀请事宜

其他要求：邀请函可要求受邀方回复回执。

3. 秦丽对照请柬的格式拟写了请柬初稿，请帮她检查修改。

**请　柬**

尊敬的______经理/主任：

本公司祥和分店谨定于2014年5月1日（星期四）上午9:00在祥和广场举行开业庆典活动。恭候您准时光临与赐教。

靓彩形象设计公司敬邀

2014年4月21日

（1）称谓中仅仅设定“经理”和“主任”职务不妥，应改为：

（2）结尾的祝颂语不当，可改为：

（3）请柬上的事项不完备，请补充：

（4）此次活动不仅要邀请客户单位参加开业庆典仪式，还需招待重点客户，请帮秦丽在这份请柬中补充一些其他活动的说明：

## 技能提要

（1）请柬或邀请函的事项拟写要周详，不能丢漏信息，以便受邀方有备而来。

（2）请柬或邀请函的载体形式要美观。请柬或邀请函在用纸上要讲究，书写要工整、美观。请柬可做适当装饰，在款式设计上要注意其艺术性。请柬和邀请函可用彩色纸张，要注意设计的典雅得体，与活动内容风格相吻合。请柬可以购买现成的，也可以单位统一设计、印刷。

（3）请柬或邀请函均须提前拟写发送，以便受邀方有足够的时间统筹安排各种事务。

（4）请柬或邀请函可作为入场和报到的凭证。

（5）请柬或邀请函都应只陈述一件事情。

## 相关知识

### 一、请柬的结构内容

请柬，常称为请帖、柬帖，是为邀请相关人士参加某项活动而发的告知性礼仪文书。请柬一般分单面请柬、双面请柬（多为折叠式）两种。双面请柬在封面上写上或印上标题“请柬”二字，在封里写称谓、正文、结语、落款。一般的请柬多为双面，显得郑重、客气。

**1. 标题**

标题都写“请柬”二字。单面请柬，“请柬”二字写在首行正中，字体比正文稍大；双面请柬的标题一般应做些艺术加工，如采用名家书法、字面烫金或以图案装饰等。

**2. 称谓**

称谓指受邀单位名称或个人姓名，个人姓名后注明职务或职称，顶格书写。当请柬的受文对象不止一个时，称谓间可用“暨”、“和”、“携”等词，不宜用顿号隔开，在最后一个称谓后用冒号。

**3. 正文**

正文虽是重点，但要言简意赅。正文一般由活动名称、时间、地点、内容及其他应知事项构成。

**4. 结语**

一般以“敬请（恭请）光临”等做结语，可紧跟正文也可另起一行书写。

**5. 落款**

在正文的右下方写明邀请方的单位名称或个人姓名，并写明发出邀请的时间。

## 二、邀请函的结构内容

邀请函，又称邀请信、邀请书。邀请函不同于一般的“函”，是邀请客人参加各种活动的专用信函。邀请函的称谓、结语的注意事项与请柬相同。

**1. 标题**

标题结构一般为“事由 + 文种”或“活动名称 + 文种”，还可以直接书写“邀请函”三字。

**2. 正文**

邀请函的正文中，邀请方应正式告知受邀方举办活动的缘由、目的、活动事项及要求，写明活动的日程安排、时间、地点，并向受邀方发出得体、诚挚的邀请。会议、论坛、展览、商务等邀请函往往还要写明相关费用，附上交通指引说明与图示。

为了解受邀方的情况和信息，邀请函一般附有回执。回执大多采用表格形式，内容包括受邀方代表的姓名、性别、职务（职称）、单位名称、联系方式等。回执随邀请函一同发出，受邀方应该如实填写并在期限内给予回复（复函或发回回执）。

**3. 落款**

在正文的右下方写明邀请方的单位名称全称或个人姓名，并署上成文日期。

## 三、请柬和邀请函的拟写要求

（1）语言要简洁明确、文雅庄重、热情得体，不要堆砌辞藻或套用程式化的语言，要尽量用新活的语言。也不可为求“雅”而将语言全部文言化，雅致的文言词语可偶尔使用，但要恰到好处。

（2）严格遵守写作格式，邀请事项务必周详，称谓，邀请事由，活动的日程安排、时间、地点、相关事宜，联系方式，落款等必不可少，不能遗漏信息。

（3）用纸要讲究。书写要工整，讲究书法美。在款式设计上，要注意艺术性，一帖精美的请柬或一封讲究的邀请函会使人感到愉悦和亲切。

（4）请柬或邀请函需提前发送，使受邀方有足够的时间对各种事务进行统筹安排。

# 巩固训练

1. 请仔细阅读下面的例文，然后按要求回答问题。

**邀请函**

华阳技术研发公司：

为了促进我们之间的业务交流与合作，特邀请贵公司 A 项目技术研发人员参加由我公司主办的 A 项目技术合作研讨会，届时将与贵公司商议双方的合作事宜。

一、时间：2014 年 10 月 31 日上午 9 时至下午 5 时

二、地点：本市湖海宾馆三楼大会议厅

三、参会人员：贵公司的 A 项目技术研发人员及我公司相关人员

四、会议内容及安排

（一）上午研讨我方 A 项目技术在建筑设计中的运用情况

（二）下午研讨双方合作后在建筑设计领域推广 A 项目技术的前景

五、联系人：王 ××（电话：×××××××××××；电子邮箱：××××@163.com）

六、其他事项

请贵公司参会人员填写个人研究项目明细表（可在 www.××××.cn 网站首页下载该表），并于 10 月 28 日前发送至联系人的电子邮箱。

附件：个人研究项目明细表（略）

南方东华公司

2014 年 10 月 25 日

（1）发此邀请函的原因是：

（2）邀请函中提到的事项有：

（3）此邀请函让受邀方用　　　　　　　　（方式）来确认参会人员，这相当于回复“回执”。

2. 帮秦丽为靓彩形象设计公司拟写一封向相关合作单位发出的开业庆典邀请函。

# 职业技能鉴定指导

## 一、知识与技能要点

### （一）知识要点

1. 请柬、邀请函的结构内容。
2. 请柬、邀请函的拟写要求。

### （二）技能要点

1. 能按要求拟写请柬、邀请函。
2. 能根据活动的性质、类型，正确使用请柬、邀请函。

## 二、模拟训练

### （一）单项选择题

1. 下列可以用较为鲜艳的彩色纸，封面也可用花边、图案等装饰的文书是（　）

A．备忘录　　B．传真　　C．请柬　　D．启事

2. 邀请函与请柬的最大区别是（　）

A．请柬往往要对活动本身的缘由和目的做介绍，而邀请函只需点明活动的名称、内容等简单事项

B．邀请函往往要对活动本身的缘由和目的做介绍，而请柬只需点明活动的名称、内容等简单事项

C．邀请函用语朴实，请柬用语典雅

D．邀请函只能以单位的名义制发，而请柬只能以个人的名义制发

3. 邀请函落款的正确写法应该是（　）

A．在正文右下方写上邀请方单位简称

B．在正文右下方写上邀请方单位全称或个人姓名及成文日期

C．在正文左下方写上受邀方的姓名

D．在正文左下方写上邀请单位全称

### （二）多项选择题

1. 下列关于请柬表述正确的是（　　）

A．属于礼仪文书　　B．单位、个人均可使用

C．不可用作入场和报到的凭证　　D．应体现对受邀方的尊敬、重视和礼遇

2. 能够作为入场和报到凭证的文书是（　　）

A．邀请函　　B．说明书　　C．订货单　　D．请柬

3. 请柬和邀请函共同具备的写作内容是（　　）

A．称谓　　B．活动的时间、地点　　C．活动方案　　D．落款

### （三）判断题

1. 邀请函应一函一事。（　）
2. 公司在举行商务活动之前，一般先发邀请函。（　）
3. 收到邀请函之后，应该复函或发回回执。（　）
4. 邀请函应附上交通指引说明和图示。（　）
5. 公司在举行商务活动前，发送的请柬必须由自己公司设计和印制。（　）

### （四）技能操作题

请仔细阅读莫泊桑的小说《项链》中的请柬，然后按要求回答问题。

**请　柬**

教育部长乔治·朗伯诺及夫人，恭请路瓦栽先生与夫人于一月十八日（星期一）光临教育部礼堂，参加夜会。

1. 这份请柬（　）

A．结构完整　　B．没有称谓

C．没有敬语　　D．没有写明夜会的开始时间

2. 这份请柬不符合我们中国请柬的格式，请你按【相关知识】所讲的请柬的规范格式重写这份请柬。

# 任务评价

**任务评价表**

| 项目 | 等级 | | | 个人评价 | 小组评价 | 教师评价 |
|---|---|---|---|---|---|---|
| | A | B | C | | | |
| 能力达成 | 能设计简单的请柬和邀请函，拟写内容完备，格式正确，语言规范，书写美观 | 请柬和邀请函拟写内容比较完备，格式无太大错误，语言基本符合要求，书写工整 | 请柬和邀请函拟写内容有遗漏或不准确，格式不规范，语言不得体，书写潦草、有错别字 | | | |
| 知识掌握 | 理解请柬和邀请函的适用范围并能正确运用二者，已掌握请柬和邀请函的格式 | 了解请柬和邀请函的适用范围，基本掌握请柬和邀请函的格式 | 基本了解请柬和邀请函的格式和适用范围，但拟写不够准确、内容不够完备 | | | |
| 学习态度 | 任务实施过程中精力集中，全身心投入 | 主要任务环节认真投入，能基本完成任务 | 能参与任务实施全过程，但缺乏主动性 | | | |

# 任务二 感谢信拟写 Task 2

## 任务情境

5月8日上午，蓝天城市控股集团对靓彩形象设计公司祥和分店的开业庆典及业绩比较满意，总部要求该公司统计参加开业庆典的业务合作单位，继续加强与这些公司的业务往来，还建议在近期推出赠送多种产品等促销活动。

统计结果为：1. 在新店开业庆典当天，合作关系密切的市电视台的购物频道和旅游频道都在黄金时段播出了贺信；2. 为配合新店开业，合作的几家婚庆公司和影楼在“五一”期间把形象设计业务定为“靓彩新店专场”；3. 其他的业务合作单位，在新店开业当天前来祝贺，并送了大花篮。刘经理嘱咐秦丽要分别给相关业务合作单位写感谢信。

## 任务实施

1. 请帮秦丽分析拟写感谢信的相关信息。

发文单位　　收文单位　　相关事宜

2. 请根据以下提示，帮秦丽分析哪些信息必须写入感谢信。

感谢缘由　　感谢内容　　写信目的

3. 以下是秦丽拟写的发给婚庆公司和影楼的感谢信初稿，请帮她检查修改。

**感谢信**

××公司：

2014年“五一”劳动节，贵公司派人莅临本公司靓彩祥和分店的开业庆典，我们感到蓬荜生辉！

贵公司长期以来在业务上对本公司大力支持，双方合作非常愉快！

为答谢贵公司，我们将赠送由本公司设计和监制的价值 2 888 元的首饰一套。如果贵公司订购 20 套以上，我们将提供 2 777 元 / 套的优惠价；40 套以上，我们将提供 2 666 元 / 套的优惠价；60 套以上，我们将提供 2 555 元 / 套的优惠价。希望能与贵公司继续友好合作，并不断扩大业务合作规模！

祝贵公司事业蒸蒸日上！

靓彩形象设计公司

2014 年 5 月 10 日

（1）正文中未感谢对方单位的出席者，可补充：

（2）"我们感到蓬荜生辉"有语病，应改为：

（3）过多地介绍公司的新业务，有推销之嫌，可改为：

（4）缺少感谢语，请补充：

（5）秦丽拟写的显然是一份"以不变应万变"的感谢信，但是感谢信的感谢理由应针对受文对象具体拟写。请针对统计的第三类"其他的业务合作单位"，补充感谢理由：

## 技能提要

（1）内容要真实，评誉要恰当。感谢信的内容必须真实，不可夸大。感谢信的内容以感谢为主，兼有表扬，所以表达谢意时要真诚，评誉对方时要恰当，不可拔得过高，以免给人失真的印象。

（2）措辞要得体，叙事要简洁。感谢信的内容应以主要事迹为主，详略得当，篇幅不能太长，点到为止。感谢信的用语要精炼，遣词造句不可浮夸，否则会给人虚伪的感觉。

## 相关知识

### 一、感谢信的概念、适用范围和种类

感谢信是单位或个人对关心、帮助、支持本单位或本人的对象表示衷心感谢的书信。感谢信可用于日常生活、礼仪场合、商务场合、外交场合。感谢信依据不同的标准可以分为不同的种类。

#### 1. 按感谢的对象分类

（1）普发性感谢信。感谢的对象是众多单位或大众。例如，个人处于困境时，得到了集体的帮助，并在集体的关心和支持下，最终摆脱了困境，所以要用写感谢信的方式表达自己的感激之情。

（2）专指性感谢信。感谢的对象是特定的单位或个人。这类感谢信，一般是个人、单位、集体为了感谢对方曾经给予帮助或照顾而写的。

### 2. 按感谢信的寄送对象分类

（1）寄送到对方所在单位及有关部门或媒体的感谢信。这类感谢信能公开张贴、刊登或播报。

（2）直接寄给感谢对象的感谢信。这种感谢信直接寄给单位、集体或个人。

## 二、感谢信的结构内容

感谢信一般由五部分构成：标题、称谓、正文、结语、落款。

### 1. 标题

标题的结构一般有以下几种：

（1）“致信者 + 致（给）+ 感谢对象 + 感谢信”，如“赵明康全家致 ×× 社区居委会的感谢信”；

（2）“致（给）+ 感谢对象 + 感谢信”，如“致 ×× 公司的感谢信”；

（3）“致信者 + 感谢信”，如“×× 公司感谢信”；

（4）“感谢 + 事由”，如“感谢 ×× 总工执业 10 周年”；

（5）还可以直接书写“感谢信”三字。

### 2. 称谓

称谓为感谢对象的单位名称或个人姓名。

### 3. 正文

正文主要包括两方面内容：一是写感谢对方的理由，二是直接表达谢意。

（1）感谢对方的理由。首先准确、具体地叙述对方给予的帮助，交代清楚人物、时间、地点、原因、事迹、过程、结果等基本情况；然后对对方给予的帮助做恰当、诚恳的评价，揭示其精神实质，肯定对方的行为。在叙述和评论的字里行间要自然渗透感激之情。

（2）明确表达谢意。在叙述和评论的基础上明确向对方表达感谢之意，根据情况也可在表达谢意之后表示要向对方学习。

### 4. 结语

一般用“此致敬礼”或“再次表示诚挚的感谢”之类的话作结语。

### 5. 落款

落款处写感谢者的单位名称或个人姓名和写信的日期。

## 三、感谢信的拟写要求

（1）叙述对方对自己或本单位的帮助，一定要把人物、时间、地点、原因、事迹、过程、结果等基本情况叙述清楚，便于组织了解和群众学习。

（2）信中要饱含感激之情。在叙述事实的过程中，除了要突出对方的好思想和表示谢意外，行文要始终饱含感情，而且感情要真挚、热烈，使所有看到信的人都能被感染。

（3）表示谢意的语言要得体，既要符合感谢对象的身份，也要符合感谢者的身份。

（4）感谢信以叙述事实为主，叙议结合，不可不着边际地大发议论。

## 巩固训练

1. 请仔细阅读分析下面的例文，然后按要求回答问题。

**国务院国资委群工局感谢信**

湖南省国资委：

五月七日至八日，由贵委承办的全国地方国资委群众工作座谈会在长沙顺利召开，取得了圆满成功。这次会议是在国资监管、国企改革发展和群众工作面临新形势、新任务之际召开的一次重要会议，对于推动全国国资委系统群众工作迈上新台阶，促进构建“大国资”格局具有重要意义，得到了国务院国资委、湖南省委省政府领导同志的高度评价，受到了各省、自治区、直辖市及计划单列市和新疆生产建设兵团国资委参会代表的一致赞誉。湖南省委副书记、省长徐守盛会见了姜志刚副主任一行，省委常委、副省长陈肇雄亲自出席会议，对于促进国务院国资委、中央企业与湖南省加强交流合作也将起到积极的推动作用。

贵委作为本次会议的承办单位，为筹备好这次会议付出了大量的人力、物力、财力，吴志雄主任、向曙光书记、杨晓喻副主任等领导高度重视、周密部署、亲自协调重要事项，宣传与群众工作处的同志们在曾寿彬处长带领下认真负责、热情周到、不辞辛劳，让大家一踏上三湘大地，就感受到湖南人民的热情和温暖，感受到“大国资、一家人”的良好氛围，感受到湖南省国资委和国有企业充满活力、战斗力。

在此，我们对贵委高水平、高效率的承办工作表示最衷心的感谢，对会务组同志们以及潇湘华天大酒店的同志们的辛勤付出致以亲切的问候，并再次感谢贵委长期以来对我局工作给予的大力支持。

国务院国资委群工局

二〇一二年五月二十一日

（1）这份感谢信属于　　　　　　　　　　　　　　感谢信。

（2）拟写此感谢信的原因是

（3）此感谢信除了感谢对方，还指出了哪些重大意义？

（4）按最新的《党政机关公文格式》的要求，本文的日期应改为：

2. 综合各方面的信息，整理你的意见，帮秦丽给统计出的第一类合作单位——购物频道和旅游频道写一封感谢信。

## 职业技能鉴定指导

### 一、知识与技能要点

#### （一）知识要点

1. 感谢信的适用范围和种类。

2. 感谢信的拟写要求。

（二）技能要点

1. 能正确拟写不同种类的感谢信。

2. 能恰当地表达感谢之意。

## 二、模拟训练

（一）单项选择题

1. 某人或某单位给予你很多关心、帮助、支援，如要向其表达感谢之情，应使用(　)

A．邀请函　B．请柬　C．感谢信　D．贺信

2. 感谢信中对事实的叙述应（　）

A．具体　B．典型　C．热烈　D．全面

3. 下列选项不符合感谢信的正文部分写作要求的是（　）

A．热情赞颂对方的行为　B．表明向对方学习的决心

C．恰如其分地评价对方　D．许诺以超出自身支付能力的重金来酬谢

（二）多项选择题

1. 下列日常事务文书中开头需要写称谓的是（　）

A．启事　B．感谢信　C．请柬　D．备忘录

2. 感谢信的写作内容应包括（　）

A．叙述对方给予的帮助　B．交代清楚人物、时间等基本情况

C．对对方的行为要不吝笔墨加以赞扬　D．要自然渗透感激之情

3. 感谢信可用于（　）

A．日常生活　B．礼仪场合

C．商务场合　D．外交场合

（三）判断题

1. 感谢信的结尾要写上祝颂语。(　)

2. 鼓励做出贡献的集体或个人，可以用感谢信。(　)

3. 感谢信的正文可以写对对方的困难表示同情和慰问。(　)

4. 感谢信的正文只要写明对方给予的帮助即可。(　)

5. 感谢信可以写给单位，也可以写给个人。(　)

（四）技能操作题

请仔细阅读分析下面的例文，然后按要求回答问题。

### 感谢信

彩云学校的王同学：

上周，我到幼儿园接我的孙子，恰逢下雨，道路湿滑，我抱着孙子不慎摔倒。是你不顾众人的劝阻，及时把我扶起；是你背着我的孙子，扶着我到医院；是你一直等到我的家人来了才离开。在此，我特别感激，并恳请彩云学校表彰王同学，号召全校同学向王同学学习。

张老汉率全家叩谢

2014 年 9 月 22 日

1. 本文的称谓（　）

A. 写法正确
B. 应改为“彩云学校”
C. 应改为“彩云学校的校长”
D. 应改为“彩云学校的王××同学”

2. 本文的正文（　）

A. 写法正确
B. 应评价事件和王同学的义举
C. 应多写一些感谢的话
D. 不应对彩云学校提出要求

3. 正文的表述（　）

A. 有误，“背着我的孙子”有歧义
B. 无错误
C. 有误，没有写明具体的时间地点
D. 有误，不应该用第二人称

4. 结尾及落款应怎样修改？（　）

A. 日期应在署名之上
B. 应加盖张老汉的私章
C. 加上祝颂语
D. 应该署上张老汉的大名

## 任务评价

**任务评价表**

| 项目 | 等级 | | | 个人评价 | 小组评价 | 教师评价 |
|---|---|---|---|---|---|---|
| | A | B | C | | | |
| 能力达成 | 能按要求完成感谢信的拟写，内容完备，格式正确，语言规范得体，书写美观 | 能完成感谢信的拟写，内容比较完备，格式无太大错误，语言基本符合要求，书写工整 | 能基本完成感谢信的拟写，内容不够完备，格式不规范，语言不得体，书写潦草、有错别字 | | | |
| 知识掌握 | 理解感谢信的适用范围并能正确运用感谢信，已掌握感谢信的结构与格式，熟悉拟写要求 | 了解感谢信的适用范围，基本掌握感谢信的结构与格式，能理解拟写要求 | 基本了解感谢信的适用范围，但实际运用有困难；结构与格式把握不准确；拟写有困难 | | | |
| 学习态度 | 任务实施过程中注意力集中，全身心投入 | 主要任务环节认真投入，能基本完成任务 | 能参与任务实施全过程，但缺乏主动性 | | | |

# 任务三 贺信拟写 Task 3

## 任务情境

5 月 30 日，是秦丽在靓彩形象设计公司上班的最后一天。临下班时，刘洪经理当着大家的面感谢她这段时间为公司做出的贡献。回到家，秦丽打开电视，恰巧看到与靓彩形象设计公司合作的旅游频道的一名外景主持人被评为“优秀主持人”。她很快意识到这是靓彩与合作单位拉近关系的机会，于是她马上打电话向刘洪经理报告，建议他在第一时间向旅游频道发贺信表示祝贺。刘经理说:“再辛苦你一次，你帮我完成贺信的写作吧。”秦丽很高兴地接受了任务。

## 任务实施

1．请帮秦丽分析拟写贺信的有关信息。

发文单位　　收文单位　　传递方式

2．请帮秦丽分析现有的信息，明确哪些信息必须写入贺信。

祝贺事由　　祝贺内容

3．秦丽以刘经理的名义拟写了给旅游频道的贺信初稿，请帮她检查修改。

**贺　信**

尊敬的文总监：

获悉贵频道的外景主持人灵珊今晚艳压群芳，获得蓝天电视艺术节“优秀主持人”称号。我谨代表靓彩形象设计公司祝贺贵频道的主持人荣获我市电视主持界的最高奖项！

贵台人才济济，祝愿贵台取得更辉煌的成就！

靓彩形象设计公司总经理　刘洪

2014 年 5 月 30 日

（1）这封贺信最好以＿＿＿＿＿＿（途径）发给＿＿＿＿＿＿（对象）。

（2）“艳压群芳”应改为：＿＿＿＿＿＿

## 技能提要

（1）贺信的内容以祝贺为主，兼有表扬、勉励之意。评誉对方不必刻意吹捧，以免给人言过其实之感。

（2）贺信的内容应以叙述事迹为主，详略得当，要有高度的概括性。

## 相关知识

### 一、贺信的概念、种类和适用范围

贺信是表示祝贺、赞颂的信函。当今社会，发贺信已成为表彰、赞颂、祝贺对方在某个方面取得成就的一种常用形式。贺信兼有表示鼓励和慰问的功能。贺信主要分为如下三大类：

#### 1. 平级之间的贺信

（1）国家之间的贺信。当有外交关系的国家新首脑就职或当友好国家有重大喜事时，一般致贺信。

（2）平级单位之间的贺信。在对方单位取得工作成就时表示祝贺，一般致贺信。

（3）个人之间的贺信。亲朋好友可以在重要节日、有重大喜事时发送贺信表示祝贺、分享喜悦或对对方加以鼓励。现在个人之间一般通过手机或电脑，以短信、彩信、微信等形式发送贺词。

#### 2. 上级给下级的贺信

逢重大节假日上级向下级表示慰问，一般采用发送贺信的形式，且多为当面宣读；对下级取得的成绩表示祝贺，一般采用发送贺信的形式，且往往在最后提出希望和要求。

#### 3. 下级给上级的贺信

下级给上级的贺信一般是对其取得全局性的工作成就表示祝贺，此外还要表明对完成有关任务的信心和决心。

### 二、贺信的结构内容

贺信一般由五部分构成：标题、称谓、正文、结尾、落款。

#### 1. 标题

标题通常为文种名称，也可以采用“祝贺者 + 致（给）+ 对象 + 文种”的结构。个人之间的贺信可以不写标题。

#### 2. 称谓

称谓应写明被祝贺单位的名称或被祝贺的人的姓名；写给个人的，要在其姓名后加上相应的职务或职位。称谓之后用冒号。

### 3. 正文

贺信的正文要陈述祝贺原因，说明对方取得的成绩及意义，表示祝贺，寄予希望，表达慰问和祝福。根据不同的事由及对象，贺信的内容与措词应有所区别。

（1）典礼类。开业典礼、剪彩仪式等场合用的贺信，要突出当前的成绩和形势，评价和褒扬相应的影响，提出良好祝愿。

（2）会议类。简述会议背景或影响，评价和褒扬会议的意义和作用，表达祝贺之情。

（3）人情类。祝贺对方寿辰、新婚、乔迁的贺信，应表达参加活动时的心情，评价对方的成绩、事业、品德、名望，回顾与对方的交往和友谊，展望未来，表达美好祝愿。

### 4. 结语

结尾要写上祝愿的话，如“祝取得更辉煌的成就”等。

### 5. 落款

落款处写明发信的单位名称或祝贺者的姓名，并署上成文日期。

## 三、贺信的拟写要求

（1）祝贺为主，评誉恰当。贺信要写得感情饱满，评价对方成绩要恰如其分。

（2）高度概括，语言得体。语言应做到精炼、简洁、明快、得体，不堆砌华丽词藻。

（3）讲究时效，及时发文。贺信的篇幅要短小精悍。争取以最快速度发出贺信，以体现祝贺者的诚意。

## 巩固训练

1．请仔细阅读分析下面的例文，然后按要求回答问题。

**习近平致中国南极泰山站的贺信**

中国南极泰山站：

在中国南极泰山站建成并投入使用之际，我对此表示热烈的祝贺！对不惧艰险、立志造福人类的广大极地科学工作者，表示诚挚的问候！

极地科学考察，是人类探索自然奥秘、探求新的发展空间的重要领域，是一项功在当代、利在千秋的事业。中国南极泰山站的建成，为我国科学家开展长期持续的南极科学考察研究提供了良好条件，有利于拓展我国南极考察的领域和范围、拓展我国海洋事业发展的战略空间。中国南极泰山站和已经建成的中国南极长城站、中国南极中山站、中国南极昆仑站、中国北极黄河站，既是我国极地工作者开展科学考察的平台，又是我国对外科学交流的重要窗口。

我相信，在广大极地工作者辛勤努力下，我国极地科学考察事业一定能够为造福人类做出新的更大的成绩！

习近平

2014 年 2 月 8 日

（1）这份贺信属于____________贺信。

（2）书写这封贺信的原因是：________________________

（3）贺信中评价南极泰山站的建成意义的句子是：

（4）贺信结尾提出的希望和要求是：

2. 综合各方面的信息，整理你的意见，帮秦丽拟写一封以公司名义发给旅游频道的贺信。

# 职业技能鉴定指导

## 一、知识与技能要点

### （一）知识要点

1. 贺信的种类和适用范围。
2. 贺信的拟写要求。

### （二）技能要点

1. 能熟练拟写贺信。
2. 能恰当地表达祝贺之意。

## 二、模拟训练

### （一）单项选择题

1. 贺信的结构不包括（　）

A．导言　　B．称谓　　C．结尾　　D．落款

2. 贺信和感谢信的共同之处是（　）

A．感谢对方　　B．祝贺对方　　C．恰当地评价对方　　D．问候并祝福对方

3. 下列说法不正确的是（　）

A．贺信与感谢信都要写称谓

B．贺信与感谢信都要说明对方取得的成绩及意义

C．贺信与感谢信都要表明自己的意愿

D．贺信与感谢信都有祝颂语

### （二）多项选择题

1. 贺信写作可以涉及的内容是（　　）

A．表彰对方　　B．赞颂对方　　C．祝贺对方　　D．慰问对方

2. 属于人情类贺信的有（　　）

A．祝寿的贺信　　B．祝贺合作伙伴新店开张的贺信

C．祝贺新婚之喜的贺信　　D．祝贺乔迁之喜的贺信

3. 贺信的正文应（　　）

A．陈述祝贺原因　　B．说明对方取得的成绩

C．做出恰当评价　　D．表达祝贺者的祝愿

### （三）判断题

1. 贺信的正文写明祝贺的原因即可。（　）
2. 贺信可以用来向某人的寿辰、婚姻喜庆表示祝贺。（　）
3. 贺信要表示对对方的同情、问候、关怀和鼓励。（　）
4. 贺信以祝贺为主。（　）
5. 拟写贺信可以客观赞颂对方，不可极力吹捧。（　）

（四）技能操作题

请仔细阅读分析下面的例文，然后按要求回答问题。

**贺　信**

热烈祝贺我校2014届高三学子在刚刚结束的高考中取得优异成绩！一本、二本、三本的上线率均居同类学校之首！热烈祝贺×××同学总分达630分，达到××大学的录取分数线。

在此，我们号召高一、高二的同学以学长、学姐为榜样，刻苦学习，为高考打下坚实的基础。

祝我校办学质量步步高升！

彩云学校

2014年6月30日

1. 这篇贺信（　）

A．没有写明事件的具体时间　　B．没有称谓

C．祝贺者和祝贺对象不清晰　　D．祝颂语不得体

2. 正文表达（　）

A．无错误

B．有误，应将第一句改为“热烈祝贺我校2014届学子在刚刚结束的高考中取得优异成绩！”

C．有误，应将第二句改为“××班的×××同学总分达630分”

D．有误，祝颂语可改为“祝我校办学质量不断提高”

# 任务评价

**任务评价表**

| 项目 | 等级 A | 等级 B | 等级 C | 个人评价 | 小组评价 | 教师评价 |
|---|---|---|---|---|---|---|
| 能力达成 | 能按要求完成贺信的拟写，内容完备，格式正确，语言规范得体，书写美观 | 能完成贺信的拟写，内容比较完备，格式无太大错误，语言基本达到要求，书写工整 | 基本能完成贺信的拟写，内容不够完备，格式不规范，语言不得体，书写潦草、有错别字 | | | |
| 知识掌握 | 理解贺信的适用范围并能正确运用贺信，已掌握贺信的结构与格式，熟悉拟写要求 | 了解贺信的适用范围，基本掌握贺信的结构与格式，能理解拟写要求 | 基本了解贺信的适用范围，但实际运用有困难；对结构与格式把握不准确；拟写有困难 | | | |
| 学习态度 | 任务过程中精力集中，全身心投入 | 主要任务环节认真投入，基本能完成任务 | 能参与任务实施全过程，但缺乏主动性 | | | |

# 模块四 Module 4 公务文书拟写

## 模块概述

公务文书简称为公文，是党政机关、企事业单位、社会团体实施领导、履行职能、处理公务的文书。公务文书是上传下达、指导工作、交流情况的工具，具有特定效力和规范格式。2012 年 7 月 1 日起施行的《条例》和《党政机关公文格式》，是公文处理工作的最高标准，拟制党政机关公文必须严格遵照执行，拟制企事业单位公文须参照执行。因此，文秘人员必须熟知公文的行文规则，掌握其行文要求，规范拟制公文。

本模块包括公文类别与行文规则、公文拟写两个项目，共设置了六个任务，在对公文种类、行文格式、行文规则做出详细阐述的基础上，引导学习者对请示、通知、函、报告等几种基层最常用的公文进行拟写演练，培养学习者按制度规范拟写公文的良好习惯，使学习者能够熟练拟制常用公文并达到规范要求。

# 项目一 公文类别与行文规则

Project 1

## 项目概述

公务文书与事务文书的最大区别在于其作者的法定性、读者的特定性、体式的规范性及用语的严肃性。公文的拟制特别强调根据不同的行文目的和行文对象选用不同的文种。文种不同，其行文规则也不同。本项目的学习任务主要是了解《条例》和《党政机关公文格式》的相关规定，熟悉公文的种类、适用范围及行文格式，把握公文的行文规则，为公文拟写打下坚实的基础。

## 学习目标

知识目标

1. 熟悉公文的种类、适用范围及行文格式。
2. 掌握公文的行文规则。

技能目标

1. 能根据行文内容准确判断公文的种类。
2. 能初步掌握公文的行文格式。
3. 能正确理解并自觉遵守公文的行文规则。

# 任务一 掌握公文种类与行文格式

## 任务情境

12 月初，公司召集各分公司、各部门经理开会。会上决定召开 2014 年年会，并成立了年会工作小组，任命张主任为副组长，安排秦丽等为成员。会后，工作小组给秦丽布置了如下工作：

（1）向上级（蓝天城市控股集团）请示是否可以举办年会。

（2）把已得到公司同意的年会方案发给各分公司和各部门，让他们分头做好准备工作。

（3）年会将于 12 月 31 日举行，要租用同福居委会文化广场，要提前与居委会联系，取得他们的支持。

（4）活动后要写总结，还要向上级汇报。

（5）其他所有与年会工作相关的文书都由秦丽执笔。

秦丽仔细阅读张主任交给他的方案后，便马上行动起来。之后几天，她陆陆续续把写好的公文稿交给张主任，主任提出了修改意见，秦丽做了认真修改。最终，有关领导同意签发所有公文稿。

## 任务实施

1. 认真学习《条例》和《党政机关公文格式》，按行文关系对 15 种党政机关公文进行分类。

2. 请你分析本次任务，帮秦丽为需要拟写的公文拟好标题并分别填入下框。

| 下行文 | 平行文 | 上行文 |
| --- | --- | --- |
| | | |

3. 请你参照【相关知识】中《教育部办公厅关于印发〈中等职业学校公共艺术课程教学大纲〉的通知》的格式，帮助秦丽修改其拟制的通知的主体部分。

**关于印发《嘉兴物业服务有限公司 2014 年年会方案》的通知**

各分公司，各部门：

2014 年即将过去，为了感谢大家一年来的辛苦工作和为公司做出的贡献，为了促进公司 2015 年各项工作顺利开展，经研究决定，我公司将于本月 31 日举办 2014 年年会。《嘉兴物业服务有限公司 2014 年年会方案》（以下简称《方案》）由年会工作小组制定并获公司批准，现印发给你们，请按照《方案》的分工部署分头进行准备工作。

附件：嘉兴物业服务有限公司 2014 年年会方案（略）

嘉兴物业服务有限公司
2014 年 12 月 17 日

作为正式公文，这则通知存在一些问题，请根据以下提示修改。

（1）标题与主送机关之间空距不正确，应改为：

（2）附件位置不对，应改为：

（3）落款位置不对，应改为：

## 技能提要

（1）公文与事务文书有区别。首先要分清是公文还是事务文书，并要根据适用范围区别文种；其次要明确所在单位部门能使用哪些公文种类。

（2）制作公文，要注意行文格式。要理解下行文格式、平行文格式和上行文格式这三者之间的异同。公文格式中的各个要素可以根据公文的具体情况取舍，如没有密级和保密期限、紧急程度的公文就不需要标注相关信息，下行文、平行文不标注签发人等。

（3）意见、通知有时可用作平行文，原属于平行文的函，有时可用作上行文或下行文。

## 相关知识

### 一、公文的特点

#### 1. 由法定作者制发

公文一般是以党政机关、企事业单位、社会团体的名义发布的，不应以私人身份发布。公文的印发及传送的途径、范围及读者都有相应的规定。

#### 2. 有法定的权威性和现行效用

法定权威性是指公文在法定时间和空间范围内能够对受文者的行为产生一定程度的强制性影响。现行效用指公文在其内容所针对的现行公务活动中直接发挥实际效力，具有依据和凭证功能。

#### 3. 公文具有规范的体式和特定的处理程序

公文的规范体式是指公文的文体和格式必须符合有关部门的统一规定。公文的收发均有一定的处理程序，各环节皆有顺序性和规范性。公文制发用纸采用 A4 型纸，其成品幅面尺寸为 210mm × 297mm。

### 二、公文的种类

（1）根据制发者与适用范围，公文可以划分为党政机关公文和企事业单位公文。

《条例》中规定的公文有 15 种：决议、决定、命令（令）、公报、公告、通告、意见、通知、通报、报告、请示、批复、议案、函、纪要。常用的企事业单位公文有请示、报告、通知、通报、函等。企事业单位公文的分类、行文格式等均参照党政机关公文执行。因此下文统称“公文”，不再另做说明。

（2）按公文的处理程序，公文可以划分为收文和发文。

（3）按内容涉及的秘密程度，公文可以划分为内部公文、公布性公文、保密公文。

（4）按公文的性质、作用，公文可以划分为指挥性公文、报请性公文、知照性公文、商洽性公文、记录性公文。

（5）按办文的时限要求，公文可以划分为平件、急件、特急件。

（6）按公文的行文关系，公文可以划分为下行文、平行文、上行文。

## 三、公文的适用范围及行文格式

### （一）下行文的适用范围及行文格式

#### 1. 下行文的适用范围

下行文是上级机关下达给下属机关的公文。它们用于有隶属关系的上下级机关之间，上传下达，沟通情况。下行文包括决议、决定、命令（令）、公报、公告、通告、意见、通知、通报、批复、纪要等。根据《条例》，下行文的适用范围如下。

（1）决议。适用于会议讨论通过的重大决策事项。

（2）决定。适用于对重要事项做出决策和部署、奖惩有关单位和人员、变更或者撤销下级机关不适当的决定事项。

（3）命令（令）。适用于公布行政法规和规章、宣布施行重大强制性措施、批准授予和晋升衔级、嘉奖有关单位和人员。

（4）公报。适用于公布重要决定或者重大事项。

（5）公告。适用于向国内外宣布重要事项或者法定事项。

（6）通告。适用于在一定范围内公布应当遵守或者周知的事项。

（7）意见。适用于对重要问题提出见解和处理办法。

（8）通知。适用于发布、传达要求下级机关执行和有关单位周知或者执行的事项，批转、转发公文。

（9）通报。适用于表彰先进、批评错误、传达重要精神和告知重要情况。

（10）批复。适用于答复下级机关请示事项。

（11）纪要。适用于记载会议主要情况和议定事项。

#### 2. 下行文的行文格式

下行文的行文格式即适合于决议、决定、命令(令)、公报、公告、通告、意见、通知、通报、批复、纪要等公文行文时使用的格式。命令（令）、纪要属于特定格式，这里不讲。下行文的行文格式可用下图进行说明。

## 下行文通知的样例

**版头**

# 教育部办公厅文件

教职成厅〔2013〕2号

> 发文机关标志：居中排布，上边缘至版心上边缘为35mm，推荐使用小标宋字体，颜色为红色。

> 发文字号：在发文机关标志下空两行位置居中排布；年份、发文顺序号用阿拉伯数字标注，年份用全称，六角括号“〔〕”括入；用3号仿宋字体。

> 版头中的分隔线：与版心等宽（156mm）的红色分隔线。

**主体**

**教育部办公厅关于印发《中等职业学校公共艺术课程教学大纲》的通知**

> 标题：编排于红色分隔线下空两行位置，分一行或多行居中排布；一般用2号小标宋字体。

各省、自治区、直辖市教育厅（教委），各计划单列市教育局，新疆生产建设兵团教育局：

> 主送机关：编排于标题下空一行位置，居左顶格，回行时仍顶格；最后一个机关名称后标全角冒号；用3号仿宋字体。

为贯彻党的十八大精神，落实教育规划纲要，加强中等职业学校艺术教育工作，提升学生的人文修养与艺术鉴赏水平，提高职业教育人才培养质量，我部组织制定了《中等职业学校公共艺术课程教学大纲》（以下简称教学大纲）。现将教学大纲印发给你们，请认真组织实施。

公共艺术课程是中等职业学校实施美育、培养高素质劳动者和技术技能人才的重要途径，是素质教育不可或缺的重要内容，是中等职业学校学生必修的一门公共基础课。各地教育行政部门要

> 公文首页必须显示正文。公文正文一般用3号仿宋字体；编排于主送机关名称下一行，每个自然段左空两字，回行顶格。文中结构层次序数依次可以用“一、”、“（一）”、“1.”、“（1）”标注。

—1—

> 页码：一般用4号半角宋体阿拉伯数字；单页码居右空一字，双页码居左空一字。公文的版记页前有空白页的，空白页和版记页均不编排页码。

及时组织开展师资培训和教研活动，提高运用教学大纲的能力。要为教学大纲的实施提供必要的条件保障，确保教学改革工作顺利进行。对教学大纲实施过程中存在的问题，要认真研究解决，并将有关意见和建议及时报我部职业教育与成人教育司。

> 一般每面排22行，每行排28个字，并撑满版心。

附件：中等职业学校公共艺术课程教学大纲

> 附件说明：如有附件，在正文下空一行左空两字编排“附件”二字，并写明附件名称。

教育部办公厅

2013年3月21日

> 发文机关署名、成文日期和印章：成文日期一般右空四字编排；发文机关名称在成文日期正上方；印章用红色，不得出现空白印章，印章顶端应上距正文（或附件说明）一行之内。

**版记**

部内发送：有关部领导，办公厅，体卫艺司。

教育部办公厅　　主动公开　　2013年3月25日印发

—2—

> 版记中的分隔线：与版心等宽；首条分隔线和末条分隔线用粗线0.35 mm，中间的分隔线用细线0.25 mm；末条分隔线与公文最后一面的版心下边缘重合。

> 抄送机关：如有抄送机关，一般用4号仿宋字体，左右各空一字编排；“抄送”二字后加全角冒号和抄送机关名称，回行时与冒号后的首字对齐；最后一个抄送机关名称后标句号。

> 印发机关和印发日期：一般用4号仿宋字体；印发机关左空一字，印发日期右空一字；用阿拉伯数字将年、月、日标全，后加“印发”两字。

### （二）平行文的适用范围及行文格式

#### 1. 平行文的适用范围

平行文适用于不相隶属机关（同系统的平级机关和不同系统的任何机关）之间，商洽联络，交流信息。平行文包括议案、函等。根据《条例》，平行文的适用范围如下。

（1）议案。适用于各级人民政府按照法律程序向同级人民代表大会或者人民代表大会常务委员会提请审议事项。

（2）函。适用于不相隶属机关之间商洽工作、询问和答复问题、请求批准和答复审批事项。

#### 2. 平行文的行文格式

平行文的行文格式即适合于函等行文时使用的格式。按《党政机关公文格式》要求，信函格式属于特殊格式，可用下图进行说明。

平行文函的样例

蓝天城市控股集团

蓝控函〔2014〕22 号

关于商洽委托代培文秘人员的函

燕岭大学文学院：

本集团新近上岗的秘书和文员缺乏专门的涉外文秘知识，业务素质亟待提高。据报载，贵院将于今年 9 月开办涉外文秘人员培训班，系统讲授涉外秘书实务、实用文书写作和公关礼仪等课程，这个培训项目为我集团公司新上岗的涉外文秘人员提供了一个难得的在职进修机会，为能尽快提高本集团公司涉外文秘人员的从业素质，我们拟选派 10 名在岗文秘人员随该班进修学习，委托贵院代培，有关代培费用及其他相关经费，将按时如数拨付。

如蒙慨允，恳请函复为盼。

蓝天城市控股集团

2014 年 7 月 23 日



### （三）上行文的适用范围及行文格式

#### 1. 上行文的适用范围

上行文是下级机关呈报给上级机关的公文，包括报告、请示等。根据《条例》，上行文的适用范围如下。

（1）报告。适用于向上级机关汇报工作、反映情况，回复上级机关的询问。

（2）请示。适用于向上级机关请求指示、批准。

### 2. 上行文的行文格式

上行文的行文格式即适合于报告、请示等行文时使用的格式。按《党政机关公文格式》要求，上行文的行文格式可用下图进行说明。

**上行文请示的样例**

> 发文机关标志：居中排布，上边缘至版心上边缘为35mm，推荐使用小标宋字体，颜色为红色。

# 山西××煤业有限公司文件

> 发文字号：用3号仿宋字体，左空一字。

晋永煤〔2014〕18号　　　　签发人：车云辉

> 签发人和签发人姓名：上行文请示和报告需要印制签发人及其姓名。签发人三字用3号仿宋字体，签发人姓名用3号楷体字，右空一字。

**关于申请2014年安全项目资金的请示**

> 标题以下格式与下行文要求相同。

山西××矿业有限公司：

山西××煤业有限公司拟对矿井供电、运输、通风、支护等生产系统薄弱环节进行安全整治，特向矿业公司申请2014年安全项目资金500万元，以尽快完成安全整治项目，改善安全生产环节，提高矿井抗灾能力。

当否，请批复。

—1—

附件：山西××煤业有限公司2014年安全项目计划表

山西××煤业有限公司
2014年5月18日

（联系人：××× 电话：183××××××）

> 为了方便，请示应在附注的位置标明联系人及联系电话。

山西××煤业有限公司办公室　　2014年5月18日印

—2—

## 巩固训练

1. 请仔细阅读分析下面的例文，然后按要求回答问题。

**金太阳制造集团有限公司文件**

金造〔2014〕17 号　　签发人：杨孝超

---

**关于表彰明阳分公司实现“安全生产年”的通报**

各分公司：

为确保企业生产和人民生命财产安全，我集团明阳分公司从各方面采取有力措施，花大力气抓各项安全生产制度的贯彻落实，并建立了安全生产各级岗位责任制，2014 年实现全年无重大生产和伤亡事故，成为集团标兵企业。为此，集团决定给予明阳分公司通报表扬，以资鼓励。

集团号召各分公司学习明阳分公司的先进经验，结合企业实际，建立和健全安全生产岗位责任制，抓好安全生产，争创标兵企业，为把集团安全生产提高到一个新水平而努力。

特此通报。

金太阳制造集团有限公司（公章）

2014 年 12 月 26 日

---

金太阳制造集团有限公司　　2014 年 12 月 26 日印

---

（1）这份文件使用的行文格式是：____________________

（2）这份通报应该使用的行文格式是：____________________

（3）这份通报需要印制签发人姓名吗？

（4）这份文件的版记部分格式是否正确？

2. 复习公文的种类、适用范围和行文格式，参照【相关知识】中的下行文通知的样例——《教育部办公厅关于印发〈中等职业技术学校公共艺术课程教学大纲〉的通知》，帮秦丽把她拟制的通知制作成一份完整而规范的文件。

# 职业技能鉴定指导

## 一、知识与技能要点

### （一）知识要点

1. 公文的适用范围及分类。

2. 公文的行文格式。

### （二）技能要点

1. 能准确分辨公文和事务文书。

2. 能根据公文的种类及其适用范围正确选用文种及其格式。

## 二、模拟训练

### （一）单项选择题

1. 刘某未办理任何请假手续，旷工三天，公司欲对其做出处分，应该使用的文种是（　）

A．决定　B．通告　C．通报　D．通知

2. 单位之间沟通，重要事项的函应采用的是（　）

A．命令格式　B．纪要格式　C．信函格式　D．便函格式

3. 适用于记载会议重要情况和议定事项的公文是（　）

A．会议记录　B．会议纪要　C．备忘录　D．纪要

### （二）多项选择题

1. 下列不属于向上级机关请求指示、批准的公文是（　）

A．报告　B．函　C．请示　D．意见

2. 以下公文结构层次序数正确的是（　）

A．第一层为"一、"　B．第三层为"1."

C．第四层为"①"　D．第二层为"（一）"

3. 下列公文属于或部分属于平行文的是（　）

A．意见　B．函　C．通知　D．决定

### （三）判断题

1. 向不相隶属的高级别机关行文时，函属于上行文。（　）

2. 报告用于反映情况，或汇报工作，行文格式和请示不一样，采用下行文格式。（　）

3. 请示、报告、通知、通报、函等文种属于常用企事业单位公文。（　）

4. 公文用纸采用 A4 型纸。（　）

5. 印章用红色，印章顶端应当上距正文（或附件说明）一行之内。（　）

### （四）技能操作题

请仔细阅读分析下面的例文，然后按要求回答问题。

**关于上海 A 超市总公司商租商场一事的复函**

上海 A 超市总公司：

贵公司《关于商租 B 商厦五楼的函》（沪金超函〔2014〕20 号）收悉，经研究，现答复如下。

贵公司欲租我商厦五楼闲置的楼面开设超市，这能满足顾客的购买需求，有利于盘活我商厦的闲置资源，有利于我商厦扩大经营规模与商品种类。本商厦欢迎贵公司来我商厦五楼开设超市。具体租金请贵公司来人面洽。

特此函复。

上海 B 商厦（公章）

2014 年 6 月 10 日

1. 这份复函属于（　）

A. 下行文　B. 平行文　C. 上行文

2. 关于复函的说法正确的是（　）

A. 作用是答复来函　B. 函的一种　C. 复印函件

3. “上海 B 商厦”给“上海 A 超市总公司”复函的缘由或目的是（　）

A. 表示收到来函　B. 出租商场　C. 答复询问的问题

4. 从文章内容看，这份公文（　）

A. 针对性强　B. 态度诚恳　C. 表述严谨　D. 行文规范

## 任务评价

### 任务评价表

| 项目 | 等级 | | | 个人评价 | 小组评价 | 教师评价 |
|---|---|---|---|---|---|---|
| | A | B | C | | | |
| 能力达成 | 能准确划分公文种类，能根据行文目的、对象等准确选用不同格式的文种，能指出不规范公文的格式错误 | 能划分公文种类，能根据行文目的、对象等选用不同格式的文种，基本能指出不规范公文的格式错误 | 能划分公文种类，基本能根据行文目的、对象等选用不同格式的文种，能指出不规范公文的格式错误但有错漏 | | | |
| 知识掌握 | 理解公文的种类及其行文格式的有关要求，并能正确运用 | 了解公文的种类及其行文格式的有关要求，基本能按要求运用 | 基本了解公文的种类及其行文格式的要求，但不能正确运用 | | | |
| 学习态度 | 任务实施过程中精力集中，全身心投入 | 主要任务环节认真投入，能基本完成任务 | 能参与任务实施全过程，但缺乏主动性 | | | |

# 任务二 掌握公文行文规则

## 任务情境

根据张主任的吩咐，在领导开会研究方案的时候，秦丽就开始拟写提交给集团的请示。开完会后，张主任又提醒秦丽近期的几项工作：要给各分公司、各部门、居委会发文，年会结束后还要向集团汇报。以往要同时拟制几份公文的情况很少，所以秦丽先整理了一下思路，按照事情的缓急、行文的关系和规则做了初步安排。

## 任务实施

1. 认真学习【相关知识】，归纳以下公文行文规则。

| 逐级行文的规则 | 上行规则 | 协商一致的规则 |
| --- | --- | --- |
| | | |

2. 秦丽列出了几份公文的行文方向及标题，请帮秦丽检查并修改。

（1）给蓝天城市控股集团制发请示——《关于举办 2014 年年会的请示》。

（2）给各分公司、各部门制发通知——《关于印发〈嘉兴物业服务有限公司 2014 年年会方案〉的通知》。

（3）给同福居委会制发函——《关于租用同福文化广场的函》。

（4）年会结束后，给蓝天城市控股集团制发报告——《关于举办 2014 年年会的总结报告》。

## 技能提要

（1）通知是下行文，尽管有些通知的内容需要上级机关了解，但不能把上级机关当作主送机关直接发文，可以当作抄送机关发文。

（2）单位内各部门除办公厅（室）外不得对外正式行文。单位内的各部门中，只有办公厅（室）是单位的办事部门，其他部门是业务部门。业务部门若工作需要需要对外行文，可经机关同意或者授权后，由办公厅（室）代表本部门对外正式行文。

（3）部门之间在各自职权范围内相互发布、传达要求周知或者执行的事项，一般用“函”行文，也可以用“通知”行文，但在行文格式上都用“信函格式”。部门之间在各自职权范围内相互联系工作和答复审批事项，要用“函”行文。函的发文字号常在机关代字后加上“函”字。

## 相关知识

行文规则，是指行文中应遵循的规矩、要求和原则。《条例》中专列“行文规则”一章详细规定了公文的行文规则，现选录基层单位常用的几点规则加以归纳说明。

### 一、按隶属关系和职权范围行文的规则

#### 1. 逐级行文的规则

（1）行文关系应根据隶属关系和职权范围确定。在有隶属关系的上下级机关之间，使用上行文和下行文；不相隶属的机关或部门之间，使用平行文。

（2）一般不得越级行文。逐级行文，即按隶属关系只对直属的上下级机关行文。特殊情况下需要越级行文的，应当同时抄送被越过的机关。下级机关在自身职权范围内可以解决的问题，不必请示上级机关；上级机关也不应代替下级机关行文，去处理属于下级机关职权范围内的事。

（3）选用文种和行文内容也必须注意不要超越权限。

#### 2. 上行文规则

（1）请示规则。请示要“一文一事”，如果一文数事，容易造成受文单位互相推诿、扯皮。请示只主送一个机关，一般是有隶属关系的直接上级机关。主送机关有责任研究并对请示要求答复的事项做出答复。如果多头呈送，上级机关一般不予受理。请示和报告是两种不同的文种，适用范围有明显的界限，不能混用。

（2）报告规则。报告中不得夹带“请示”事项，按有关规定上级机关对下级机关的报告不予批复。一般不得越级报告，倘若有紧急的工作或情况需越级汇报时，在越级报告的同时，须将报告抄送被越过的上级机关。

#### 3. 抄送规则

（1）给下级机关或者本系统的重要公文，应当同时抄送直接上级机关。上级机关向受双重领导的下级机关行文，必要时应当同时抄送其另一上级机关。

（2）上行文不得同时抄送其下级机关。受双重领导的机关向上级机关行文时应注意除主送机关外，同时抄送另一领导机关。

#### 4. 联合行文的规则

如果事情牵涉两个或两个以上的机关单位，就需要联合行文。联合行文必须是同级机关，

如同级政府、同级政府各部门或上级政府部门与下一级政府都可以联合行文；政府部门与同级人民团体和具有行政职能的事业单位也可以联合行文。不同级别的机关单位不能联合行文。

### 二、协商一致的规则

部门之间对有关问题未协商一致，不得各自行文，应在取得一致意见后再行文。如果多次协商仍无法消除分歧，而问题的解决、事情的处理又不允许再拖延下去，主办单位可以列明各方面理由和根据，提出建设性意见，并与有关单位会签后报请有关上级机关协调定夺，然后再行文处理。

### 三、其他相关规则

（1）行文应当确有必要，讲求实效，注重针对性和可操作性。

（2）不得以机关名义向上级机关负责人个人报送请示和报告。

（3）经批准在报刊上全文发布的行政法规或规章，应当视为正式公文贯彻执行。

## 巩固训练

请仔细阅读分析下面的例文，然后按要求回答问题。

**××市××××公司文件**

××〔2014〕6号　　　　签发人：×××

---

**关于召开民主评议行风工作动员大会的请示**

××市行风评议团：

根据《关于2014年全市民主评议行风工作有关问题的通知》（×纠办发〔2014〕2号）精神和《××市2014年民主评议行风工作实施方案》的要求，我公司及时在班子会议、干部职工大会中传达了有关会议精神，并成立了公司行评领导小组和办公室，制订了民主评议行风工作实施方案。现拟于2014年6月10日下午16:30在公司会议室召开动员大会，部署和安排我公司2014年民主评议行风工作，诚挚邀请市纠风办及行风评议团有关领导出席并做指示。

专此请示，请复示。

××市××××公司（公章）

2014年6月5日

---

抄送：××市商业局

---

××市××××公司办公室　　　　2014年6月5日印发

---

（1）这份请示是否符合行文规则？

（2）这份请示的主送机关合适吗？

（3）这份请示的抄送单位与发文单位是什么关系？

（4）这份请示是否越级行文？

## 职业技能鉴定指导

### 一、知识与技能要点

#### （一）知识要点

公文的行文规则。

#### （二）技能要点

1. 能正确分辨行文单位的隶属关系。

2. 能根据公文的行文规则行文。

### 二、模拟训练

#### （一）单项选择题

1. 受双重领导的机关上报公文应（　）

A. 写明两个主送机关　　B. 只写一个主送机关，抄送另一个领导机关

C. 分头主送　　D. 根据情况而定

2. 江西省国家税务局向湖南省人民政府各厅、局、委、办制发（主送）的公文属于（　）

A. 上行文　　B. 下行文　　C. 平行文　　D. 呈请性文件

3. ××职业技术学校请求有关机关整治学校周围滥设摊点现象，其拟制的公文文种及主送机关应为（　）

A. 请示　教育局　　B. 报告　街道办事处

C. 通知　派出所　　D. 函　工商行政管理局

#### （二）多项选择题

1. 撰写请示应坚持（　）

A. "一文一事"的原则　　B. 报告其他需要上报的事项

C. 主送领导个人　　D. 上报，但不必抄送下级机关

2. 下面对报告规则表述正确的是（　）

A. 不得夹带"请示"事项

B. 上级机关对下级机关的报告不予批复

C. 一般不可以越级报告

D. 在越级报告的同时，将报告主送被越过的上级机关

3. 能够联合行文的机关应是（　）

A. 同级政府之间　　B. 同级政府各部门之间

C. 上级政府部门和下一级政府之间　　D. 政府部门和同级人民团体之间

#### （三）判断题

1. 为了维护正常的领导关系，具有隶属关系或业务指导关系的机关之间一般应采取逐级行文。（　）

2. 某单位碰到一个需要多个上级机关处理的问题，打算写请示请求上级指示，其主送机关只能有一个，即有隶属关系的直接上级机关。（　）

3. 行文应当确有必要。(　)

4. 部门内设机构均可直接对外正式行文。(　)

5. 即使是经批准在报刊上全文发布的行政法规或规章，也不能视为正式公文贯彻执行。(　)

**(四)技能操作题**

请仔细阅读分析下面的例文，然后按要求回答问题。

**关于拟建科学馆的请示报告**

县政府：

我校是××镇职业技术学校。学校建筑面积约10.2万平方米，在校学生、教职工3 800多人。多年来学校防火设施比较简陋，除简易防火工具外，仅设有消防栓11处，且因年久失修，达不到喷射要求，一旦发生事故，后果不堪设想。县消防部门多次检查、提出建议，但因缺少资金一直没有按重点防火单位标准建设。为确保安全，做到常备无患，急需修建地下消防栓9处（3栋教学楼各2处，实验室3处），需拨款6万元（计划附后）。此外，为加强学生动手能力的培养，拟建一座科学馆，急需资金350万元（计划附后）。

特此报告，请批准。

××镇职业技术学校（公章）

2014年9月3日

1. 根据公文标题的写作要求，该公文标题存在的主要问题是(　)

A. 缺少介词　　B. 缺少事由　　C. 事由不明　　D. 文种不当

2. 从主送机关来看，该公文存在的问题是(　)

A. 主送机关不明确　　B. 多头主送　　C. 越级行文　　D. 党政机关交叉行文

3. 按照公文行文规则，该公文正文的主要问题是(　)

A. 事实陈述不生动　　B. 不符合“一文一事”要求

C. 提出要求不具体　　D. 语言不够简洁

4. 该公文结束语不规范，正确写法应该是(　)

A. 以上报告请审阅　　B. 以上请示请批准

C. 妥否，请批示　　D. 妥否，请批准

# 任务评价

**任务评价表**

| 项目 | 等级 | | | 个人评价 | 小组评价 | 教师评价 |
|---|---|---|---|---|---|---|
| | A | B | C | | | |
| 能力达成 | 能按公文行文规则正确选用文种，能根据行文规则准确判断通知、请示等基层常用公文写作的正误 | 能按公文行文规则选用文种，能根据行文规则判断通知、请示等基层常用公文写作的正误 | 基本能按公文行文规则选用文种，基本能根据行文规则判断通知、请示等基层常用公文写作的正误 | | | |
| 知识掌握 | 理解公文行文规则，熟悉公文行文关系与行文规则的联系 | 了解公文行文规则，基本了解公文行文关系与行文规则的联系 | 基本了解公文行文规则，对公文行文关系及行文规则的理解有困难 | | | |
| 学习态度 | 任务实施过程中精力集中，全身心投入 | 主要任务环节认真投入，能基本完成任务 | 能参与任务实施全过程，但缺乏主动性 | | | |

# 项目二 公文拟写

Project 2

## 项目概述

公文的拟写，最要紧的是遵守其行文规则，按照各种公文的适用范围及格式、要求进行规范的写作。因此，本项目的学习任务主要是运用模块一所学的文书拟制知识和本模块项目一任务二所学的行文规则解决公文拟写的具体问题，重点学习请示、通知、函、报告的使用时机与行文对象，把握其行文格式和用语规范，学会拟写这几种常用公文。

## 学习目标

知识目标

1. 了解公文的适用范围及行文格式。
2. 熟悉常用公文的拟写要求。

技能目标

1. 能根据行文方向、针对预设情境准确选用文种。
2. 能熟练拟写请示、通知、函、报告。

# 任务一 请示拟写

Task 1

## 任务情境

一年一度的年会是公司的重要活动，年会工作小组刚刚成立，秦丽就根据工作组的安排拟写了给集团总公司的年会请示。15 日中午下班前，秦丽把初稿交到了张主任的手里，张主任提出了修改意见。秦丽连忙修改好初稿，下午一上班就交给了张主任。张主任看着文稿连连点头，阅毕赶紧拿着文稿去了经理办公室。张主任回来后，叫秦丽在下班前将文稿打印出来。

## 任务实施

1. 请帮秦丽分析拟写请示的相关信息。

| 发文单位 | 收文单位 | 请示的种类 |
|---|---|---|
| | | |

2. 请帮秦丽分析该请示应包含的主要写作内容。

| 发文缘由 | 请示事项 | 其他事项 |
|---|---|---|
| | | 把《2014 年年会方案》作为附件发送，以便集团了解准备安排 |

3. 秦丽拟写了请示初稿，请你帮她检查修改。

**嘉兴物业服务有限公司关于要求举办 2014 年年会的请示**

蓝天城市控股集团：

2014 年即将过去，为了感谢大家一年来的辛苦工作和为公司做出的贡献，为了促进公司 2015 年各项工作顺利开展，根据本公司 2014 年工作需要，我公司拟定于 12 月 31 日上午慰问退休老职工，下午举办 2014 年年会，晚上聚餐。现就有关事宜请示如下。

（一）年会主要议程

1．员工答谢会

2. 总结会

3. 计划会

（二）参加人员

1. 全体员工

2. 特邀集团领导

（三）年会内容

1. 主要包括做工作总结、做工作计划、领导讲话、文娱节目表演、聚餐等项目。

2. 节目准备：各部门准备 1 ~ 2 个节目，以增加年会的气氛。节目于 2014 年 12 月 26 日下午 13 点前汇报年会工作小组。

妥否，请批示。

嘉兴物业服务有限公司

2014 年 12 月 15 日

（联系人：张岩　电话：×××××××××××）

（1）标题内容不够简练，语言不够得体，可改为：

（2）请示的缘由、事项混乱不清，应该改为：

（3）如果请示的事项需要分项，可以用顺序号，但初稿的顺序号有错，应该改为：

（4）请示的事项不符合“一文一事”的要求，应该改为：

## 技能提要

（1）了解请示的适用范围。各机关对自己无权或无法决定与处理的问题，均应向上级机关请示，防止各行其是；但也不能事事请示，影响机关正常工作秩序。请示必须事前行文，否则就是“先斩后奏”，不符合规定。

（2）请示要明确主送机关，应向直属的上级机关或直属的上级主管业务部门报送，并做到“一文一事”。

## 相关知识

### 一、请示的种类与适用范围

根据《条例》规定，请示适用于向上级机关请求指示、批准。公文请示可分为以下三大类。

#### 1. 请求指示的请示

此类请示一般是政策性请示，是下级机关需要上级机关对原有政策规定做出明确解释，对变通处理的问题做出审查认定，对如何处理突发事件或新情况、新问题做出明确指示等。

**2. 请求批准的请示**

此类请示是下级机关针对某些具体事宜向上级机关请求批准，主要目的是为了解决某些实际困难和具体问题。

**3. 请求批转的请示**

下级机关就某一涉及面广的事项提出处理意见和办法，需各有关方面协同处理，但按规定又不能指令平级机关或不相隶属部门处理，因此需上级机关审定后批转执行，适用此种情况的请示就属请求批转的请示。

## 二、请示的结构内容

请示一般由四部分构成：标题、主送机关、正文、落款。

**1. 标题**

标题由“发文机关 + 事由 + 文种”构成。如果使用了版头，标题中的发文机关可以省略。

**2. 主送机关**

主送机关只能写一个上级机关，而且必须是主管回复请示事项的机关；若还要报给其他上级机关，则用“抄送”的形式。主送机关应用全称。

**3. 正文**

正文一般由三个部分构成，即理由、事项、结尾。

（1）理由。请示的理由是正文的导语。要简明扼要地概述请示事项的缘由或根据。要开门见山，落笔入题，紧紧围绕请示事项把请示事由写充分。

（2）事项。请示的事项是正文的核心。在请示缘由或根据的基础上，写明请示事项。事项要写得明确具体，便于上级机关批复，切忌模棱两可，含糊不清。

（3）结尾。请示的结尾是正文的结束语。要针对请示事项和行文目的，选用恰当的表示请求的惯用语，常见的写法有“当否，请指示”、“妥否，请批示”、“请予批复”等。

**4. 落款**

在落款处写明发文机关名称和成文时间，并加盖公章。落款左下方还可以附注联系人的姓名和电话。

## 三、请示的拟写要求

（1）材料真实，一文一事。要做到材料真实，不要为了让上级机关批准而虚构情况；要主旨明确，坚持一份请示只提一个要求。

（2）理由充分，要求明确。请示要有依据，明确提出本单位解决问题的意见以供上级机关参考；对上级机关的要求要明确具体。

（3）语言平实，用语得体。语言要平实恳切，以引起上级的重视。既不能语言生硬，也不要低声下气。

## 四、请示与申请的区别

（1）文种不同。请示和申请都有请求缘由、请求事项，但请示是法定公文，申请为事务文书，属于不同文种。

（2）行文对象不同。请示的行文对象固定，一般为有隶属关系的直接上级机关；请示的内容限于本系统、本部门的行政公务或政策问题，写法规范。申请的行文对象不定，申请不仅用于下级向上级的请求，而且可用于不相隶属的但按规定、法律程序必须向其请求的机关、单位、部门等；写法不强求统一，且常以填写好的有关部门印制的各种申请表格代替。

（3）行文作者不同。请示的作者是法定的党政机关、社会团体。申请的作者可以是党政机关、社会团体，也可以是个人。党政机关、社会团体或个人向有关方面递交申请，有时必须按有关规定出具或提交有关证明、证件、文件等，而请示则没有这方面的规定。

# 巩固训练

1. 请仔细阅读分析下面的例文，然后按要求回答问题。

**关于申请 2014 年安全项目资金的请示**

山西××矿业有限公司：

山西××煤业公司拟对矿井供电、运输、通风等生产系统的薄弱环节进行安全整治，特向矿业公司申请 2014 年安全项目资金 500 万元，以尽快完成安全整治项目，改善安全生产环节，提高矿井抗灾能力。

当否，请批复。

附件：山西××煤业有限公司 2014 年安全项目计划表（略）

山西××煤业有限公司（公章）

2014 年 5 月 18 日

（联系人：××× 电话：183××××××××）

（1）这份请示属于＿＿＿＿＿＿＿＿类请示。

（2）请示的理由是：＿＿＿＿＿＿＿＿

（3）请示的事项是：＿＿＿＿＿＿＿＿

（4）这份请示有何特点？

2. 复习本模块项目一任务一“掌握公文种类与行文格式”，参照【相关知识】上行文样例——山西 ×× 煤业有限公司《关于申请 2014 年安全项目资金的请示》，帮秦丽把她拟写的请示做成一份完整而规范的文件。

## 职业技能鉴定指导

### 一、知识与技能要点

#### （一）知识要点

1. 请示的适用范围、种类。
2. 请示的结构内容与拟写要求。
3. 请示与申请的区别。

#### （二）技能要点

1. 能根据不同的事项准确选用相应的请示类型。
2. 能正确拟写请求指示的请示、请求批准的请示、请求批转的请示。

### 二、模拟训练

#### （一）单项选择题

1. 适用于向上级机关请求指示、批准的公文是（　）

A．报告　　B．函　　C．请示　　D．意见

2. 下列有关请示的主送机关说法正确的是（　）

A．受双重领导的机关在报送时应将这些领导机关都作为主送机关

B．请示要报送到领导者个人

C．有必要报给其他上级机关，则用“转发”的形式

D．请示应按机关的隶属关系逐级报送，一般不能越级报送

3. 下列表述不够准确的是（　）

A．可以在附注处注明联系人的姓名和电话

B．如果使用了版头，标题中的发文机关可以省略

C．请示可以一文多事

D．语言要平实，应表示谦卑的态度

#### （二）多项选择题

1. 下列各项适合作请示结语的有（　　）

A．以上妥否，请予批复　　B．以上如无不妥，请予批准

C．以上事项紧急，请速批准　　D．特此请示，请批复

2. 在请示中一般应注明（　　）

A．签发人　　B．发文机关名称

C．密级　　D．联系电话

3. 请示的事项是请示正文的核心，它应该（　　）

A．实事求是　　B．明确具体

C．提出解决问题的意见　　D．理由充分

(三)判断题

1. 某单位对某一问题无权决定，也无力解决，要处理此问题必须向上级机关提交请示报告。( )

2. 请示必须事前行文，否则就是“先斩后奏”，不符合规定。( )

3. 请示的行文语气要谦恭，要用商请的口气说话。( )

4. 请示的结束语可有可无。( )

5. 在请示事项的写作中，我们应换位思考，为领导想出解决问题的办法或方案。( )

(四)技能操作题

请仔细阅读分析下面的例文，然后按要求回答问题。

**中国邮政储蓄银行 ×× 支行文件**

××〔2014〕23号　　　　签发人：李德生

**关于申请拨给灾区贷款专项指标的请示报告**

省行：

7月18日，粤西地区遭受第9号台风“威马逊”(超强台风级)袭击，鉴江沿岸乡村发生洪水，灾情严重。经初步不完全统计，农田受灾总面积达42 000多亩，各种农作物损失达890多万元，农民个人损失也很大。灾后，我们立即深入灾区了解灾情，并发动干部群众积极开展生产自救。同时，为帮助受灾农民及时恢复生产，我们采取了下列措施。

一、对恢复生产所需的资金，以自筹为主。确有困难的，先从现有农贷指标中贷款支持。

二、对受灾严重的困难户，优先适当贷款，先帮助他们解决生活问题。到8月26日止，此项贷款已达310万元。

由于这次灾情严重，集体和个人的损失都很大，短期内恢复生产有一定的困难，仅靠正常农贷指标难以解决问题。为此，请省行下达专项救灾贷款指标1 000万元，以便支持灾区迅速恢复生产。

以上请示报告当否，请批示。

中国邮政储蓄银行 ×× 支行(公章)

2014年8月28日

中国邮政储蓄银行 ×× 支行办公室　　　　2014年8月28日印

1. 该公文的标题( )

A. 正确

B. 应改为“关于申请拨给灾区贷款专项指标的请示”

C. 应改为“关于拨给灾区贷款专项指标的报告”

D. 应改为“关于拨给灾区贷款专项指标的请示”

2. 该请示的主送机关的写法( )

A. 正确

B. 应改为“省行所有关领导”

C. 应改为“省行行长”

D. 应改为“中国邮政储蓄银行××省分行”

3. 正文中，用语（　）

A．无错误

B．有误，应将措施“一、对恢复生产所需的资金，以自筹为主……”删除

C．有误，应将措施“二、对受灾严重的困难户，优先适当贷款……”删除

D．有误，“初步”和“不完全”语意重复，应删除其中一个

4. 该请示的结束语（　）

A．写法正确

B．应改为“以上请示当否，请批示”

C．应改为“以上请示当否，请批复”

D．应改为“以上报告当否，请批示”

# 任务评价

**任务评价表**

| 项目 | 等级 | | | 个人评价 | 小组评价 | 教师评价 |
|---|---|---|---|---|---|---|
| | A | B | C | | | |
| 能力达成 | 能按要求完成请示的拟写，内容完备，格式正确，语言规范得体 | 能完成请示的拟写，内容比较完备，格式无太多错误，语言基本能传达发文单位的要求 | 基本能完成请示的拟写，内容不够完备，格式不规范，语言不得体 | | | |
| 知识掌握 | 理解请示的适用范围并能正确运用请示，已掌握请示的结构与格式，熟悉请示的拟写要求 | 了解请示的适用范围，已基本掌握请示的结构与格式，理解请示的拟写要求 | 基本了解请示的适用范围但实际运用有困难，对请示的结构与格式把握不准确，对请示的拟写要求理解有困难 | | | |
| 学习态度 | 任务实施过程中精力集中，全身心投入 | 主要任务环节认真投入，能基本完成任务 | 能参与任务实施全过程，但缺乏主动性 | | | |

# 任务二 通知拟写

Task 2

## 任务情境

12 月 19 日上午上班不久，张主任告诉秦丽，集团办公室打来电话，同意公司举办年会。张主任让秦丽赶紧拟写通知，把年会方案发给各分公司和各部门，要求他们分头做好准备工作；并通知各分公司经理下周四下午 3 点在公司四楼会议室召开碰头会汇报准备情况、讨论活动组织细节。下午一上班，秦丽就把写好的通知文稿交给张主任审核，主任提出了一些修改意见，秦丽又进行了修改，最后有关领导同意签发这份通知。

## 任务实施

1. 请帮秦丽分析：年会方案要发给谁？需要使用哪种通知？

通知的主送机关

通知种类

通知不能直接向公司领导个人发文。拟文时要在通知事项中写明，要求各分公司和各部门经理做什么。

注意事项

2. 请帮秦丽分析筛选张主任传递的信息，明确有哪些信息必须写入通知？

发文缘由

通知事项

其他要求

3. 以下是秦丽拟写的通知初稿，请帮秦丽检查修改。

**嘉兴物业服务有限公司关于举办 2014 年年会的通知**

各分公司、各部门：

2014 年即将过去，新的一年就要来临，为了感谢大家一年来的辛苦工作和为公司做出的贡献，为了促进公司 2015 年各项工作顺利开展，公司决定将于本月 31 日举办 2014 年年会。现将相关事宜通知如下。

一、《嘉兴物业服务有限公司 2014 年年会方案》（以下简称《方案》）由年会工作小组制定，经公司研究同意执行。现印发给你们，请按照《方案》的分工部署分头进行准备工作。

二、下周四下午 3 点召开碰头会汇报准备情况、讨论活动组织细节，请各位准时出席，不得请假。

三、本次活动是公司一年一度的重要活动，请大家务必全情投入，全力以赴，团结协作。

特此通知。

附件：嘉兴物业服务有限公司 2014 年年会方案（略）

嘉兴物业服务有限公司

2014 年 12 月 19 日

（1）标题未能体现对《方案》的印发这一要点内容，可改为：

（2）受文单位不够齐备规范，应改为：

（3）通知缘由和目的语言啰嗦，可改为：

（4）通知事项不完备，请补充：

（5）语言表述多处不得体，请按段篇合一、不分条款的写法修改。

## 技能提要

（1）通知要讲究时效。通知是时效性很强的文种，发文必须及时，以便受文单位贯彻执行。

（2）通知的告知事项要完备，主次分明，可按其紧急程度和先后顺序层层展开，做到条理清晰，内在联系紧密，逻辑性强。

（3）通知的受文对象涉及面广，必须考虑言辞的普适性。语言要简明得体，避免产生歧义。

## 相关知识

### 一、通知的种类与适用范围

根据《条例》规定，通知适用于发布、传达要求下级机关执行和有关单位周知或者执行的事项，批转、转发公文。通知可分为批转转发性通知和发布传达性通知两大类。

**1. 批转转发性通知**

“批”，批示、批准；“转”，转发。批转、转发、印发公文的通知，统称“批转转发性通知”，如《国务院批转发展改革委等部门关于深化收入分配制度改革若干意见的通知》《国务院关于印发〈注册资本登记制度改革方案〉的通知》。这类通知主要适用于有重要文件需要用“批”或“转（印）”的形式发文，起到“隆重推出”、引起重视的作用。

**2. 发布传达性通知**

发布传达性通知适用于发布、传达要求下级机关执行和有关单位周知或者执行的事项，包括知照性通知、事项性通知、会议通知等，如《国务院关于严格控制新设行政许可的通知》（国发〔2013〕39 号）、《关于 ×× 等职务任免的通知》等。重要会议和大型会议要分条列项写明会议召开的依据，会议时间、地点，会议内容、议程（保密会议不写）、参加人员及要求，报到时间地点、带何证件或资料、交通食宿等问题也要在正文或附件中说明。

## 二、通知的结构内容

通知一般由四部分构成：标题、主送机关、正文、落款。

### 1. 标题

若通知事项重要，可选择完整式标题。批转转发性通知常采用四元素标题，如“诚信公司批转第一分公司关于安全质量检查方案的通知”。如果事情紧急，可在“通知”前加“紧急”二字。如果是两个或者两个以上的机关联合发文，可以在“通知”前加上“联合”一词。如果是对不久前发的文件进行补充，可以在“通知”前加上“补充”一词。

### 2. 主送机关

通知的受文单位往往不止一个，所以多数用泛称“各……”主送机关写在标题下空一行的顶格位置，同一级别的称谓间用顿号隔开，不同级别的称谓间用逗号隔开，最后一个称谓后用冒号。

### 3. 正文

正文是通知的核心，也是撰写的重点。包括通知的原因、根据、目的，承启语，通知事项及执行要求等基本内容。

（1）开头。要简洁地交代清楚制发通知的原因、根据和目的。承启语往往是“特通知如下”、“现通知如下”、“现将有关事项通知如下”、“现就有关问题通知如下”等。

（2）主体。主要交代通知事项，集中体现行政机关对某项工作具体的政务行为和态度措施。如果通知事项单一，可以段篇合一，不分条款；如果通知的事项较多，则要分条列款，这样可以更清楚明白，便于理解执行。

（3）结尾。可提出执行要求，常用的语句是“请认真贯彻执行”、“自××××年×月×日起执行”、“将执行的情况于××××年×月×日上报××处”等。发布传达性通知一般没有执行要求，可写上“特此通知”以示强调。

### 4. 落款

在落款处写明发文机关名称和成文时间，并加盖公章。如果是联合下发的通知，落款则是主办机关在首，其他机关依次排列，并都要加盖公章。

## 三、通知的拟写要求

### 1. 要理清行文关系，正确选用文种

批转性通知只适用于批转下级机关的公文，被批转件是下级机关拟定的；转发性通知适用于转发上级机关和不相隶属机关的公文，被转发发件一般是上级机关或不相隶属机关制定的；印发性通知是印发本机关或本机关与其他机关联合制定的公文，被印发件一

般是印发机关或本机关与其他机关联合制定的。

**2．内容完备清晰，主次分明**

拟写时必须把何时、何地、何事、如何处理、有何要求等事项写清楚。例如，批转转发性通知要写明对批转、转发或发布的文件所持的态度，或指出原文件的意义；任免聘用通知则要写清楚任免、聘用人员姓名和职务信息。

**3．语言简明扼要，语气得体**

若是发布带有强制性和规定性的文件或通知事项，措辞要坚定、严肃，不能有半点含糊，可用"必须"、"一定"、"决不允许"、"严格执行"等口气强硬的词语；而发布指示性、指导性的文件或通知事项，措辞就应有所缓和，常用"应该"、"要"、"望能遵照执行"、"请参照执行"等较平和的词语，如果用带有强制性语气的词语就不妥当了。

## 巩固训练

1．请仔细阅读分析下面的例文，然后按要求回答问题。

**教育部办公厅关于印发《中等职业学校公共艺术课程教学大纲》的通知**

各省、自治区、直辖市教育厅（教委），各计划单列市教育局，新疆生产建设兵团教育局：

为贯彻党的十八大精神，落实教育规划纲要，加强中等职业学校艺术教育工作，提升学生的人文修养与艺术鉴赏水平，提高职业教育人才培养质量，我部组织制定了《中等职业学校公共艺术课程教学大纲》（以下简称教学大纲）。现将教学大纲印发给你们，请认真组织实施。

公共艺术课程是中等职业学校实施美育、培养高素质劳动者和技术技能人才的重要途径，是素质教育不可或缺的内容，是中等职业学校学生必修的一门公共基础课。各地教育行政部门要及时组织开展师资培训和教研活动，提高运用教学大纲的能力。要为教学大纲的实施提供必要的条件保障，确保教学改革工作顺利进行。对教学大纲实施过程中存在的问题，要认真研究解决，并将有关意见和建议及时报我部职业教育与成人教育司。

附件：中等职业学校公共艺术课程教学大纲（略）

教育部办公厅（公章）

2013 年 3 月 21 日

（1）这份通知属于　　　　　　　　　　　　类通知。

（2）制发通知的原因是：

（3）通知的事项是：

（4）通知的执行要求是：

2．复习本模块项目一任务一"掌握公文种类与行文格式"，参照【相关知识】下行文通知的样例——《教育部办公厅关于印发〈中等职业学校公共艺术课程教学大纲〉的通知》，帮秦丽把她拟写的通知制成一份完整而规范的文件。

# 职业技能鉴定指导

## 一、知识与技能要点

### （一）知识要点

1. 通知的适用范围、种类及行文格式。

2. 通知的结构内容与拟写要求。

### （二）技能要点

1. 能根据不同的通知事项准确选用通知种类。

2. 能正确拟写批转转发性通知、发布传达性通知。

## 二、模拟训练

### （一）单项选择题

1. 要求下级机关执行有关事项，应使用（　）

A．函　　B．通知　　C．通报　　D．意见

2. 某企事业单位制定了规章制度，要求员工遵守，并为此而发了通知，此通知属于（　）

A．事项性通知　　B．批转性通知　　C．发布传达性通知　　D．转发性通知

3. 在会议通知的附件中一般应注明（　）

A．会议时间　　B．抵达会址的路线　　C．会议议题　　D．编组名单

### （二）多项选择题

1. 通知的结构包括（　）

A．标题　　B．正文　　C．主送机关　　D．落款

2. 通知正文的开头包括（　）

A．原因　　B．过程　　C．目的　　D．结果

3. 转发性通知可以转发（　）

A．上级机关的公文　　B．下级机关的公文

C．同级机关的公文　　D．不相隶属机关的公文

### （三）判断题

1. ××市国税局要将《××市国家税务局金税工程考核办法》印发下去，应采用的文种是通知。（　）

2. 发布传达性通知结尾常用“特此通知”。（　）

3. 会议通知分条列项写明会议召开的时间、地点和内容即可。（　）

4. 通知具有多种功能，上传下达皆可。（　）

5. “××市教育局关于召开全市中职学校校长会议的通知”这个标题是正确的。（　）

### （四）技能操作题

请仔细阅读分析下面的例文，然后按要求回答问题。

**会议通知**

海城派出所刘所长：

为加强我区治安管理，兹定于二〇一四年九月二十三日下午在我处大会议室召开第二

季度治安工作例会，请届时务必准时到会。

海城街道办事处
二〇一四年九月十九日

1. **主送机关的写法（　）**

A．正确　　B．应改为“海城派出所有关领导”

C．应改为“海城派出所”　　D．应改为“海城派出所及刘所长”

2. **正文中时间的写法（　）**

A．正确

B．应改为“2014年9月23日”

C．应改为“2014年9月23日”并加写下午开会的具体时间

D．应在原文时间后面加写下午具体时间

3. **正文中，用语（　）**

A．无错误　　B．有误，应将“大会议室”改成具体房间号

C．有误，应把“届时”删除　　D．有误，应将“海城街道办事处”改成“海城街道”

4. **行文落款（　）**

A．写法正确

B．应加盖办事处公章

C．应将“二〇一四年九月十九日”改为“2014年9月19日”

D．可略写为“9月19日”

# 任务评价

**任务评价表**

| 项目 | 等级 | | | 个人评价 | 小组评价 | 教师评价 |
|---|---|---|---|---|---|---|
| | A | B | C | | | |
| 能力达成 | 能按要求完成通知的拟写，内容完备，格式正确，语言规范得体 | 能完成通知的拟写，内容比较完备，格式无太多错误，语言基本能传达发文单位的要求 | 基本能完成通知的拟写，内容不够完备，格式不规范，语言不得体 | | | |
| 知识掌握 | 理解通知的适用范围并能正确运用通知，已掌握通知的结构与格式，熟悉通知的拟写要求 | 了解通知的适用范围，基本掌握通知的结构与格式，能理解通知的拟写要求 | 基本了解通知的适用范围但实际运用有困难，对通知的结构与格式把握不准确，对通知的拟写要求理解有困难 | | | |
| 学习态度 | 任务实施过程中精力集中，全身心投入 | 主要任务环节认真投入，能基本完成任务 | 能参与任务实施全过程，但缺乏主动性 | | | |

# 任务三 函拟写 Task 3

## 任务情境

12 月 22 日星期一上午，秦丽完成了通知的制发，想到今天只要把给同福居委会的函发出去就可以了，她感到特别轻松。她整理了一下此前总经理助理张怡可与居委会的商谈记录和电话联系记录，便开始了函的写作。

## 任务实施

1．函的使用范围非常广，使用频率很高，形式种类较多。秦丽要与同福居委会联系落实 12 月 31 日租用同福文化广场的具体事宜，你建议使用哪种形式的函？为什么？

2．秦丽翻看了总经理助理张怡可与同福居委会的商谈记录和电话联系记录，其内容涉及年会活动时间、地点，场地使用范围、布置、租金，安全问题、卫生问题等。请帮秦丽分析筛选信息，明确有哪些信息必须写入函？

| 发文缘由 | 商洽事项 | 其他要求 |
| --- | --- | --- |
|  |  | 就租用文化广场征求同福居委会意见，并要求函复 |

3．以下是秦丽拟写的函的初稿，请帮她检查修改。

**关于租用同福文化广场的函**

同福居委会：

我公司拟在 2014 年 12 月举办 2014 年年会，经年会工作小组考察，贵居委会的同福文化广场符合我公司本次年会活动的要求。此前已经多次与贵居委会就场地租用时间、使用范围、租金等事项进行协商，我公司同意贵居委会提出的一切要求。

我们已经做出了如下初步意见。

（1）租金为一天 3 000 元。

（2）使用范围除老人活动中心以外的全部。

（3）使用时间为一天。

现特致函贵居委会，希望租用贵居委会的同福文化广场用于举办年会。

望支持为盼！

特此函达。

附件：嘉兴物业服务有限公司 2014 年年会方案（略）

嘉兴物业服务有限公司
2014 年 12 月 22 日

（1）“我们已经做出了如下初步意见”表达不够准确，应改为：

（2）发文事项条理比较乱，应改为：

（3）发文事项的顺序号不规范，应改为：

（4）结束语使用不当，应改为：

（5）附件使用不当，应改为：

## 技能提要

（1）函的使用不受级别高低、单位大小的限制，收发函件的单位均以比较平等的身份进行联系。上至国务院，下至基层党政机关、企事业单位、社会团体都在广泛地使用函。函可以上行，可以下行，但大多数函作平行文使用。在各项工作联系中，要注意充分发挥函灵活平实的作用。

（2）注意公函与便函的区别。函是正式公文的一种，不论是用于商洽公务，还是用于询问与答复问题或向有关部门请求批准，均代表使用单位的意志与权威，能传达其决策与意图，因此函具有由制发机关权限决定的法定效力。因此，函的拟写要注意内容严肃单一，语言正式朴实。

（3）注意请批函与请示的区别。向有隶属关系的上级机关请求指示、批准事项用请示，而向没有隶属关系的业务主管机关请求批准事项，用请批函。主管机关答复请求审批事项，用审批函。

## 相关知识

### 一、函的种类与适用范围

根据《条例》规定，函适用于不相隶属机关之间商洽工作、询问和答复问题、请求批准和答复审批事项。函可做如下分类。

**1. 按文面格式划分为公函和便函**

（1）公函用于机关单位正式的公务活动往来。公函格式完整，有文件头，有标题、发文字号、机关公章等。

（2）便函用于日常事务性工作的处理。便函不属于正式公文，没有公文格式要求，甚至可以不要标题，不用发文字号，只需要在尾部署上机关单位名称、成文日期并加盖公章即可。

#### 2. 按行文去向划分为去函和复函

（1）去函是主动发出的函。

（2）复函是为回复对方所发出的函。

#### 3. 按内容和用途划分为商洽函、询答函、批请函、告知函

（1）商洽函即不相隶属机关之间商洽工作，联系有关事宜的函。如人员商调、联系参观学习等要发商洽函。

（2）询答函即不相隶属机关之间相互询问和答复有关具体问题的函。询答函实际上又可分为询问函和答复函。有些不明确的问题向有关机关和部门询问，使用询问函；对机关和部门询问的问题做出解释答复，使用答复函。询答函涉及的多数是问题而不是具体的工作。

（3）批请函即用于不相隶属机关之间请求批准和答复审批事项的函。批请函实际上又可以分为请批函和审批函。请批函用于向不相隶属的主管机关请求审批事项，而审批函则用于主管部门答复不相隶属机关的请批事项。

（4）告知函即告知不相隶属机关有关事项的函。

## 二、函的结构内容

函一般由四部分构成：标题、主送机关、正文、落款。

#### 1. 标题

标题一般由“发文机关 + 事由 + 文种”组成，如“中国人民建设银行关于建设单位为动迁户建房问题的复函”。

#### 2. 主送机关

主送机关即接函的机关，可写机关全称或规范化简称。

#### 3. 正文

正文一般写三方面的内容。

（1）发文缘由。说明为什么要去函或复函，如果是一个机关主动给另一个机关发函，则要写明发函的原因；如果是针对来函复函，则须先引用对方函的标题和发文字号（或发文日期），并表示收到后对问题进行了研究处理。

（2）发文事项。发文事项就是要商洽、询问、答复或请求批准的事项。这是函的主要内容。如果是去函，要陈述己方的要求，写明要对方协办的事项，或把有关信息告知对方。

（3）结束语。可根据不同情况有所区别。如果仅是去函告知对方机关某事的，可用“特此函告”；如果是去函要求对方机关回复的，可用“请研究函复”、“以上意见，请予函复”、“盼复”、“特此函告，请复”、“请即复函”等。请批函多以“请批准”、“请大力协助为盼”、“望能同意”等。如果是复函，可用“特此函复”、“此复”等。有时函的结束语也可以省去不写。

### 4．落款

在落款处写明发文机关名称和成文时间，并加盖公章。

## 三、函的拟写要求

（1）主题明确。函的写作应开门见山，直奔主题。无论去函还是复函，都不要转弯抹角，切忌说空话、套话。

（2）内容单一。应一文一函，一事一函，语言简洁明了，篇幅宜短不宜长。

（3）语言得体。语言要规范得体，并体现函的用语特色。发函，要使用平实、礼貌、诚恳的语言，对主管机关要谦敬，对级别低的单位要平和，对平行单位和不相隶属的单位要友善，力求得到对方更多的理解和支持。切忌使用生硬、命令性的语言。复函，则态度要明朗，语言要准确，避免含糊笼统、犹豫不定。

## 巩固训练

1．请仔细阅读分析下面的例文，然后按要求回答问题。

**关于商洽委托代培文秘人员的函**

燕岭大学文学院：

本集团新近上岗的秘书和文员缺乏专门的涉外文秘知识，业务素质亟待提高。据报载，贵院将于今年9月开办涉外文秘人员培训班，系统讲授涉外秘书实务、实用文书写作和公关礼仪等课程。这个培训项目为我集团新上岗的涉外文秘人员提供了一个难得的在职进修机会。为能尽快提高本集团涉外文秘人员的从业素质，我们拟选派10名在岗文秘人员随该班进修学习，委托贵院代培。有关代培费用及其他相关经费，将按时如数拨付。

如蒙慨允，恳请函复为盼。

蓝天城市控股集团（公章）

2014年7月23日

（1）这份函属于＿＿＿＿＿＿＿＿＿＿＿＿＿＿函。

（2）制发此函的原因是：＿＿＿＿＿＿＿＿＿＿＿＿＿＿

（3）发函的事项是：＿＿＿＿＿＿＿＿＿＿＿＿＿＿

（4）发函的要求是：＿＿＿＿＿＿＿＿＿＿＿＿＿＿

2．复习本模块项目一任务一“掌握公文种类与行文格式”，参照【相关知识】中平行文样例——蓝天城市控股集团《关于商洽委托代培文秘人员的函》，帮秦丽将她拟制的函制成一份完整而规范的文件。

# 职业技能鉴定指导

## 一、知识与技能要点

### （一）知识要点

1. 函的种类与适用范围。

2. 函的结构内容与拟写要求。

### （二）技能要点

1. 能根据不同的事项准确选用相应的函。

2. 能正确拟写不同种类的函。

## 二、模拟训练

### （一）单项选择题

1. A 百货公司要求 B 厂履行合同，所发公文应为（　）

A．通知　　B．函　　C．请示　　D．报告

2. 商洽函的结束语不可采用的表述是（　）

A．妥否，请批复　　B．请研究函复

C．恳请协助　　D．望大力协助，盼复

3. A 市财政厅拟在本系统内举办一次财务知识竞赛活动，特向 B 学校借用教室两间。A 市财政厅行文时应用的是（　）

A．商洽函　　B．询问函　　C．请批函　　D．告知函

### （二）多项选择题

1. 与询答函相配套的结束语有（　　）

A．特此函商　　B．特此函告　　C．特此函询　　D．特此函谢

2. 函适用于不相隶属机关之间（　　）

A．商洽工作　　B．询问和答复问题

C．请求批准和答复审批事项　　D．报告事项

3. 下列事项适合用函行文的是（　　）

A．公安局请求财政局增拨经费　　B．局纪委答复市检察院的询问

C．区教育局对所属学校做调整　　D．省政府同意××县改市

### （三）判断题

1. 向比自己级别低或与自己同属于一个级别的机关请求批准，应该用“函”。（　）

2. 凡是向不相隶属的机关（无论是高级别、低级别，还是相同级别）行文，一律使用函。（　）

3. 去函是主动地与有关单位商洽工作、询问事项或提出请求。（　）

4. A 机关用印有其机关名称的信笺答复有关单位询问，并加盖公章，也属发公函。（　）

5. 向不相隶属的高级别机关行文时，函属于上行文。（　）

（四）技能操作题

请仔细阅读分析下面的例文，然后按要求回答问题。

### 关于催交联想 B460 和 B450 型手提电脑、多媒体教学设备的函

×× 科技信息公司销售部：

我培训中心为了加强现代化教学手段，提高教学质量，经过政府采购程序，于 3 月与贵公司签订了《政府采购合同》，从贵公司采购联想 B460 和 B450 手提电脑各 85 台、多媒体教学设备 56 套，由贵公司负责安装、调试及售后服务。合同规定 2014 年 5 月 1 日前全部交货，由银行转账结算，合同签订 10 天内付总货款的 30%，全部验收合格后付余下的 70%。贵公司于 5 月 1 日前只交付我方联想 B460 手提电脑 42 台、多媒体教学设备 31 套。我中心与贵公司多次交涉未果。7 月 5 日有关部门将对我中心进行教学质量评级，现在已经是 6 月 15 日，贵公司应该急我中心所急，适时把剩余的手提电脑和多媒体教学设备交给我中心。

××××培训中心（公章）
2014 年 6 月 15 日

1. 这份函的标题不够简洁，应改为（　）

A．关于联想B460和B450型手提电脑、多媒体教学设备的函

B．关于催交手提电脑和多媒体教学设备的函

C．关于催交教学设备的函

D．关于催交手提电脑等物品的函

2. 主送机关的写法（　）

A．正确

B．应改为“××科技信息公司有关领导”

C．应改为“××科技信息公司”

D．应改为“××科技信息公司销售部经理”

3. 正文中日期“3 月”的写法（　）

A．正确　　B．应改为“今年三月”

C．应改为“2014年3月”　　D．应改为“2014年3月×日”

4. 正文中，用语（　）

A．无错误

B．有误，应将“适时把剩余的手提电脑和多媒体教学设备交给我中心”改成“7月1日前，请务必交齐全部手提电脑和多媒体教学设备，并完成安装、调试”

C．有误，应把“适时”改为“及时”

D．有误，应把“适时”改为“务必”

5. 文中应补充的结束语为（　）

A．特此函告　　B．请研究函复　　C．特此函告，请复　　D．请即复函

# 任务评价

任务评价表

| 项目 | 等级 | | | 个人评价 | 小组评价 | 教师评价 |
|---|---|---|---|---|---|---|
| | A | B | C | | | |
| 能力达成 | 能按要求完成函的拟写，内容完备，格式正确，语言规范得体 | 能完成函的拟写，内容比较完备，格式无太多错误，语言基本能传达发文单位的要求 | 基本能完成函的拟写，内容不够完备，格式不规范，语言不得体 | | | |
| 知识掌握 | 理解函的适用范围并能正确运用函，已掌握函的结构与格式，熟悉函的拟写要求 | 了解函的适用范围，基本掌握函的结构与格式，能理解函的拟写要求 | 基本了解函的适用范围但实际运用有困难，对函的结构与格式把握不准确，对函的拟写要求理解有困难 | | | |
| 学习态度 | 任务实施过程中精力集中，全身心投入 | 主要任务环节认真投入，能基本完成任务 | 能参与任务实施全过程，但缺乏主动性 | | | |

# 任务四 报告拟写

Task 4

## 任务情境

秦丽接到张主任要她拟写年会报告的任务，便回想起年会活动现场的情景，深深感到这次年会使分公司的员工得到了增进了解、相互学习的机会，增强了企业的凝聚力。无论是年会的活动组织还是节目表演，到会的嘉宾都表示了肯定和赞扬。怎样把这次年会的报告写好？秦丽陷入了沉思。

## 任务实施

1．这次秦丽的工作任务是把本公司年会的情况报告给集团，你建议秦拟写一份（工作报告、情况报告、答复报告）。另请参考【相关知识】，填写如下报告要素。

发文单位　　受文单位　　主要内容

2．回顾张主任交代给自己的几项任务和年会当天的情况，秦丽的思路已经清晰。请帮秦丽分析需要报告的信息，明确有哪些信息必须写入报告。

发文缘由　　报告事项　　其他事项

3．以下是秦丽拟写的报告初稿的提纲，请帮她修改完善。

**嘉兴物业服务有限公司关于举办 2014 年年会的报告**

蓝天城市控股集团：

2014 年即将过去，为了感谢大家一年来的辛苦工作和为公司做出的贡献，为了促进公司 2015 年各项工作顺利开展，本着节约办会的精神，本公司在公司内部成功举办了 2014 年年会，现将活动情况汇报如下。

一、年会活动情况（包括做法、过程、效果等）

（一）领导高度重视，员工大力支持（略）

（二）内容形式多样，深受员工欢迎（略）

（三）部门通力合作，开创良好局面（略）

二、存在问题及活动设想（包括存在问题、今后打算等）

（一）

（二）

此次年会活动离不开公司领导从资金上到组织调配上的大力支持，离不开分公司和各个职能部门的积极配合。特别是员工的配合和参与，为年会增光添彩。

嘉兴物业服务有限公司

2015 年 1 月 6 日

（1）标题和主送机关是否正确？

（2）报告缘由还需要修改吗？

（3）报告主体是否能全面反映出工作报告汇报“做法、过程、效果”的内容？

（4）请你参照“一、年会活动情况”以小标题概括工作情况的写作方法，列出“二、存在问题及活动设想”的下一级标题。

（5）报告结尾表述得当吗？

## 技能提要

（1）理解报告与请示的区别，正确选用文种。报告与请示在行文功能、处理方式、时间要求等方面都不同。若向上级单位汇报情况、反映问题，要选用报告；请求上级单位批准、指示或解决问题应选用请示。

（2）理解报告与总结的区别，正确选用材料。报告属于公文，着重于工作情况汇报，拟写时要具体表述工作的进展情况，不搞经验上的提炼，不做理论上的论述。

## 相关知识

### 一、报告的适用范围和种类

根据《条例》规定，报告适用于向上级机关汇报工作、反映情况，回复上级机关的询问。报告可做如下分类。

**1. 按报告的内容，可划分为工作报告、情况报告、答复报告**

（1）工作报告。工作报告适用于下级机关在完成了一个阶段的工作或某项工作后，向上级机关汇报例行工作或临时性工作情况时使用。多在事后行文，有时在事中行文，很少在事前行文。

（2）情况报告。情况报告就是反映情况的报告，“情况”是指重要情况、特殊情况或新情况，如各种动态、思想反映、重大案件、灾害、事故或工作中出现的新问题等。

（3）答复报告。答复报告用于回答上级询问的问题；回答上级责成处理或检查事项的完成情况，对上级布置的工作、交代的事情进行如期汇报；回答有关代表大会、委员会及其执行机构提出的质询，交付处理的提案、议案的处理意见或处理结果等。

**2. 按表现形式，可划分为专题报告、综合报告**

（1）专题报告。专题报告是指在完成某项具体工作后，向上级机关汇报的报告。专题报告内容专一，只汇报某项工作完成的情况、结果、存在问题与建议，其他无关的事项一律不涉及。

（2）综合报告。综合报告是为了使上级机关全面了解工作情况所做的报告，内容比较全面。写作时要把整个工作步骤、取得的成绩、具体做法、存在问题、今后打算等逐项写清楚。

**3. 按作用，可划分为呈报性报告、呈转性报告**

（1）呈报性报告。呈报性报告即报送上报材料的报告，如报送计划、总结、上级需知的其他文字材料或物件等。通常不写报送目的，只需用简短语言把被报送材料交代清楚即可，结尾常用“请审示”、“请审查”、“请审阅”、“请查收”等。

（2）呈转性报告。呈转性报告即呈请上级机关予以批转各地、各部门执行的报告。旨在要求批转，以提出意见或建议为主。惯用结束语为“以上报告如无不妥（当），请批转有关单位执行（各地区、各部门贯彻执行）”。

## 二、报告的结构内容

报告一般由四部分构成：标题、主送机关、正文、落款。

**1. 标题**

标题可采用完全式标题，即由“发文机关＋事由＋文种”组成；也可采用由“事由＋文种”组成的省略式标题。

**2. 主送机关**

报告是报请性公文，主送机关多为一个，如需其他上级机关知道，可以用抄送形式。

**3. 正文**

（1）报告缘由

报告缘由通常是直接交代行文目的、依据、主旨或基本情况，要写得集中、概括、开宗明义。报告缘由一般都比较简短，切忌无端“戴帽”，让人感觉不着边际。然后用过渡语如“现将有关情况报告如下”或“为此，特做如下报告”等开启下文。

（2）报告事项

这是报告正文的核心，要准确简要、条理明晰地将有关工作或事件的情况表述清楚，并加以扼要分析，让人全面、深刻地了解情况。撰写报告事项时要紧紧围绕行文的目的和主旨进行陈述。

① 汇报工作。应首先写明工作的基本情况；其次写明主要做法、成绩及经验，包括采取的办法、措施及由此带来的直接效果等；最后写明还存在什么问题及今后的工作设想。在内容布局上，一般将第二层次详写、第三层次略写，不做过多铺陈。

② 反映问题或情况。应首先对所要反映的问题或情况做概述；其次集中分析产生问题的原因（包括主客观两方面原因）；最后提出解决问题的意见和办法。在内容布局上，第一层次文字要简洁，第二、三层次的叙写应当根据行文的目的和主旨表达需要确定详略。

③ 答复上级机关的询问和要求。应首先扼要叙述上级机关交办的事项或任务；其次写明处理的大致过程，包括采取的办法或措施、处理中遇到的问题及需要进一步陈述的事项等；最后交代处理结果，同时征询上级机关对处理结果的意见。

（3）报告结尾

报告结尾比较简单，可以重申意义、展望未来，也可以用模式化的结束语收结全文。模式化结束语的写法有“特此报告”、“以上报告，请审阅”等。

### 4. 落款

在落款处写明发文机关名称和成文时间，并加盖公章。

## 三、报告的拟写要求

### 1. 主旨要明确

要围绕报告的中心内容收集材料，抓住报告的主要方面。综合报告涉及的内容广泛，问题较多，必须对问题和情况进行科学的分析、综合，从中找出本质和规律性的东西，并列出若干观点，分层次阐述。说明观点的材料要详略得当。写专题报告要一事一报，体现其专一性，切忌在同一专题报告中反映几件各不相干的事项和问题。

### 2. 内容要真实

报告无论是哪一种类，无论每一篇的侧重点如何，有关材料、数据要核实、核准，不能弄虚作假，报喜不报忧。报告不要夹带请示事项，如有请示事项，宜另用请示行文。

### 3. 语气要恰当

报告一般用陈述性语言直陈其事，向上级讲述做了什么工作，或工作是怎样做的，有什么情况、经验、体会，存在什么问题，今后有什么打算，对领导有什么意见、建议。

# 巩固训练

1．请仔细阅读分析下面的例文，然后按要求回答问题。

**××学校关于创建万人规模学校工作情况的报告**

××市教育局：

我校创办于1905年，是全省开办最早的中等职业学校，2000年被教育部认定为“国家级重点中等职业学校”，最近又通过了省教育厅组织开展的“国家级重点中等职业学校”的复查验收。去年，市政府把我校列为万人规模的中等职业学校进行重点建设。一年多来，特别是收归市教育局管理以来，为早日跨入万人规模学校行列，我校紧紧围绕改善办学条件、提高教育质量、扩大招生规模、提高优质就业率等方面做了大量工作，取得了较好的业绩。现就创建万人规模学校的工作情况汇报如下。

一、设施建设大提速，工作初见成效

一年多来，我校在原有办学条件的基础上，加紧软硬件设施建设，通过多种渠道筹措资金，加快了基础设施建设速度；通过多种途径提高素质，强化了师资力量，深化了专业改革，扩大了招生规模，创建万人学校工作开局良好。

1．加速设施建设，增加优质学位（略）

2．强化师资力量，提高教育质量（略）

3．深化专业改革，突显办学优势（略）

4．完善招生机制，拓宽就业渠道（略）

二、克服困难攻难题，期待政府大力支持

虽然我校在创建万人学校的工作中初见成效，但现有的办学条件离万人规模学校的标准还有很大距离。目前面临着四大突出矛盾：

1．校园面积大，校舍面积少（略）

2．专业设置多，实验设备少（略）

3．班级数量多，教师人数少（略）

4．需要投入大，资金来源少（略）

以上四大突出矛盾是当前乃至今后一段时间内制约我校发展的关键问题，我们正在千方百计地设法克服。

三、发展方向定思路，努力争创示范学校

从我校被列为万人规模学校进行重点建设之日起，学校围绕发展措施召开过多次会议，并举行全校性的科学发展大讨论，收集上百条建议，明确了发展思路，形成了发展共识，结合学校的实际情况，确定了今后的主要工作思路。

1．千方百计加速各项设施建设（略）

2．坚定不移加大教学改革力度（略）

3．求真务实提升学校管理水平（略）

4．积极主动扩大学校办学规模（略）

在市委、市政府的正确领导下，在上级主管部门的指导和支持下，我校在建设万人规模学校工作过程中，以科学发展观为行动指南，不断总结经验，谋求新的发展，既取得了可喜的成绩，也发现了阻碍发展的存在问题。我们将全力以赴解决发展中出现的各种困难，使我们这所百年老校焕发新的生机，争取早日建成万人规模的省示范性中职学校。

以上报告，请审阅。

××××学校（公章）

2013年11月2日

（1）这份报告属于________报告。

（2）报告的理由是：________

（3）报告的事项是：________

（4）这份报告的语言有何特点？

2．复习本模块项目一任务一“掌握公文种类与行文格式”，参照【相关知识】上行文请示的样例——山西××煤业有限公司文件《关于申请2014年安全项目资金的请示》，帮秦丽把报告做成一份完整而规范的文件。

# 职业技能鉴定指导

## 一、知识与技能要点

### （一）知识要点

1．报告的适用范围、种类及行文格式。

2．报告的结构内容与拟写要求。

### （二）技能要点

1．能根据不同的事项准确选用报告类型。

2．能正确拟写工作报告、情况报告、答复报告。

## 二、模拟训练

### （一）单项选择题

1．在报告的结尾一般要谈“今后的打算”，它主要是（　）

A．重申意义，展望未来　　B．发出号召，抒写豪情

C．提出要求，表达愿望　　D．针对问题，提出办法

2．《关于2013年个人所得税工作的报告》落款处的署名可能是（　）

A．××市地方税务局　　B．××市地方税务局负责人

C．起草文件的×秘书　　D．签发文件的×局长

3．适用于向上级机关汇报工作、反映情况，回复上级机关的询问的公文是（　）

A．报告　　B．函　　C．请示　　D．意见

### （二）多项选择题

1．报告是上行文，按其内容可以分为（　）

A．工作报告　　B．情况报告　　C．答复报告　　D．专题报告

2. 拟写报告，要做到（　　）

A．实事求是　　B．重视选材，突出主题

C．直陈其事，语气恰当　　D．慎用数据，确保准确

3. 报告的惯用语包括（　　）

A．“现将有关情况报告如下”　　B．“以上报告，请审阅”

C．“特此报告”　　D．“为此，特作如下报告”

（三）判断题

1. 报告适用于向上级机关汇报工作、反映情况、提出意见和建议、答复上级机关的询问。（　）

2. 报告中可以请求上级机关拟准、指示或解决某一问题。（　）

3. 报告可以在工作开展前，可以在工作进行中，也可以在工作完成后行文，向上级做出汇报。（　）

4. 报告是上行文，它要求上级机关及时给予回复，以便下级更好地开展工作。（　）

5. 向上级领导机关写报告汇报工作时，不得夹带请示事项或要求上级机关答复的事项。（　）

（四）技能操作题

请仔细阅读分析下面的例文，然后按要求回答问题。

## 关于2014年工作计划的报告

××〔2014〕1号

××市人民政府办公室：

根据有关工作要点，结合实际情况，业已订好2014年工作计划，现随文附送，请审批。

××市××局（公章）

2014年1月12日

1. 这份公文的标题（　）

A．正确

B．应改为“关于报送工作计划的报告”

C．应改为“关于报送××市××局工作计划的报告”

D．应改为“关于报送2014年工作计划的报告”

2. 主送机关的写法（　）

A．正确　　B．应改为“××市人民政府办公室有关领导”

C．应改为“××市人民政府”　　D．应改为“××市人民政府有关领导”

3. 正文中，用语（　）

A．无错误

B．有误，应将“业已订好”改成“我们拟订了”

C．有误，应将“附送”改为“呈报”

D．有误，因报告无需审批，“请审批”用语不规范，应改为“请审阅”

4. 做为正式公文，该公文格式不规范之处是（ ）

A．没有签发人

B．没有印发机关和印发日期

C．没有采用上行文的格式

D．没有版记

# 任务评价

**任务评价表**

| 项目 | 等级 | | | 个人评价 | 小组评价 | 教师评价 |
|---|---|---|---|---|---|---|
| | A | B | C | | | |
| 能力达成 | 能按要求完成报告的拟写，内容完备，格式正确，语言规范得体 | 能完成报告的拟写，内容比较完备，格式无太多错误，语言基本能传达发文单位的要求 | 基本能完成报告的拟写，内容不够完备，格式不规范，语言不得体 | | | |
| 知识掌握 | 理解报告的适用范围并能正确运用报告，已掌握报告的结构与格式，熟悉报告的拟写要求 | 了解报告的适用范围，基本掌握报告的结构与格式，能理解报告的拟写要求 | 基本了解报告的适用范围但实际运用有困难，对报告的结构与格式把握不准确，对报告的拟写要求理解有困难 | | | |
| 学习态度 | 任务实施过程中精力集中，全身心投入 | 主要任务环节认真投入，能基本完成任务 | 能参与任务实施全过程，但缺乏主动性 | | | |

# 模块五 Module 5 文书办理

## 模块概述

文书办理工作是指文书在文稿拟成后的发文、收文、整理归档等一系列衔接有序的相关工作，包含从文件形成到运转处理所必须经过的一系列活动。按规定文书办理是文秘人员最基本的工作职责。文书办理以党政机关公文办理的要求最为规范严格。《条例》明确规定，公文办理包括收文办理、发文办理和整理归档。因此，文秘人员必须熟练掌握文书的收发文办理流程，规范印章的使用与保管，熟知文书归档的范围、程序和要求。

本模块根据“文书拟制—发办—接办—保存”的运作顺序，通过发文与收文、整理与归档两个项目，五个任务的详细阐述和演练，引导学习者熟悉文书办理的基础知识和注意事项，掌握文书办理的相关程序及要领，培养学习者按制度规范办理文书的良好习惯。

# 项目一 发文与收文

Project 1

## 项目概述

《条例》明确规定：发文办理主要程序是“复核—登记—印制—核发”，收文办理主要程序是“签收—登记—初审—承办—传阅—催办—答复”。本项目的学习任务主要是通过具体的工作情境，熟悉文书办理的基础知识和注意事项，掌握发文与收文的基本程序，最终熟练掌握发文与收文办理的方法。

## 学习目标

### 知识目标

1. 熟知发文与收文办理的工作内容。
2. 熟悉发文与收文的注意事项和要求。
3. 了解印章使用与保管的要求。

### 技能目标

1. 熟练掌握发文与收文的基本程序。
2. 掌握发文与收文办理的手续，能正确填写各个环节的管理表(单)。

# 任务一 发文办理

Task 1

## 任务情境

根据办公室张主任的指示，秦丽完成了《嘉兴物业服务有限公司关于开展2014年度中层管理人员综合考评工作的请示》的拟制工作。接下来她将马上进行发文办理。

## 任务实施

1. 15日下午，秦丽来到杨总经理办公室。发文签批单上，杨总经理已在相关栏目上签了“发”字，并签署了姓名和日期，完成了文稿的签发程序。从总经理办公室取回定稿后，秦丽再次核对了该文稿，这是属于发文办理的　　　　　　程序。秦丽再次核对的内容应该是　　　　　　；秦丽发现有两个标点符号需要由半角改为全角，她应该　　　　　　修改，原因是：

2. 经复核无误后，秦丽在领导签发的文稿上编写发文字号“嘉兴办〔2014〕10号”。接着秦丽又翻开发文登记簿，认真填写相关内容，这是属于发文办理的　　　　　　程序。以下是嘉兴物业服务有限公司的发文登记簿，请你模拟填写。

**嘉兴物业服务有限公司发文登记簿**

| 序号 | 发文日期 | 发文字号 | 文件标题 | 成文时间 | 秘密等级 | 缓急程度 | 附件 | 印刷份数 | 主送机关 | 抄送机关 | 签收人 | 归档日期 | 存档号 | 备注 |
|---|---|---|---|---|---|---|---|---|---|---|---|---|---|---|
| | | | | | | | | | | | | | | |

3. 完成登记后，秦丽又对文稿进行了一次细致检查，然后把定稿打印出来，装订成正式文稿。这一连串工作属于发文办理的　　　　　　程序，其规范要求是：

4. 当天下午，秦丽再次校对后，将定稿和打印好的正文一式三份拿到机要室；公章保管员李娟完成相关手续后，逐一给打印稿盖上公司公章；秦丽再次认真查看已盖上公章的文件，确认无误才将该文件中的一份文件装入专用信封，封口后亲自送至蓝天城市控股集团办公室，交给了该办公室的文秘人员。这些工作属于发文办理的　　　　　　程序，分别属于　　　　　　环节，其规范要求是：

## 技能提要

（1）文书的发文办理工作是将文稿变为文件的工作，是文书办理的基础环节，也是影响文书运转质量的重要环节。《条例》规定的发文办理的主要程序是“复核—登记—印制—核发”，其中有两次涉及核查工作，因此，在实际工作中必须反复认真地检查落实各相关要素，有经验的文秘人员会在付印时再次检查并校对、确认，确保发文办理的质量和规范。

（2）文书附注的阅读、传达范围是指文书发至的机关级别和传达对象的范围，文书的传达范围必须按照发文机关的要求严格执行。

（3）虽然《条例》并未强调用印，但在实际工作中，用印往往是文书核发的最后一道关卡，如介绍信、证明信、奖状、证书等日常事务文书，以及除纪要等个别文种以外的公文，都要用印确认发文单位的法定效力，因此，在发文办理的过程中，不能忽略用印环节。

## 相关知识

### 一、发文办理的程序与要求

发文办理是指在文书拟制、签发、定稿后为印制发放文书所进行的文书处理工作，是将文稿变成文本、文本变成文件的重要程序，主要包括“复核—登记—印制—核发”四大程序。

#### 1. 复核

经发文机关负责人签批的定稿，印发前应当对其审批手续、内容、文种、格式等进行复核；需做实质性修改的，应当报原签批人复审。复核任务由文秘部门承担。

#### 2. 登记

对复核后准备印制的文稿，要确定发文字号、分送范围和印制份数，并进行发文登记。发文登记应详细记载发文的主要内容和基本要素，以便日后核查管理。发文登记项目包括发文时间、发文单位、文件字号、文件标题、秘密等级、印刷份数、发文字号等。常见的文书登记形式如下。

（1）簿式登记，即用预先装订成册的登记簿进行登记。此法易于保存，应用较广，适合按时间顺序进行流水登记。

（2）卡片式登记，即用单张卡片进行登记，每张卡片登记一份文书或一组内容联系紧密的文书。此法便于多人同时登记，利于分类查找，但容易散乱丢失，若分类不当则不便查找。中型单位多采用此法。

（3）联单式登记，即采用一次复写两联或两联以上的方式进行登记。联单式登记能够减少重复登记的手续，提高办文效率，但不便于保管和整理。个别单位会采用这种形式。

#### 3. 印制

印制环节应坚持“检查—付印—校对—装订”的工作流程。

印制主要包括付印和装订两道工序。付印是指对文件进行誊抄、缮写和印刷的工作，其主要方式有手工缮写、打字，或是油印、电脑打印及复印机复印等。文书印制必须确保质量和时效。公务文书文字的颜色，一般采用黑色。涉密文书应当在符合保密要求的场所印制。装订时不得掉页，骑马订或平订的两个外钉眼距版面上下边缘各 70mm。

#### 4. 核发

核发环节应坚持“校对—用印—分装—封发”的工作流程。

（1）文书印制完毕，应当对其文字、格式和印制质量进行再次检查确认，并核对印发范围。文书的印发范围应当按照发文机关的要求执行；需要变更的，应当经发文机关批准。涉密文书公开发布前应当履行解密程序。文书公开发布的时间、形式和渠道，由发文机关确定。

（2）再次校对后，将定稿和打印好的正文拿到机要室，完成相关手续后，逐一给打印稿盖上公司公章。

（3）分装、封发。对文书进行封装并发往指定单位的工作是文书封发。封装时要注意检查收文单位的地址等信息内容是否正确无误；信函的附件是否齐全，是否放进邮件；涉密文书应当通过机要交通、邮政机要通信、城市机要文件交换站或者收发件机关机要收发人员进行传递，通过密码电报或者符合国家保密规定的计算机信息系统进行传输。

**发文办理四大程序提要**

| 程序 | 提要 |
|---|---|
| 复核 | ·对象：已签发定稿的审批手续、内容、文种、格式等。<br>·要求：全面、细致；需做实质性修改的，应当报原签批人复审。 |
| 登记 | ·确定发文字号、分送范围、印制份数。<br>·进行发文登记，详细记载待印制文书的主要内容和基本要素。 |
| 印制 | ·工作流程为：“检查—付印—校对—装订”，印制应确保质量和时效。<br>·涉密文书应当在符合保密要求的场所印制。 |
| 核发 | ·工作流程为：“校对—用印—分装—封发”，涉密公文的传递要符合保密规定。 |

## 二、关于发文版本

根据定稿印制成的文件称为文本。文本主要有两种分法：

### （一）本文可分为正本、副本和存本

#### 1. 正本

正本是根据定稿印制的、用于向外发出的正式文本。如既有主送机关，又有抄送机关，

则正本用于发往主送机关。正本具有标准规范的格式和生效标志，具有实际的法定效力，其证据价值得到法律的认可和保护。经批准公开发布的文书，同发文机关正式印发的文书具有同等效力。

**2. 副本**

副本指正本的复份或复制本，其作用是代替正本供抄送、传阅、存档备查。在形式上与正本完全相同的，统称为副本；如果只是正本的部分内容，则称为摘录副本或节录副本。

（1）当有主送机关和抄送机关之分时，主送件是正本，抄送件应视为副本。

（2）发文机关的正式文件在制成发出并留下存本后，其他供机关内部作为资料参考使用的多余份数应视为副本。

（3）收文机关根据收到的正式文件复制的一切文本，即使是具有行政、法律效力，都应一律视为副本。

**3. 存本**

存本是指发文机关印制一份文件的正本后留在本机关的除草稿、定稿以外的印制本。存本是根据正本印制甚至是与正本同时印制出来的，除无公章和未签署外，具有正本所有的文件格式和附加标记。

**（二）本文可分为试行本和暂行本**

**4. 试行本**

试行本指发文机关认为规范类文书的内容尚不成熟，日后需根据实践的检验情况予以修订时，先行发布的试行文本。试行本在试行期内具有法定效力。其明显标志是在标题后用圆括号注明“试行”字样。

**5. 暂行本**

暂行本指发文机关一时来不及制定供长期执行的内容完善的规范类文书时，暂且制发的文本。暂行本在暂行期内具有法定效力。其明显标志是在标题中或标题后注明“暂行”字样。

## 巩固训练

11 月 18 日，嘉兴物业服务有限公司收到蓝天城市控股集团《关于嘉兴物业服务有限公司开展 2014 年度中层管理人员综合考评工作的批复》，公司杨总经理批示，按原计划于 12 月开展考评工作。拟制好此事的通知后，秦丽将开始新一轮发文处理工作。

请按照所学发文办理程序，三人一组，分别扮演杨总经理、张主任和秦丽，完成下列任务。

（1）演示通知的发文办理过程。

（2）列出实际操作的发文程序图。

# 职业技能鉴定指导

## 一、知识与技能要点

### （一）知识要点

1. 发文办理的程序与要求。
2. 文书印制的质量要求。

### （二）技能要点

1. 熟悉发文办理程序。
2. 能够熟练掌握文书发文办理方法。

## 二、模拟训练

### （一）单项选择题

1. 文书附注的阅读、传达范围是指文书发至的机关级别和（　）

A．传达对象的范围　B．抄送机关的范围　C．主送机关的范围　D．协办对象的范围

2. 对文书进行封装并发往指定单位的工作是（　）

A．文书封发　B．文书移交　C．文书分办　D．文书邮寄

3. 文书正式印制之前，承担复核任务的是（　）

A．印刷部门　B．文秘部门　C．签发人　D．单位领导

4. 用预先装订成册的登记簿进行登记的形式是（　）

A．分类登记　B．簿式登记　C．名录登记　D．联单登记

### （二）多项选择题

1. 秘书在发函时，要注意的是（　）

A．信函的附件是否齐全，是否放进邮件　B．检查收文单位的信息是否准确

C．信函的正文是否齐全，是否放进邮件　D．涉密函件通过正常渠道封发即可

2. 文书付印的方式有（　）

A．油印　B．打字　C．电脑打印　D．手工缮写

3. 下列说法不正确的是（　）

A．复核是发文过程的最后一道把关环节　B．复核任务由文秘部门承担

C．文书印制必须确保质量和时效　D．文书印制后就要公开发布

### （三）判断题

1. 涉密文书应当在符合保密要求的场所印制。（　）
2. 文书登记是发文办理程序中的最后一道程序。（　）
3. 对复核后准备印制的文稿，要确定发文字号、分送范围和印制份数，并进行发文登记。（　）
4. 经发文机关负责人签批的公文，若需做实质性修改的，应当报原签批人复审。（　）
5. 文书印制完毕，文秘人员无需对公文进行任何形式的检查。（　）

### （四）技能操作题

背景说明：假设你是唯冠公司的秘书王森，下面是办公室王主任交给你的工作任务。

王森：

《党政机关公文处理工作条例》2012 年 7 月 1 日实施以来，我公司部分文秘人员依然

存在使用旧规定处理公文的现象，请你根据《条例》的规定，准备一份书面材料发给他们，重点介绍发文办理的程序及注意事项。

谢谢！

办公室主任　王泳

2014 年 5 月 15 日

# 任务评价

**任务评价表**

| 项目 | 等级 | | | 个人评价 | 小组评价 | 教师评价 |
|---|---|---|---|---|---|---|
| | A | B | C | | | |
| 能力达成 | 能按照发文办理程序和要求正确进行发文办理 | 能按照发文办理程序进行发文办理，错漏较少 | 基本掌握发文办理程序，错漏较多 | | | |
| 知识掌握 | 熟知文书发文办理的工作内容，正确理解发文办理相关要求 | 能够了解文书发文办理的工作内容，能够理解发文办理相关要求 | 基本了解文书发文办理的工作内容，对发文办理相关要求的理解不够全面 | | | |
| 学习态度 | 任务实施过程中精力集中，全身心投入 | 主要任务环节认真投入，能基本完成任务 | 能参与任务实施全过程，但缺乏主动性 | | | |

# 任务二 收文办理

## 任务情境

12 月 8 日，嘉兴物业服务有限公司办公室收到宏远建设有限公司发来的《关于合作开发宏远家园项目的函》（宏建函〔2015〕12 号），秦丽开始收文办理工作。

## 任务实施

1. 邮递员送来信件，秦丽发现只有一份公函，核对无误后签上姓名和时间。这属于收文办理的　　　　程序，应注意：

2. 秦丽开启公函，开始登记工作。以下是收文登记簿的样式，请你模拟填写相关项目。

**嘉兴物业服务有限公司收文登记簿**

| 收文序号 | 收文时间 | 来文单位 | 来文标题 | 来文字号 | 秘密等级 | 紧急程度 | 份数 | 承办单位 | 签收人 | 复文字号 | 归卷日期 | 存档号 | 备注 |
|---|---|---|---|---|---|---|---|---|---|---|---|---|---|
| | | | | | | | | | | | | | |

3. 秦丽阅读了宏远公司的来函，发现该函所谈事宜与公司关系密切，于是填写了文件处理单，将该函及时呈送张主任审批。这属于收文办理的　　　　程序，主要应审核　　　　。请代秦丽填写以下文件处理单。

**嘉兴物业管理服务有限公司文件处理单**

| 来文单位 | | 来文字号 | | 收文日期 | | 秘密等级 | |
|---|---|---|---|---|---|---|---|
| 文件标题 | | | | 份　　数 | | 紧急程度 | |
| 传阅签名 | | | | | | | |
| 拟办意见 | | | | | | | |
| 批办意见 | | | | | | | |
| 处理结果 | | | | | | | |

4. 秦丽填写了文件处理单，将函及时呈送张主任审批。张主任在“拟办意见”栏内写下：“拟请拓展部办理。请批示。”秦丽将写有拟办意见的文件处理单呈送杨总经理审批，杨总经理在“批办意见”栏内写下：“同意。请拓展部做好对接工作。”这些工作属于收文办理的　　　　程序，其注意事项有：　　　　。请根据上述内容填写以下文件处理单。

**嘉兴物业管理服务有限公司文件处理单**

| 来文单位 | | 来文字号 | | 收文日期 | | 秘密等级 | |
|---|---|---|---|---|---|---|---|
| 文件标题 | | | | 份　　数 | | 紧急程度 | |
| 传阅签名 | | | | | | | |
| 拟办意见 | | | | | | | |
| 批办意见 | | | | | | | |
| 处理结果 | | | | | | | |

5. 秦丽将该文件送至承办部门，当面交给拓展部负责人李主任阅办。这属于收文办理的＿＿＿＿＿程序，其注意事项有：＿＿＿＿＿

6. 秦丽借助备忘本的提醒，填写了文件催办单，并带着催办单前往拓展部，说明来意，请李主任在催办单上签字。李主任按规定在被催办单位栏签字。他已办妥该项工作，只是一时忙碌，没能及时完成后续工作。略表歉意之后，他在文件处理单上填好了处理结果和其他有关内容，签上他的姓名后，将原件交还给秦丽，秦丽表示感谢。请分析秦丽的催办工作是否规范？以下是文件催办单，请根据上述情况完成填写工作。

**嘉兴物业服务有限公司文件催办单**

<table>
<tr><td>嘉兴物业服务公司办公室催办文件通知单（存根）<br>被催办单位：（签章）<br>文件标题：<br>催办日期：<br>催办人：</td></tr>
<tr><td>催办文件通知单<br>＿＿＿＿：<br>《＿＿＿＿＿＿＿＿》（收文号＿＿＿＿＿＿）已于＿＿＿＿年＿＿＿月＿＿＿日交给你们承办，请将处理情况速告公司办公室。<br><br>嘉兴物业服务公司办公室<br>年　月　日</td></tr>
</table>

7. 秦丽根据文件的批办情况，拟制了《关于合作开发宏远家园项目的复函》。完成一系列发文办理程序后，秦丽又将复函按来函地址邮寄给宏远建设有限公司办公室。这属于收文办理的＿＿＿＿＿程序，应注意的事项有：＿＿＿＿＿

秦丽还需要完成的一个步骤，即填写＿＿＿＿＿

## 技能提要

（1）熟悉收文办理的程序。凡是只标明单位名称，未标明具体受文对象（如个人姓名、部门或职务名称等）的来文，都应该由办公室文秘人员签收。在签收与登记环节中，要懂得捕捉与本单位关系密切的重点信息并及时登记。传阅文件时，要按照轻重缓急程度及时呈送，呈送的顺序要正确，要遵循先主办后协办的原则。

（2）掌握收文办理的技巧。呈送文件给领导审阅时，要避免影响领导工作；催办时要不卑不亢，注意沟通技巧，记得填写催办单。

（3）规范管理收文办理过程。收文办理环节较多，应设置相应表单供相关人员签字确认。

## 相关知识

### 一、收文办理的程序与要求

对收到文书的办理与管理活动称为收文处理。收文办理指收到外来文件后，在机关内部及时运转直到阅办完毕的全过程。

#### 1. 签收

对收到的文书应当逐件清点，拆封检查，核对无误后签字或者盖章，并注明签收时间。

#### 2. 登记

（1）登记的意义。登记是核对与交接文书的凭据，可以记录文书的来往和处理情况，控制文书的运转，明确交接责任。因此，秘书要加强责任心，重视对来件的登记，避免由于漏登，而无法了解文件的接收者、传递情况和处理情况。

（2）登记的项目。《条例》明确规定，对公文的主要信息和办理情况应当详细记载。可填写收文登记单，收文登记项目一般包括收文序号、收文时间、来文单位、来文标题、来文字号、秘密等级、紧急程度、份数等，重要文书还要将之后的办理过程中的处理情况、处理时间、处理人等信息在登记表的备注中做摘要记录。

（3）登记的方法。收文登记的方法与发文登记一样，也有簿式登记、卡片式登记和联单式登记三种形式。采用联单式登记，文书收受人员和登记人员可在不同时间、不同地点分别填写。填写完的联单，一联保存，另一联或两联随同文书送承办人员或单位继续登记，文书办理完毕后统一归档保存。

#### 3. 初审

（1）审是否应当由本机关办理，是否符合行文规则，文种、格式是否符合要求，是否符合公文起草的其他要求。

（2）审涉及其他地区或者部门职权范围内的事项是否已经协商、会签。

（3）经初审不符合规定的文书，应当及时退回来文单位并说明理由。

#### 4. 承办

承办环节的工作内容主要是明确承办部门、填写文件处理单。

（1）办理阅知性文书，应当根据文书内容、要求和工作需要确定范围后分送；属于单位日常事务性的，已有明确办理分工的文书，应该按主管业务的分工范围分送给有关部门或承办人。

（2）办理批办性文书，应当提出拟办意见报本机关负责人批示或者转有关部门办理；需要两个以上部门办理的，应当明确主办部门。

（3）紧急文书应当明确办理时限。

（4）承办部门应当及时办理交办的文书，有明确办理时限要求的应当在规定时限内办理完毕。

**5. 传阅**

传阅即根据领导批示和工作需要将文书及时送达相关对象阅知或者批示。正确的传阅方式有分阅、专阅、集中传阅等形式。办理文书传阅应当随时掌握文书去向，不得漏传、误传、延误。传阅文件应在规定的收文时间内交还办公室，以便继续传阅。重要但非保密文件可以复印备查。保密文件应在机要阅文室传阅，一般不得复制，确有工作需要复制的应当经发文机关或者上级机关批准。

此环节应填写文件传阅单，并遵循先主办后协办的发文原则。

**6. 催办**

派员催办的原因通常是上级下达了紧急重要的决定或决议，催办人员应及时了解掌握文书的办理进展情况，督促承办部门按期办结，并填写催办单以明确责任。紧急文书或者重要文书应当由专人负责催办。

此环节应填写文件催办单。

**7. 答复**

文书的办理结果应当及时答复来文单位，并根据需要告知相关单位。若是重要事项，还应该填写办文反馈表。

**收文办理程序图**

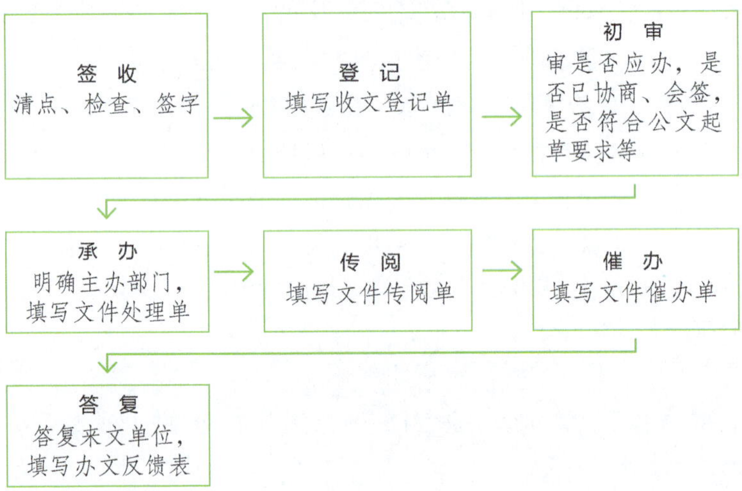


## 二、文书传阅技巧

**1. 公文呈送要选择好时间**

文秘人员给领导呈送公文，要掌握领导的工作规律和作息时间，尽量避免干扰领导的工作思路。

**2. 公文要按内容的重要程度摆放**

文件收启后，文秘人员必须先阅读文件内容；呈送文件给领导时，要注意摆放顺序，一般来说，应按公文内容的重要程度排序，将与本单位有直接关系的文件放在最上面，以此类推。

**3. 传阅公文要掌握传阅范围**

文秘人员在传阅文件时，应严格按照规定范围和领导批办范围组织传阅。领导阅知完毕，秘书人员应及时将文件取回。取回文件时同样要遵循避免干扰领导工作思路的原则，除非有紧急情况。文件取回时，需查看审阅文件人是否签字或盖章；如果领导有批示意见，要及时处理；要清点文件的份数，如果发现文件有缺失，还要及时询问领导，追查下落，直到找到为止；要将取回的文件重新整理顺序，再呈送下一位领导。

**4．公文传阅的其他技巧**

公文传阅过程中，可能会出现一些特殊情况。例如，某位领导外出，要及时将文件传给下一位领导，待这位领导回来后再补传；如果后面的领导有批示意见，还要将文件再回传给前面的领导阅知；如果文件的内容比较具体，应先给分管的领导送阅，其他的领导再延续阅知；如果涉及具体部门处理的，应在呈送给领导阅知的同时，复印呈送有关部门处理。这些问题都需要文秘人员根据具体情况灵活地掌握，切忌过于死板，机械地、教条地、僵化地传阅。

## 巩固训练

嘉兴物业服务有限公司收到蓝天城市控股集团《关于广泛开展灭蚊活动，积极预防登革热的通知》。请四人一组，分别扮演杨总经理、办公室张主任、秦丽秘书、承办部门领导，演示此文件的收文办理过程，并画出此文件的收文办理流程图。

## 职业技能鉴定指导

### 一、知识与技能要点

**（一）知识要点**

1. 文书的签收与登记要求。
2. 文书的收文办理程序。

**（二）技能要点**

1. 能够做好文书的收文登记工作。
2. 能够熟练掌握文书的收文办理程序及技巧。

### 二、模拟训练

**（一）单项选择题**

1. 正确的文书签收的工作步骤是（　）

A．签字、清点、检查　　B．检查、签字、清点

C．清点、检查、签字　　D．签字、检查、清点

2. 进行文件传阅要遵循的原则是（　）

A．先拟办后批办　　B．先集中后分散　　C．先批办后承办　　D．先主办后协办

3. 属于单位日常事务性的，已有明确办理分工的文书，应该做的是（　）

A．按主管业务的分工范围分送给有关部门或承办人

B．秘书人员按照相关规定，自行处理有关事项

C．先送给主管领导批准后，再送给有关部门或承办人

D．文书部门发一则通知，要求相关部门前来领取相关文件

（二）多项选择题

1. 正确的传阅方式有（　　）

A. 分阅　　B. 专阅　　C. 横向传阅　　D. 集中传阅

2. 派员催办的原因通常为（　　）

A. 领导重视　　B. 决议或决定紧急　　C. 决议或决定重要　　D. 需要当面反馈信息

3. 收文登记项目应包括（　　）

A. 收文时间　　B. 来文单位　　C. 来文标题　　D. 份数

（三）判断题

1. 文书承办要严格按照收文时间顺序处理。（　）

2. 答复是公文收文办理的环节之一。（　）

3. 紧急公文应当明确办理时限。（　）

4. 秘书的工作之一就是公文处理，因此，秘书可以开启任何邮件。（　）

5. 经初审不符合规定的公文，应当及时退回来文单位并说明理由。（　）

（四）技能操作题

背景说明：你是兴隆公司的秘书雷晓雯，下面是办公室主任交给你的工作任务。

雷晓雯：

公司后天要组织一次收文办理技能培训，你负责介绍收文处理中的传阅与催办工作，请你先准备一个书面材料，重点强调公文传阅与催办的注意事项。

谢谢！

办公室主任　许志文

2014年4月5日

# 任务评价

任务评价表

| 项目 | 等级 | | | 个人评价 | 小组评价 | 教师评价 |
|---|---|---|---|---|---|---|
| | A | B | C | | | |
| 能力达成 | 能按照收文办理的程序和要求正确进行收文办理 | 能按照收文办理的程序和要求进行收文办理，工作无太多错漏 | 基本掌握收文办理的程序与要求，但办理收文有一定困难，错漏较多 | | | |
| 知识掌握 | 熟知文书收文办理的工作内容，能够全面正确理解收文办理相关要求 | 能够了解文书收文办理的工作内容，基本理解收文办理的相关要求 | 基本了解文书收文办理的工作内容，对收文办理相关要求的理解错误较多 | | | |
| 学习态度 | 任务实施过程中精力集中，全身心投入 | 主要任务环节认真投入，能基本完成任务 | 能参与任务实施全过程，但缺乏主动性 | | | |

# 任务三 印章使用与保管

Task 3

## 任务情境

11 月 15 日上午，公章管理员李娟正在浏览电脑上的资料，办公室秘书秦丽敲门进来，送来三份刚打印的文稿，申请盖章。李娟伸手关闭电脑屏幕，开始办理公章使用业务。

## 任务实施

1. 李娟接过秦丽手上的资料，发现这是一份新打印的文稿，标题是“嘉兴物业服务有限公司关于开展 2014 年度中层管理人员综合考评工作的请示”，但秦丽没提供用印申请单和定稿，李娟拒绝盖章。李娟坚持规范用印的做法是正确的，因为

2. 秦丽此时才发现自己忘记把主任已签字的用印申请单和定稿拿上，她希望李娟先给她盖章，回头再把用印申请单和定稿带来给李娟，李娟没有答应。秦丽马上回办公室拿来用印申请单和定稿，李娟认真检查了定稿所附发文签批单，确认文稿上有杨总同意发文的签字，秦丽送来的文稿内容与定稿也相符，用印申请单也有李主任的签字，于是开始下一步程序。李娟这是在审核　　　　，李娟的操作　　　　，因为

3. 李娟让秦丽填写发文用印登记表，这是履行　　　　手续。请你代秦丽完成登记工作。

**嘉兴物业服务有限公司发文用印登记表**

| 序号 | 用印日期 | 印章名称 | 发往单位/个人 | 文件名称（用章事由） | 盖章份数 | 使用部门 | 用印人 | 审批人 | 备注 |
|---|---|---|---|---|---|---|---|---|---|
| | | | | | | | | | |

4. 李娟检查了秦丽填写的内容，确认无误后，打开文件柜，拿出钥匙，再去打开另一个柜子，在一个盒子中取出公章。她仔细查看公章，然后给打印稿盖章，印章印痕端正地盖于公司名称的中部上，位置正好骑年盖月。

（1）李娟的盖章过程是否规范？

（2）右边是某同学练习盖章的样图，请你检查评价。

5. 秦丽离开机要室，李娟将该文件的定稿及正文一起放入文件柜专门的文件盒中，以方便年终时统一进行立卷归档工作。此事办结后，李娟想起该清洗印章了，刚才的公章印痕不太清晰，于是她将盒里的印章全部取出来，用专门的清洁刷将所有印章洗刷干净，然后将它们轻轻地放回专门的盒子里，锁上柜门，再将钥匙放于原来的文件柜里。李娟清洗印章符合印章的＿＿＿＿＿规范要求，清洗印章的作用是：＿＿＿＿＿＿＿＿＿＿＿＿。印章保管还有以下注意事项：＿＿＿＿＿＿＿＿＿＿＿＿＿＿＿＿＿＿＿＿＿＿＿

## 技能提要

（1）要熟悉印章使用保管制度，防止错漏。印章是党政机关、企事业单位、社会团体和个人的信物标志，具有标志作用、权威作用、法律和凭证作用。作为印章保管者和使用者，文秘人员必须熟悉印章刻制的规定、印章的使用与保管制度，自觉严格遵守印章的使用程序及规定。

（2）要严格照章办事，杜绝安全隐患。文书材料一经加盖印章，就代表着用印人对其法定效力的确认和法定职权的施行，也意味着用印人必须承担法定义务和法律责任，所以，加盖印章是一种法律行为。作为印章保管者和使用者，责任非常重大，必须有法律意识，不仅要熟练掌握印章使用手续，在具体工作过程中，更要按章办事，牢记制度，严守程序，确保公章权力的正确发挥。

## 相关知识

### 一、印章的种类与使用范围

党政机关、企事业单位、社会团体印章主要包括单位法人公章、法人代表个人名章、财务章等，多数企业还有合同章、发票章，有些单位还有业务专用章、部门专用章等。

（1）党政机关、企事业单位、社会团体用自己法定主体行为名称制作的签名印章，称为单位法人公章或行政章，俗称“公章”。凡以单位名义决策管理、处理行政事务、宣传公关、发生对外业务、签订合同协议等相关文书需加盖公章或合同专用章。

（2）单位内凡属部门与单位、部门与部门业务范围内的工作文件等，要加盖部门印章。

（3）凡属对外开具的票据、财务报表等财务会计业务、金融事务的文书，要用财务专用章。

### 二、印章的管理要求

#### 1. 印章的刻制

单位公章、钢印、法人代表的签名章及单位内设部门的印章，必须严格遵守国家有关文件的规定进行刻制，任何机关未经批准，不得自行联系刻章。我国对公章的管理有健全的司法管理体系，任何私刻都属违法犯罪行为。

**2. 印章的启用**

印章启用时，使用印章机构应将印模和启用日期一并报送颁发机构备案，并要立案归档，永久保存。

**3. 印章的使用**

（1）未经本单位领导批准授权，不得擅自使用单位印章，更不得将印章交由本单位职工以外的人员管理使用。加盖印章是一种法律行为，党政机关、企事业单位、社会团体必须建立健全的印章管理制度，加强用印管理，严格审批手续。

（2）不得在当事人或委托人所持空白格式化文件上加盖印章。用章材料必须已经填写完毕，字迹须清晰、正确，落款单位必须与印章一致。

（3）严禁员工私自将单位印章带出单位使用。若因工作需要，确需将印章带出使用，需填写携带印章外出申请表，并由分管领导及最高领导签批后方可带出。印章外出期间，借用人只可将印章用于申请事由，并对印章的使用后果承担一切责任。

**4. 印章的保管**

（1）印章保管须有记录，注明印章名称、制发部门、枚数、收到日期、启用日期、领取人、保管人、批准人、图样等信息。

（2）专人负责管理。正副职领导不得保管印章，印章管理员和用章审批人不得一人同时兼任；印章管理员是履行印章管理职责的主要责任人，负责印章的日常管理和使用；财务人员不得兼任印章管理员。印章必须由政治上可靠，工作上责任心强，懂得印章管理和使用法规、规范要求并了解本单位情况的人员来负责管理，以便从组织上保证印章的正确使用。

（3）确保安全可靠。印章应选择安全保险的地方存放和保管，印章管理人员不得将锁存印章的钥匙委托他人代管。节假日在存放印章的地方应加锁或加封条，假期结束后重新启用时要检查是否有被盗用痕迹。如印章管理人员因事离开岗位需将印章移交他人，可由部门负责人指定专人代替，但必须办理移交手续，并填写印章移交登记表。存放印章铁柜的钥匙若发生被抢、被盗、遗失、损坏等情况，应立即报告公司领导、公司办公室或报警，同时应立即采取补救措施处理，严禁瞒而不报，自行处理。

（4）注意印章保养。平时使用印章要注意轻取轻放，避免破损。同时要注意经常洗刷，防止印泥和其他污物将刻痕填塞，以保持图案和印纹的清晰。

## 三、印章的使用程序

**1. 填写用印申请单**

盖用单位公章时，用印人必须填写用印申请单，经本单位的主要负责人或经主要负责人授权的专人审核签名批准。

**2. 审核用印资格**

盖印前，印章管理人员必须对用印的文件内容认真审核，确认相关领导的用印批示，确认与申请用印的文件内容相符且份数一致后，才能盖章。盖章的文件应立卷归档。

### 3. 履行用印登记手续

印章管理部门需编制用印登记表，每次用印，都必须进行详细登记，以备发生意外时核查。登记的项目有用印日期、文件名称（用章事由）、发往机关（单位）、盖章份数、签发人、用印人、审批人等。

### 4. 准确规范盖印

正式文书只在文件落款处加盖印章，其标准位置是上不压文，下要骑年盖月，印章顶端应当上距正文（或附件说明）一行之内，以防止被人在空白处私自加入其他内容。盖章一律以红色印油为标准。盖章要端正、清晰。钢印应加盖在照片上人物的脖子、衣领以下与证件交接的部位，不得加盖在照片人的头部，更不得盖在脸上，以免凹凸作用使面部发生细微改变，影响辨认效果；加盖钢印后，照片不许印上字迹或图案，不能仅有钢印圆弧印迹，以免仿造或自行更换照片；钢印印迹尽量正置，以示盖印机关的权威性和严肃性。

## 四、印章的停用

### 1. 印章停用处理

机关正式印章在该机关名称变更，机构撤销、合并或因其他原因不复存在时，停止使用。停用印章要发文通知有关单位，并在通知中说明停用的原因，标明停用印章的印模和停用时间。

### 2. 印章的存档和销毁

停用作废的正式印章要及时送交原颁发机关封存或销毁，不得在原使用机关保存。销毁印章应报经单位负责人审核批准。主管印章的人员应在销毁现场实地监销。所有销毁的印章都要留下印模存档，以备日后查考。

# 巩固训练

两人一组，分别扮演秘书和公章管理员，利用相关工具，模拟演练公章使用程序，并将使用程序以表格形式归纳出来。

# 职业技能鉴定指导

## 一、知识与技能要点

### （一）知识要点

1. 熟悉印章的保管知识。
2. 掌握印章的使用规定。

### （二）技能要点

1. 能够熟练掌握印章的使用程序。

2. 能够熟练掌握印章使用方法。

## 二、模拟训练

### （一）单项选择题

1. 关于印章管理的叙述，说法正确的是（　）

A．印章刻制后即可使用　　B．盖章必须要骑年盖月

C．单位撤销时印章自动作废　　D．秘书部门的工作人员都能盖章

2. 关于印章的刻制，下列说法正确的是（　）

A．根据工作需要随时刻章　　B．任何情况下都不允许私刻公章

C．遗失公章后可私自刻章　　D．可应他人要求私自刻章

3. 公章能否交给本单位职工以外的人员管理使用？（　）

A．严禁交出　　B．视情况而定

C．可交给用章审批人　　D．可交给承包人

### （二）多项选择题

1. 担任公章管理员的人选应符合的条件包括（　　）

A．政治上可靠　　B．经公司办公室岗前培训考核合格

C．有相应工作能力　　D．工作上责任心强

2. 存放公章的铁柜上的钥匙若发生被抢、被盗、遗失、损坏等情况，应如何处理？（　　）

A．立即报告公司领导　　B．立即采取补救措施处理

C．报告公司办公室　　D．不上报，自行处理

3. 关于印章的保管和审批，下列说法正确的是（　　）

A．正副职领导不得保管印章

B．印章管理员和用章审批人应为同一人

C．印章应由部门领导保管

D．印章管理员和用章审批人不得一人同时兼任

### （三）判断题

1. 印章启用时，使用印章机构应将印模和启用日期一并报送颁发机构备案，并要立卷归档，永久保存。（　）

2. 为方便工作，印章管理员可将锁存印章的钥匙委托审批人保管。（　）

3. 任何文件，只要有领导人的批准就可以盖章，而且不需要存档。（　）

4. 停用作废的正式印章要及时送交原颁发机关封存或销毁，不得在原使用机关保存。（　）

5. 不符合规定的和不经主管领导签发的文件、合同等，印章管理员有权拒绝用印。（　）

### （四）技能操作题

背景材料：李娟是嘉兴公司的公章管理员，下面记录的是她的工作过程。

身着工作套装的李娟正在整理文件，办公室的何伟强推门进来，申请使用公章，并把用印申请单递给李娟。李娟接过来看了看，说："哟，张主任没有签字，我不能给你盖章。"周伟有些着急，说："我已经跟张主任说过了，他同意了。""别急，我问一下。"李娟说着拨通了张主任的电话。

李娟："张主任，何伟强去天地公司联系业务需要开介绍信，您没有在用印申请单上签

字，您看怎么办？”张主任说：“噢，这事我知道，我正在开会，你先给他开介绍信，一会儿我补一下签字。”李娟说：“好的。”

李娟随手从桌子上的文件夹中取出介绍信，填好相关内容，然后从抽屉里拿出公章。因为着急，李娟盖章的位置虽正确，但章盖倒了。

李娟将介绍信递给何伟强。何伟强接过来看了看，“李娟，能不能给我开几张空白介绍信，每次都要找主任签字，太麻烦了！”

李娟一边在文件夹中找用印登记本，一边回答：“这恐怕不行，你用的时候再来开就是了。”“那好吧。”周伟无奈地说，“我走了啊！再见！”李娟说：“再见。”李娟翻开用印登记本，根据用印申请单在上面进行登记。

**请找出李娟用印工作中正确或错误的地方。**

## 任务评价

**任务评价表**

| 项目 | 等级 | | | 个人评价 | 小组评价 | 教师评价 |
|---|---|---|---|---|---|---|
| | A | B | C | | | |
| 能力达成 | 能够熟练规范地进行公章使用的审核，能够熟练正确使用公章 | 能够规范地进行公章使用的审核，使用公章的方法基本正确 | 能够比较规范地进行公章使用的审核，使用公章的方法不够准确 | | | |
| 知识掌握 | 熟知公章的保管要求，熟悉公章使用的审核内容，熟悉公章的使用规定 | 了解公章的保管要求，了解公章的审核制度，了解公章的使用规定 | 了解公章的保管要求，对公章的审核制度和使用规定了解不够全面 | | | |
| 学习态度 | 任务实施过程中精力集中，全身心投入 | 主要任务环节认真投入，能基本完成任务 | 能参与任务实施全过程，但缺乏主动性 | | | |

# 项目二 整理与归档

## 项目概述

在党政机关、企事业单位、社会团体的日常工作中，会不断产生大量的文件材料，对于已经办毕的文件，需确认其价值、数量、状况，进行分类，最终决定其归宿。这个过程，就是文书办理的最后一个程序——整理与归档。归档是国家规定的一项制度，主要包括三方面的内容：归档范围、归档时间、归档案卷的质量要求。文秘人员必须了解文件的整理原则，熟练掌握文书归档的范围，对需要归档的文书进行整理，形成规范的档案盒后，再向机关档案室移交。本项目的学习任务主要是掌握文件收集与整理、文件归档与移交的方法和基本程序。

## 学习目标

知识目标

1. 理解文书收集的意义、范围与方法。
2. 理解文书的收集与整理方法。
3. 掌握整理归档的要求和移交手续。

技能目标

1. 能正确鉴别归档文件。
2. 掌握文件的分类方法。
3. 掌握文件的装订、排列、编号、编目、装盒和移交的方法。

# 任务一 文书收集与整理

Task 1

## 任务情境

年底，刚升任办公室副主任的秦丽同新上任的机要员兼秘书李娟忙着文书归档前的准备工作，秦丽首先带李娟进行文书的收集与整理，让她边学边做。

## 任务实施

1. 做好文书收集与整理工作的好处是：________。平时收集和年终收集文书都要遵循的原则是：________。以下是文书收集工作的重要环节或注意事项，请帮李娟归纳填写。

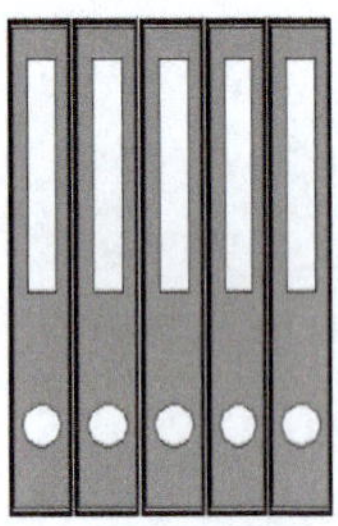

（1）设置档案盒，应根据本单位文件分类方案的________以及这些类目可能形成的文件数量，设置相应数量的________。

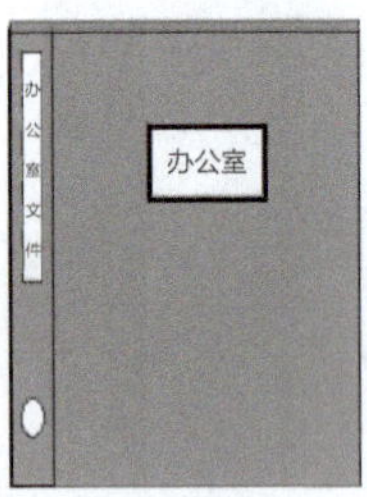


（2）在每个档案盒上标明________（类名）、________等。在日常的工作中，把________的应该归档的公文“________”地放入档案盒中。

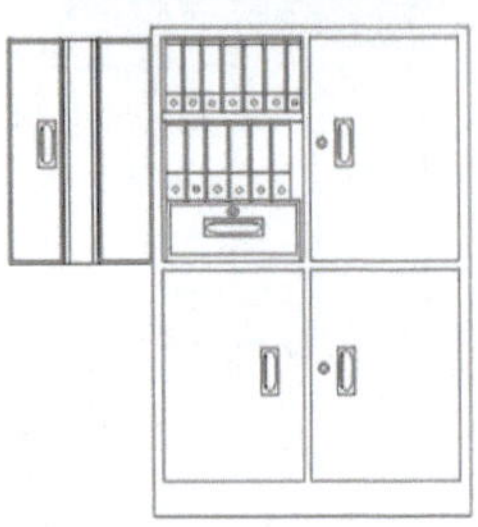

（3）将档案盒整齐地排列到________中。

2. 秦丽从分别贴着“办公室”、“人事部”等标签的档案盒中拿出平时收集的文书材料，要求李娟鉴别出需归档的文书材料。请你根据归类要求，帮其连线。

| | |
|---|---|
| 永兴分公司 2014 年工作报告 | 上级机关来文 |
| 嘉兴物业服务有限公司人事部 2014 年工作计划（草稿） | 同级或非隶属机关来文 |
| 南城市关于召开布置开展劳动竞赛会议的通知 | 无需归档材料 |
| 嘉兴物业服务有限公司关于表彰奖励优秀职工的决定 | 下级机关来文 |
| 雅正企业管理咨询公司提供的员工培训项目说明书 | 本机关文件 |

3. 文书材料经过鉴别后，要按分类方案进行分门别类的整理，以便于归档。嘉兴物业服务有限公司的内部机构比较稳定，公司采用的是“年度—机构—保管期限”分类方案。请补充填写下列图文框。

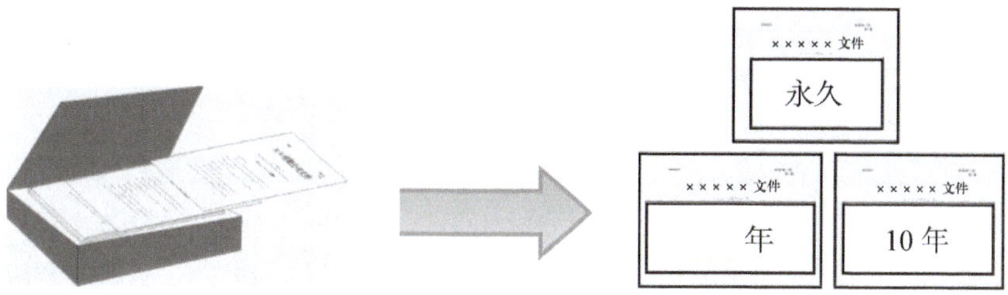


把文件从　　　　中拿出来，单位内设机构较多的，可按照问题或结构先对文件进行分类

按保管期限，将每一类文件分成三种保管期限

4. 以下是李娟对文件进行分类后填写的《归档文件分类表》，请你上网查阅《机关文件材料归档范围和文书档案保管期限规定》帮李娟检查修改。

| 年度 | 机构 | 保管期限 | 归档文件名称 |
|---|---|---|---|
| 2014 | 办公室 | 永久 | 嘉兴物业服务有限公司2014年度工作总结 |
| | | 10年 | 嘉兴物业服务有限公司2014年办公室会议记录 |
| | | 30年 | 嘉兴物业服务有限公司关于给予张颖同志警告处分的通报 |
| | 党委办 | 永久 | 嘉兴物业服务有限公司2014年党支部工作总结 |
| | | 10年 | 嘉兴物业服务有限公司2014年第一季度团委工作简报 |
| | | 30年 | 嘉兴物业服务有限公司关于开展评选优秀党员活动的通知 |
| | …… | …… | …… |

## 技能提要

（1）要注意及时收文。已经办理完毕的文书要及时收回并妥善保管。工作时要留意文书的去向，及时了解文书传阅的过程，及时收回传阅的文书，不能将文书长时间闲置在其他人员或部门手中。

（2）要注意合理选择文件的分类方案。应坚持合理稳定的原则，一个单位内部不能采取两种以上的分类方案，类目之间不得交叉。

# 相关知识

## 一、文书收集与整理的概念及程序

文书的收集与整理工作，是指将办理完毕却仍处于零散状态的文件，通过平时收集和年终整理进一步条理化，并达到系统化的过程，是一项重要的基础工作。其主要程序如下。

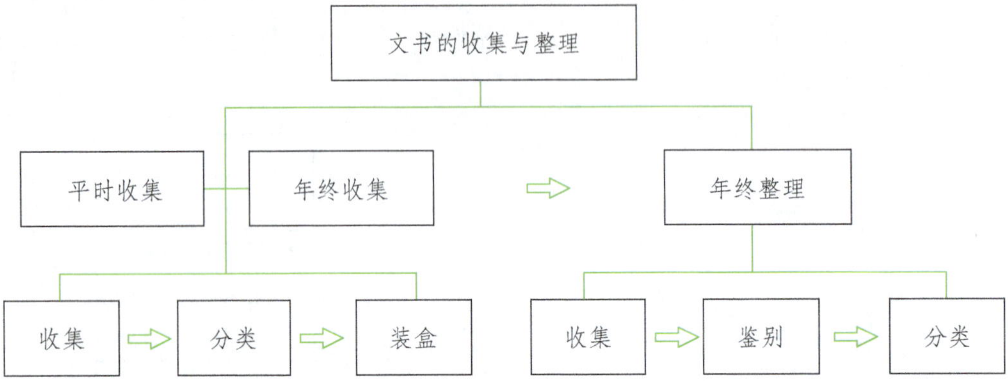


## 二、文书的收集

### 1. 收集的意义

收集文书材料是文书档案管理的前提和基础，可以将原本复杂繁琐的归档工作化整为零、化难为易，确保文件材料的归档率、完整率和准确率，还有利于随时查找利用文件，方便文件的日常查考、利用、管理。

### 2. 收集的范围与方法

《中华人民共和国档案法实施办法》规定："应当立卷归档的材料由本单位的文书或者业务机构收集齐全，并进行整理、立卷，定期交本单位档案机构或者档案工作人员集中管理，任何人都不得据为己有或者拒绝归档。"因此，凡是反映本机关工作活动、具有查考利用价值的文件材料均属归档范围，均应加以收集。

（1）平时收集。即平时工作中对某一次会议或某一事件所产生的文件，及时归入指定的档案盒，待年终整理时再进行处理。文秘人员平时应积极主动地催促承办人清退办理完毕的文件，要及时将处理完毕的文件归整，然后按分类方案及时将已办理完毕的文件材料归入指定的档案盒中，为年底或下一年初的整理和归档做好准备。

（2）年终收集。即对一年来所有本机关在工作活动中形成或使用的、办理完毕的，对今后工作有查考利用价值的公文、记录、机关出版物，以及各种图表、簿册、照片、录音、录像等材料进行收集汇总。一般在本年年底或下一年年初，文秘人员应根据本单位文件分类方案的最低一级类目和这些类目可能形成的文件数量，设置相应数量的文件盒。在每个文件盒上标明条款名称（类名）、顺序号等，把处理完毕的应该归档的文书材料"对号入座"

地放入这些文件盒中，再整齐地排列到文件柜中。

### 3. 收集的基本原则

收集的基本原则是齐全和完整。齐全和完整是指归档文件材料在种类、份数及每份文件的页数等方面都保持齐全和完整。

## 三、文件的鉴别

档案管理规定中要求对归档前的文书材料进行鉴别工作，如果不加鉴别就进入归档环节，会降低归档文书的整体质量。鉴别的目标是避免遗漏和不必要的重复，保证归档文书的完整和精炼。一般情况下，属于归档范围的文件只归档一份。不需要归档的文件可按制度销毁。

### 1. 需要整理归档的文书材料

（1）上级机关来文。上级机关来文包括针对本机关的指示性、指导性文件，本机关必须贯彻执行的文件，或与本机关业务有关、需要参照办理的文件。

（2）本机关文件。本机关文件包括反映机关主要工作职能活动和基本情况及今后工作还需要查考的文件材料，如请示、报告、计划、总结、重要简报、会谈记录等。

（3）下级机关来文。下级机关来文指向本机关报送的有关方针政策性的、请示性的或反映重要活动及反映较长时间内全面情况的文件。

（4）同级或非隶属机关来文。主要指同级或非隶属机关来文中与本机关业务有关的、有参考价值的文件。

### 2. 无需整理归档的文书材料

（1）重份和被包含文件。重份文件，包括一式多份的收文及本机关印制、复制的文书材料，有时会有几份甚至许多份；被包含文件，即内容被其他文件所包括了的文件材料，如已被月报季报所包括的日报、周报的内容。

（2）未成文的草稿和一般性文件的历次修改稿。文件起草人在构思撰稿过程中起草的、未成文的、未经审批的一些提纲、素材、废稿等。

（3）其他文件。如事务性的、临时性的、没有查考价值的文件材料，与本机关或本部门主管业务无关的文件，非隶属机关送来的参考性文件，一般机关来往发文的信封等。

## 四、归档文件的分类

### 1. 文件的分类类目编制

文件的分类类目即归档文书的类别和条目。文件分类类目是在实际文件没有形成之前，根据本单位工作的规律，在研究机关工作性质、职权范围、内部组织机构及分工情况的基础上，预测下一年度可能形成的文书，按照文书整理的原则编制出来的。

- 文件的分类方法
  - 按保管期限分类：即根据划定的不同保管期限对归档文件进行分类。保管期限一般分为永久、30 年、10 年。归档文件一般先按保管期限分开整理，然后再考虑其他分类。
  - 根据年度分类：即根据形成和处理文件的年度对归档文件进行分类。年度分类以年为单位，符合整理归档的时间规律，便于查找。归档文件按保管期限分类后，再考虑按年度分类，如 2014 年、2015 年等。此法最为常用。
  - 按机构分类：即按文件形成或承办的部门来分类，每一个机构设置一类，机构名称就是类名，如某一单位分为办公室、生产部、销售部、公关部、财务部等，则这些部门名称即类名。每类可以编制一定的条目（或称类目），每类形成的文件如果不多，也可不编条目。
  - 按问题分类：即按照文件内容说明的问题，如工作性质及有关事项的不同进行划分，如技术类、人事类、组织类、宣传类、政法类、综合类等。按问题分类不受机构的限制，要注意各类之间应划分清楚，不能相互包含，类名应该清晰、明确。

### 2．文件的复式分类方案

文件的复式分类方案即将几种分类方法组合使用，年度、保管期限是必选项，机构、问题等为选择项。各单位应在确定分类方法的基础上，编制切合实际的分类方案，并保持分类方案相对稳定。

（1）两级分类方案。基层单位或小机关，内部机构设置简单，每年形成的文件数量较少，可以选择“年度—保管期限”或“保管期限—年度”两级分类。

（2）三级分类方案。大、中型单位多在年度、保管期限的基础上再加上组织机构或问题组成三级分类，如“年度—机构—保管期限”“保管期限—年度—问题”等。示例如下。

| | | |
|---|---|---|
| 2014 年 | 办公室 | 永久、30 年、10 年 |
| | 财务部 | 永久、30 年、10 年 |
| | 销售部 | 永久、30 年、10 年 |
| 2015 年 | 办公室 | 永久、30 年、10 年 |
| | 财务部 | 永久、30 年、10 年 |
| | 销售部 | 永久、30 年、10 年 |

“年度—机构—保管期限”分类法

| | | | | |
|---|---|---|---|---|
| 永久 | 2014 年 | 办公室 | 财务部 | 销售部 |
| | 2015 年 | 办公室 | 财务部 | 销售部 |
| 30年 | 2014 年 | 办公室 | 财务部 | 销售部 |
| | 2015 年 | 办公室 | 财务部 | 销售部 |
| 10年 | 2014 年 | 办公室 | 财务部 | 销售部 |
| | 2015 年 | 办公室 | 财务部 | 销售部 |

“保管期限—年度—机构”分类法

### 3. 分类方案类目的结构

分类方案类目的结构包括类号、类目名称、条款号、条款名称、保管期限。类号即分类号，指文件类目的代号或顺序号；类目名称指文件的类名；条款号指计划归档的顺序号；条款名称指计划归档的一组文件的条目名称。

分类方案类目格式如下。

**××（单位名称）××××年文件材料分类方案类目**

类号： 类目名称：

| 条款号 | 条款名称 | 保管期限 | 备注 |
| --- | --- | --- | --- |
| | | | |
| | | | |

## 五、涉密公文的收集与整理

根据《条例》第二十七条，需要归档的公文及有关材料，应当根据有关档案法律法规以及机关档案管理规定，及时收集齐全、整理归档。两个以上机关联合办理的公文，原件由主办机关归档，相关机关保存复制件。机关负责人兼任其他机关职务的，在履行所兼职务过程中形成的公文，由其兼职机关归档。

《中华人民共和国保守国家秘密法》的规定是：国家秘密的保密期限，除另有规定外，绝密级不超过三十年，机密级不超过二十年，秘密级不超过十年。凡是需要归档的涉密文件在使用完后，应及时向档案部门归档。归档的涉密文件和非涉密文件分开整理，整理的方法相同。

# 巩固训练

请上网查阅《机关文件材料归档范围和文书档案保管期限规定》，确定下列文件的保管期限并连线。

| | |
| --- | --- |
| 嘉兴物业服务有限公司关于解决员工住宅问题的请示 | |
| 嘉兴物业服务有限公司 2010—2015 年中长期发展规划 | 永久 |
| 嘉兴物业服务有限公司员工考勤管理暂行规定 | 30 年 |
| 嘉兴物业服务有限公司 2014 年第一季度工作简报 | 10 年 |

# 职业技能鉴定指导

## 一、知识与技能要点

### （一）知识要点

1. 掌握文件的归档范围，归档文件分类的要求及方法。

2. 了解文书收集和年终整理的方法和重要性。

### （二）技能要点

1. 能根据文书的归档范围准确判断该份文件是否应该归档。

2. 能够根据相关知识，结合分类方案，对文件进行分类。

## 二、模拟训练

### （一）单项选择题

1. 文书归档之前要（ ）

A．摘录文件　　B．统计文件　　C．综合文件　　D．鉴别文件

2.《中华人民共和国保守国家秘密法》规定绝密级文件的保密期限（ ）

A．不超过十年　　B．不超过二十年　　C．不超过三十年　　D．不超过五十年

3. 属于归档范围的文件一般归档（ ）

A．不确定　　B．两份　　C．一份　　D．两份以上

### （二）多项选择题

1. 下列上级机关文件材料中属于归档范围的是（ ）

A．上级机关发来供工作参考的抄件

B．上级机关召开的需要贯彻执行的会议主要文件材料

C．代上级机关草拟并被采用的文件的最后草稿和印本

D．上级机关转发给本机关的文件

2. 下列不属于归档范围的文书材料是（ ）

A．重份文件　　B．被包含文件

C．未成文的草稿　　D．一般性文件的历次修改稿

3. 文件的复式分类方案的必选项是（ ）

A．年度　　B．保管期限　　C．组织机构　　D．问题

### （三）判断题

1. 有的文件会有几份甚至许多份，包括一式多份的收文及本机关印制、复制的文书材料，这样的重份文件也需要归档。（ ）

2. 文件类目一般应在当年年底或下年年初编制为宜。（ ）

3. 平时收集文书材料工作进行得好，不仅有利于随时查找利用文件，而且能将原本复杂繁琐的归档工作化整为零、化难为易。（ ）

4. 年鉴、大事记、本单位请示、介绍信都属于归档范围。（ ）

5. 在进行复式分类时，年度、保管期限是必选项，机构、问题为选择项。（ ）

### （四）技能操作题

嘉兴物业服务有限公司乐兴分公司采用了“年度—问题—保管期限”分类方案，请根据下列文件制作一个归档文件分类表。

（1）乐兴分公司关于2014年召开业主委员会的请示

（2）乐兴分公司2014年党支部工作计划

（3）乐兴分公司2014年党支部工作总结

（4）乐兴分公司关于2014年召开业主委员会的批复

## 任务评价

**任务评价表**

| 项目 | 等级 | | | 个人评价 | 小组评价 | 教师评价 |
|---|---|---|---|---|---|---|
| | A | B | C | | | |
| 能力达成 | 能按要求完成归档材料鉴别，掌握文件的分类 | 基本能完成归档材料的鉴别，基本能进行文件的分类 | 不能把归档材料鉴别、分类的原则和方法运用到实际工作中 | | | |
| 知识掌握 | 已完全理解文件的归档范围、归档文件的分类方法 | 基本理解文件的归档范围、归档文件的分类方法 | 不能理解文件的归档范围、归档文件的分类方法 | | | |
| 学习态度 | 任务实施过程中精力集中，全身心投入 | 主要任务环节认真投入，任务基本完成 | 能参与任务实施全过程，但缺乏主动性 | | | |

# 任务二 文件归档与移交

Task 2

## 任务情境

文书材料的收集和整理工作很快就完成了，秦丽带着李娟开始进行文件的归档和移交工作。

## 任务实施

1. 经过鉴别和分类，归档资料都被分门别类地放在各自的档案盒里。秦丽拿出《嘉兴物业服务有限公司关于2014年办公室改造的请示》（A）和《关于嘉兴物业服务有限公司2014年办公室改造的批复》（B）两份文件，递给李娟，要求她界定件的概念，拆除原文件材料的金属物，将文件材料重新装订成一件，完成文件的装订程序。

（1）李娟发现有一份文件附有大图纸，她应该__________；文件的装订修裱的具体要求是：__________

（2）根据按“件”装订的要求，对于A、B两份文件，李娟应该把__________放在前，__________放在后进行装订。

（3）李娟用除钉器将文件左侧三枚易氧化的订书钉除掉，其作用是：

（4）因为文件比较薄，李娟用专门配套的订书机和不锈钢钉在归档文件的左上角进行装订。这种装订法叫做__________。文书档案的装订还有__________等方法。

2. 在秦丽的指导下，李娟对下列文件进行了排列和编序工作。

A．嘉兴物业服务有限公司关于2014年职工办理出国进修审批手续的规定

B．嘉兴物业服务有限公司2014年职工出国进修日程

C．嘉兴物业服务有限公司2014年第三季度工作简报

D．嘉兴物业服务有限公司2014年职工出国进修考察报告

E．嘉兴物业服务有限公司2014年第一季度工作简报

F．嘉兴物业服务有限公司2014年第四季度工作简报

（1）请帮李娟确定文件排序事由并按序排列：事由①__________，排序是__________；事由②__________，排序是__________

（2）李娟根据文件的排列顺序，在每份文件的首页上端盖上归档章，并认真填写标号。右侧是盖在《嘉兴物业服务有限公司2014年职工出国进修考察报告》文件首页上

| 全宗号 | | |
|---|---|---|
| | | |

端的归档章，请你帮李娟完成填写工作。

3．在秦丽的指导下，李娟给文件做好编号，并按照编号顺序将文件装入档案盒，直到盒满为限。以此类推，直到所有文件装盒完毕，再进行归档文件编目。

（1）以下是李娟拟写的归档文件目录，你认为李娟的拟写正确吗？为什么？

**归档文件目录**

| 件号 | 责任者 | 文号 | 题名 | 日期 | 页数 | 备注 |
|---|---|---|---|---|---|---|
| 001 | 办公室 | | 2014年季度工作简报 | 20140109—20141231 | 16 | 共3份记录 |
| 002 | 办公室 | 嘉物〔2014〕58号 | 嘉兴物业服务有限公司关于2014年职工办理出国进修审批手续的规定 | 20141201 | 4 | |
| 003 | 办公室 | 嘉物〔2014〕76号 | 嘉兴物业服务有限公司2014年职工出国进修日程 | 20141207 | 3 | |
| … | …… | …… | …… | …… | … | …… |

（2）完成归档文件目录编写工作后，请你代秦丽填写档案目录封面。

**归档文件目录**

全宗名称　嘉兴物业＿＿＿＿

年　　度＿＿＿＿＿＿

保管期限＿＿＿＿＿＿

机构（问题）＿＿＿＿

4．确认上述工作无误后，秦丽在档案盒的备考表和盒脊的相关栏目上，规范填写整理情况，签上姓名和日期。档案盒内的备考表需填写的内容有：　　　　　。盒脊的填写内容有：

5．完成了文书的整理归档工作后，秦丽带着李娟做移交前的质量检查工作。归档文件质量的基本要求是：

6．秦丽让李娟打印移交案卷目录，移交案卷目录的主要项目有：　　　　　等。李娟将目录打印成横版的，这样做得对吗？因为打印机出了问题，只打印了一份移交案卷目录，李娟准备把它留给自己。秦丽说这样做不对，请你告诉李娟原因。

7. 最后，秦丽填写了________，并把所有档案盒向档案室进行了移交，最终还办理了移交手续。

## 技能提要

（1）完成装订任务，要以保持文件原貌为原则，注意装订修裱、排列顺序和装订方法。

（2）文件的排列，要本着“遵循文件的形成规律，保持文件之间的有机联系”这一整理原则，将同一事由的相关文件排列在一起。因此，文件的排列工作最重要的是要理解“同一事由”。

（3）在文件编目过程中，要按照表格要求填写，要特别注意“题名”的填写要求。

## 相关知识

### 一、文件归档与移交的主要内容及程序

文件归档与移交是文书部门将办理完毕且有保存价值的文件，经系统整理、装订、排列与编目，形成系统化的档案盒，交档案室或档案馆保存的过程。

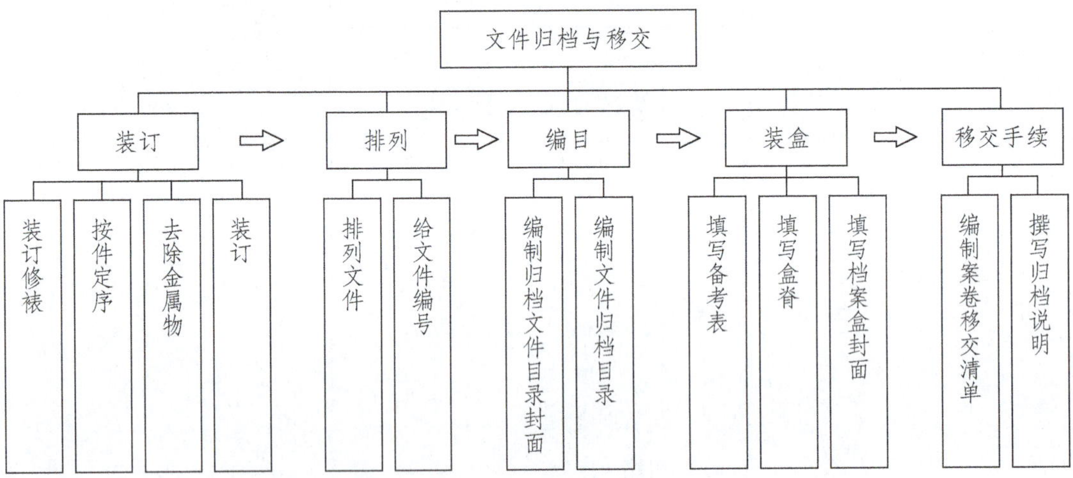


### 二、文件装订，保持原貌

《归档文件整理规则》规定，归档文件应该齐全完整。为了能够长期保存和有效利用档案，装订之前必须对归档文件材料逐件检查，凡不符合装订要求的，都要进行必要的修整，修整应以保持文件原貌为原则。

**1. 装订修裱**

要对破损的文件进行修复，以延长文件的寿命；复制字迹模糊或易褪色的文件；整理归档文件使用的书写材料、装订材料等应符合档案保护要求；超大纸张要折叠成 A4 幅面，折叠时要尽量减少折叠次数。

### 2. 按“件”定序

“件”是归档文件的整理单位，即单份文书的意思。一般以每份文书为一件，文件正本与定稿为一件（正本在前），正文与附件为一件（正文在前），原件与复制件为一件（原件在前），转发文与被转发文为一件（转发文在前），来文与复文为一件（复文在前），合同文件按合同订立程序的自然联系排列为一件。

### 3. 去除易氧化生锈的金属物

一些归档文件上会有订书钉、回形针等金属物，时间久了容易氧化生锈，档案材料会被腐蚀，因此应该将这些金属物从文件上去除。去除文件金属物时要注意不能损坏文件材料。

### 4. 装订

（1）装订位置

装订位置主要在文件的左上角或文件的左侧。左上角装订时对齐文件的左边、上侧，左侧装订时对齐文件的左边、下侧。需要永久保存的文件应左侧装订，如果左侧装订会将图文封闭在装订区内，可以采用左上角装订。

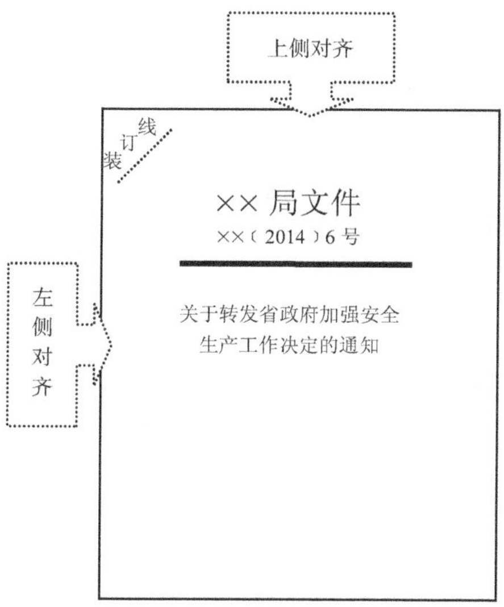


左上角装订

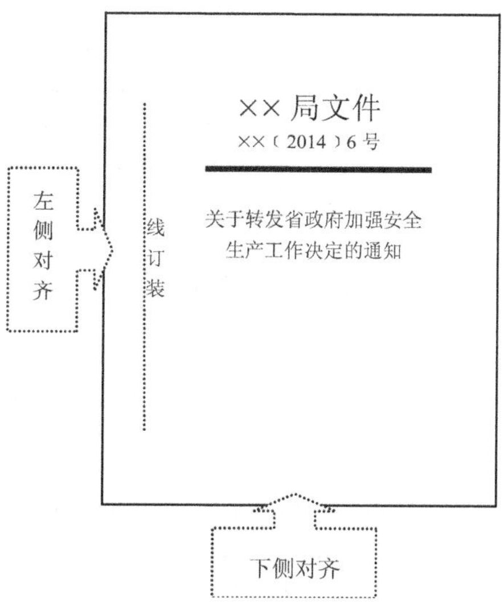


左侧装订

（2）装订方法

① 线装。对于比较厚的文件，一般采用“三孔一线”的方式进行装订。用缝纫机装订时，要求缝纫机的针距要大。

② 变形材料装订。目前变形材料装订主要有两种：一是用塑料制品装订，但塑料制品强度、韧度不够，年久会变硬断裂，不是理想的档案装订材料；二是档案界争议较多的使用不锈钢钉、不锈钢夹等金属制品装订，这种方法较为简便，但对材质选择有较高要求，成本比较高。一般不采用铆接式装订法。

③ 粘贴法。使用浆糊或胶水粘贴的办法装订文件。这种方法存在影响复印扫描的缺点，

而且发生错装、漏装时，拆除很不方便，极易撕坏纸张。

## 三、文件排列，合理有序

排列归档文件，是指在分类方案的最低一级类目中，根据事由、时间和重要程度等因素确定归档文件的先后次序，即将同一事由（问题）的文件材料进行相邻排列。其中，最低一级类目由分类方案决定，例如，采用“年度—机构（问题）—保管期限”分类方案，其最低一级类目是“保管期限”。“同一事由”的界定较为灵活，在坚持“遵循文件的形成规律，保持文件之间的有机联系”的前提下，其排列方法可以有较大的随意性，只要是运用一定的方法，使归档文件有规律地排列，有利于档案查找和利用即可。

同一事由内归档文件的排列，可以按文件形成时间的先后顺序排列，也可以按文件的办理完毕时间的先后顺序排列，随办随归。不同事由的归档文件按照不同事由形成时间的先后、事由的重要程度和按责任者、问题等排列。

## 四、文件编号，不重不漏

### 1. 填写归档章

为了固定归档文件在全宗中的位置，要将归档文件按照分类方案和排列逐件编号，即在首页上端空白的位置加盖归档章并填写相关内容。

归档章（上面）

归档章（下面）

归档章填写内容可分为必填项目和选填项目。必填项目包括全宗号、年度、保管期限、室编件号和馆编件号；选填项目主要是指机构（问题），不选用时无需设置。必填项目内容如下。

（1）全宗号，即档案馆给接收档案范围内各立档单位编制的代号。

（2）年度，即文书材料的形成年度。以四位阿拉伯数字标注公元纪年，如“2014”。

（3）保管期限，填写“永久”、“30 年”或“10 年”。

（4）室编件号和馆编件号。室编件号即归档文件分类方案的最低一级类目内的排列顺序号。馆编件号则是在档案移交进馆时，按档案馆要求编制标注的标号。

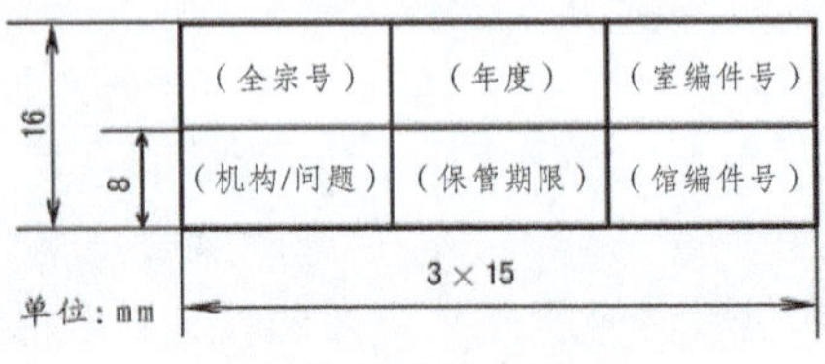


归档章填号内容

### 2. 填写编号要求

（1）填写归档章时，应使用符合档案保护要求的字迹材料，如碳素墨水、蓝黑墨水；也可使用打号机打号。

（2）归档单位应把不同保管期限或不同机构（问题）的涉密文件，分别接在非涉密文件相应保管期限或不同机构（问题）之后连续编号。

## 五、编制目录，一式两份

### 1. 归档文件编目

归档文件编目即编制归档文件目录。应根据《归档文件整理规则》要求，按照分类、排列、编号的结果逐类逐件编制目录，系统、全面地揭示归档文件的全貌。编目由两部分构成：归档文件目录封面、归档文件目录。两者皆采用A4纸。归档文件目录封面可以视需要设置全宗名称、年度、保管期限、机构（问题）等项目。其中全宗名称即立档单位的名称，填写时应使用全称或规范化简称。归档文件目录设置件号、责任者、文号、题名、日期、页数等项目。

**归档文件目录**

| 件号 | 责任者 | 文号 | 题名 | 日期 | 页数 | 备注 |
|---|---|---|---|---|---|---|
| | | | | | | |

其中件号为归档文件的排列顺序号（室编件号、馆编件号）。责任者为制发文件的组织或个人，应写全称或规范化简称，不能写发文代字。文号应写发文字号，如果没有可省略。题名，原文件有标题的照抄；原文件无标题的要自拟标题；如果是多份文件合并为一件的，可以为该件档案拟一个标题，自拟标题应加“〔 〕”。日期应填写发文时间，以八位阿拉伯数字标注年、月、日，例如20140101；如果是多份文件合并为一件的，可以写明第一件和最后一件的时间。页数应填写每件档案的总页数。备注应填写文件需说明的情况，如密级、缺损、修改、补充等信息，备注项的内容不可过多，否则就会使整个目录格式错乱。

### 2. 装订

归档文件目录置于档案盒文件最前面以方便查找，同时另备一份，同其他盒内目录按件号顺次装订成总目录，以便检索利用文件。

### 3. 涉密文件的编目

将涉密文件和非涉密文件一起归档编制归档文件目录，对涉密文件要在目录的“备注”栏标明密级。

## 六、装盒，填写备考表、盒脊与档案盒封面

### 1. 装盒

装盒即把归档文件按室编件号顺序装入档案盒，要与归档文件目录中相应的排列顺序一致。档案盒的备考表用来说明盒内文件的状况，如该盒内文件缺损、移出、补充、销毁及其他需要说明的问题等，放在档案盒文件最后。备考表主要由整理人填写，填写内容包括登记日期及归档文件整理完毕的日期、整理人、检查人。整理人即负责整理文件人员的姓名，检查人即负责检查归档文件整理质量人员的姓名。

### 2．盒脊的填写

盒脊的填写包括填写全宗号、年度、保管期限、机构（问题）、起止件号（室编件号、馆编件号）、盒号。其中，全宗号是各级档案馆为已进馆或可能进馆的单位分配的编号。起止件号填写方法是标明本盒内第一份文件的件号至最后一份文件的件号，两号间用一短线连接，如：55—90。涉密文件要在档案盒盒脊的最上端标明“涉密”字样。

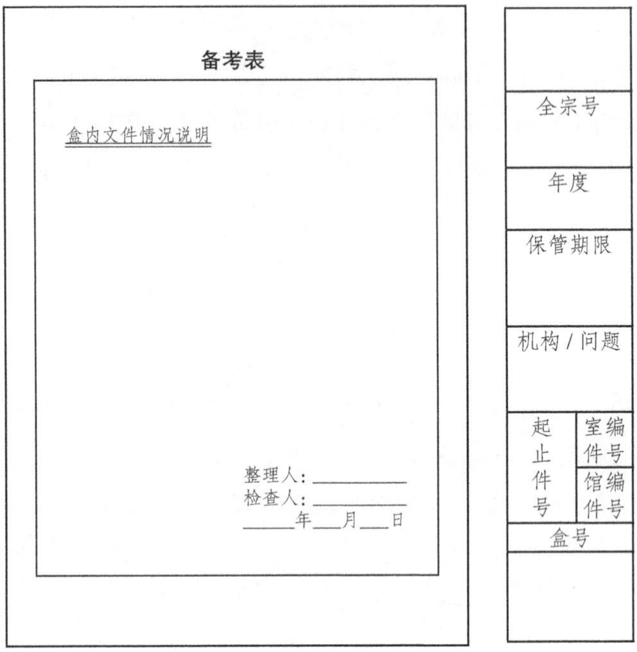


备考表　　盒脊

### 3．档案盒封面的填写

档案盒封面应该标明全宗名称，即归档单位全称或规范化简称。

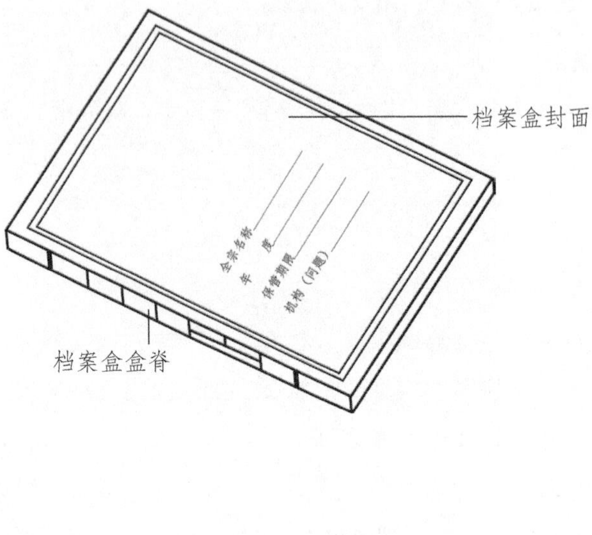

## 七、归档与移交手续

### 1. 编制案卷移交清单

案卷移交清单是交接案卷的依据和凭证，也是编制档案的目录的基础。案卷移交清单要横向排版，逐项填写，字迹清晰，如有条件可打印；打印时要一式三份，履行归档手续后，文书部门、移交部门和档案室各存一份备查。案卷移交清单的主要项目有归档号、档号、题名、起止时间、件数、页数、保管期限等。

### 2. 撰写文书归档说明

（1）撰写文书归档说明，介绍当年文书归档的具体情况，总结归档工作。许多单位的文秘人员更换频繁，新手多、业务生疏，新任人员在第一次归档时，需要了解以往的文书归档情况，并参考上年度的文书归档方法，做好本年度的文书归档工作。即使是经验丰富的文秘人员也需要吸取往年的归档经验。因此，文书归档说明就是文秘人员归档时的必要参考资料。

（2）文书归档说明是改进归档方法、提高案卷质量不可缺少的宝贵资料。每年的文书归档说明实际上是归档经验与归档方法的真实写照和历史记录。归档方法的改进，案卷质量的提高，既需要在实践中不断探索、不断总结，更需要继承前人的工作经验。

**__________年文书归档说明（样表）**

单位：

| 全宗号 | | 单位领导 | | 分管领导 | | 整理人 | |
|---|---|---|---|---|---|---|---|
| 内部机构设置 | | | | | | | |
| 文书档案 | 共　　件 | 永久 | | 30年 | | 10年 | |
| 归档情况说明（分类、编号方法、完整程度、归档时间及其他需说明的问题） | | | | | | | |

**文书归档说明表填写说明**

| 编写内容 | 编写要求 | 份数 |
|---|---|---|
| （1）介绍立档单位的工作性质、任务、职能范围。<br>（2）立档单位的主要工作活动及重大事件。<br>（3）归档情况：<br>① 文件材料的来源、数量、完整情况、可靠程度等。<br>② 采用什么分类方法组卷及整理中需要说明的问题。<br>③ 主要内容、利用价值及案卷排列情况。 | 文字简练<br>条理清楚<br>重点突出<br>门类齐全 | 应当至少打印三份，一份随案卷向档案部门移交归档，两份由单位留存备查。 |

### 3. 清点移交

在完成前面的工作后，就可以向档案管理部门移交档案了。接收移交档案的管理部门主要有两大类：单位内部的档案室和当地的档案馆。在办理移交时应办好移交手续，填写移交备考表，清点无误后由双方确认签字。

## 八、涉密文件的归档

各单位要对自己所有的涉密文件实行定期清查、按时收退。一般半年进行一次，根据不同情况，移交机要室（保密室）或档案室保存或销毁。涉密文件应按档案部门要求，办理移交手续。归档后的涉密公文原则上不借出使用，用时要登记备查。

## 九、归档文件质量要求

（1）按时移交。向档案管理部门移交归档文件的时间就是归档时间。移交的时间一般在第二年上半年，一些专门性文件或驻地分散的个别业务单位的文件可推迟至第二年的下半年。

（2）对文件处理部门移交的案卷及有关材料的质量、数量进行严格的检查、清点、核对，文件材料要齐全、完整。

（3）文件归档应遵循文件的形成规律，保持文件之间的有机联系，区别不同的价值，便于保管和利用。

（4）正确判定归档文件的不同价值，准确划分文件保管期限。

# 巩固训练

以下文件是嘉兴物业服务有限公司永兴分公司 2014 年的归档资料。请根据要求，帮助工作人员将文件整理归档。

（1）对文件进行排列。

（2）填写文件目录。

（3）填写案卷移交清单。

| 序号 | 题名 | 来源 | 时间 | 页数 |
|---|---|---|---|---|
| 1 | 2014年第一季度物业工作总结 | 永兴分公司业务部 | 2014.4.6 | 4 |
| 2 | 关于聘任李英为行政主任的通知 | 永兴分公司人事部 | 2014.1.7 | 1 |
| 3 | 关于购置空调设备的请示 | 永兴分公司业务部 | 2014.1.6 | 2 |
| 4 | 2014年第二季度物业工作总结 | 永兴分公司业务部 | 2014.7.1 | 11 |
| 5 | 关于免去陈涛办公室主任的通知 | 永兴分公司人事部 | 2014.5.9 | 1 |
| 6 | 海悦云天代理销售合同 | 永兴分公司业务部 | 2014.6.3 | 18 |
| 7 | 员工名单 | 永兴分公司人事部 | 2014.1.9 | 20 |
| 8 | 关于2014年新招员工培训的通知 | 永兴分公司人事部 | 2014.1.5 | 2 |

# 职业技能鉴定指导

## 一、知识与技能要点

### （一）知识要点

1. 理解文件装订、排列、编号、编目、装盒和移交的方法。
2. 掌握文件归档的内容、步骤。

### （二）技能要点

1. 能熟练掌握文件的归档和移交程序。
2. 能熟练掌握归档文件的装订、排列、编号、编目、装盒和移交工作。

## 二、模拟训练

### （一）单项选择题

1. 装订归档文件时，对归档文件的组装可用（　）

A．线绳　　B．文件套　　C．文件夹　　D．曲别针

2. 归档文件修整的方式是（　）

A．剪裁　　B．梳理　　C．整烫　　D．修裱

3. 归档时间是指归档文件（　）

A．向档案管理部门移交的时间　　B．整理的时间

C．向业务部门集中的时间　　D．归档的时间

### （二）多项选择题

1. 文书的归档要求是（　　）

A．需要归档的文件一般归档一份

B．进行归档要履行归档手续

C．移交时双方要填写案卷移交清单，双方签字，各留一份

D．移交给档案室时还要填写移交备考表

2. 涉密文件的归档要求是（　　）

A．定期清查，按时收退

B．归档后的涉密公文原则上不借出使用，用时要登记备查

C．可以自行保存或销毁

D．涉密文件应按档案部门要求，办理移交手续

3. 在排列中，密不可分的文件应排列在一起，具体原则是（　　）

A．正文与附件，正文在前，附件在后

B．决定性文件材料在前，依据性材料等在后

C．正本与定稿，正本在前，定稿在后

D．请示与批复，本机关的文件在前，外机关的文件在后

### （三）判断题

1. 同一事由内归档文件的排列，可以按文件形成时间的先后顺序排列，也可以按文件的办理完毕时间的先后顺序排列。（　）

2. 应根据卷内文件排列的顺序编制卷内文件目录。( )

3. 归档文件编目时应按照分类、排列、编号的结果，逐类逐件编制目录。( )

4. 归档装盒时要把归档文件按室编件号顺序装入档案盒，其顺序要与归档文件目录中相应的排列顺序一致。( )

5. 向档案部门移交档案时应达到国家有关规定的质量要求，这也是档案部门接收档案时的验收标准。( )

**（四）技能操作题**

编制个人成长档案并建立成长目录。提示：个人成长档案涵盖荣誉、挫折记录、照片、音像资料、学校经历、家庭关系、社会关系等方面。

## 任务评价

**任务评价表**

| 项目 | 等级 | | | 个人评价 | 小组评价 | 教师评价 |
|---|---|---|---|---|---|---|
| | A | B | C | | | |
| 能力达成 | 能按要求完成文件归档和移交，每个步骤的完成方法正确 | 能基本完成文件归档和移交，步骤无太多错漏，方法基本符合归档的要求 | 能基本完成文件归档和移交，但步骤凌乱 | | | |
| 知识掌握 | 已理解文件归档和移交的程序，完全掌握归档和移交程序各个步骤的注意事项 | 已基本理解文件归档和移交的程序，基本掌握归档和移交程序的各个步骤的注意事项 | 基本理解文件归档和移交程序，各个步骤的注意事项不明确 | | | |
| 学习态度 | 任务实施过程中精力集中，全身心投入 | 主要任务环节认真投入，能基本完成任务 | 能参与任务实施全过程，但缺乏主动性 | | | |

# 模块六

Module 6

# 档案管理

## 模块概述

档案是指过去和现在对国家和社会具有保存价值的各种文字、图表、声像等不同形式的历史记录。档案管理是根据科学的原则和方法对档案材料进行系统管理并为社会需要提供服务的一项工作。档案管理工作主要有档案的收集、整理、鉴定、保管、统计、检索、利用及档案的编研等一系列工作内容。文秘人员必须熟悉档案管理内容，规范合理地管理档案。

本模块包括档案收集与整理、档案保管、档案利用与统计三个项目，共设置六个任务。目标是指导学习者了解档案管理工作的内容，明确档案管理相关制度，增强档案规范管理意识；引导学习者掌握档案收集、整理、保管、利用、统计的具体流程，熟练填写档案管理的各种表格，熟悉档案的信息化管理。

# 项目一 档案收集与整理

Project 1

## 项目概述

企事业单位的档案收集是将分散在单位各内部工作机构有保存价值的文件材料，向本单位档案室或负责档案的人员移交、集中的工作。档案的整理是指对收集到的档案，通过甄别、判定价值等一系列鉴定环节后，再把零散的和需要进一步条理化的档案进行分类、组合、排列和编目等一系列工作。本项目的学习任务主要是掌握档案收集工作的内容，把握档案价值鉴定知识，熟悉档案整理工作，学会档案编目。

## 学习目标

知识目标

1. 了解档案收集工作的内容，增强档案规范管理意识。
2. 了解档案价值鉴定标准，掌握鉴定程序。

技能目标

1. 掌握档案接收程序，学会编制档案目录、档号。
2. 掌握档案价值鉴定程序，能初步判断档案的价值。

# 任务一 档案收集与鉴定

## 任务情境

嘉兴物业服务有限公司分管办公室的杨总审核公司年度报告初稿时发现，由于很多部门没及时把资料交到办公室，导致年度报告缺乏有力的佐证材料。杨总要求办公室副主任秦丽立即收集相关的资料进行补充，但秦丽分管档案工作不久，之前与她交接工作的同事曾说过，因为档案的收集、整理工作都无专人管理，所以公司的档案十分散乱。接到杨总的任务后，秦丽首先整理了自己的工作思路，决定严格按照档案管理的规范流程进行操作。

## 任务实施

1．请写出你所知道的档案收集工作的内容和方法：

2．到了 12 月份，公司办公室按照文件归档的要求，把收集到的档案送交档案室。当时秦丽做了四件事：首先是要求对方填写档案接收登记表，并一式两份；其次是双方核对档案接收登记表内容；再次是双方在表格上签名确认，各留一份备案；最后秦丽把部门上交的档案移入档案库房。请分析秦丽接收档案的工作程序是否规范正确？

3．请分析嘉兴物业服务有限公司档案鉴定的情况，可以建议他们按照
标准去进行档案鉴定。

4．制定鉴定标准后，秦丽便按步骤开展档案鉴定工作。请你判断下列步骤如何排序更科学。

步骤□　分析档案价值　　　　步骤□　判断文书是否有保存价值

步骤□　对保管的档案进行价值复审　　　　步骤□　确定档案的保管期限

## 技能提要

（1）档案的收集工作要主动。要抓住各种检查、内部机构调整、人员调动等机会，帮助单位领导和有关部门，对文件材料进行全面清理，发现和收集散落在个人手中的应归档文件材料；主动上门，收集整理单位领导人和有关人员外出开会或执行任务带回的文件材料。

（2）档案的收集工作要及时。要了解本单位各阶段的中心工作，及时收集、整理在那些独立性活动中形成的成套的文件材料；如遇到规模较大的会议，要赶在会议结束时尽快收集全套会议文件，并整理归档。

（3）档案的收集工作要规范。为了使应归档的文件收集得完整，要把好登记关、打印关、用印关、传阅关和借阅关。

# 相关知识

## 一、档案收集的内容与方法

### 1．档案的接收

档案的接收即按照国家规定收存档案。它是整个档案收集工作的中心内容，也是档案部门取得和积累档案财富的主要渠道。

### 2．档案的征集

档案的征集即征收散存在社会上的有关档案资料。它是档案收集工作的必要补充渠道。行政管理部门档案的主要征集方式有五种。

（1）收购。收购即与档案持有者在平等协商、自愿交易基础上进行交易。

（2）征购。征购即受档案行政管理部门委托，代表国家要求档案所有者必须出卖档案给档案馆。征购是一种强制性行为。

（3）接受捐赠。接受捐赠即无偿接受档案所有者的赠送。若捐赠单位或个人需要利用，档案馆（室）可以无偿提供复印件。

（4）代为保管与接收寄存。代为保管与接收寄存即对暂时不愿意向档案馆（室）捐赠、移交档案资料或是特别珍贵的档案资料个人保存确有困难的，经本人同意，档案馆（室）可以提供寄存服务，寄存期间不收管理费，并由档案馆（室）负责档案资料的安全和保密，寄存者凭存单可免费随时查阅。

（5）复制。对于属征集范围内的档案，个人不愿捐赠或者希望保存原件的，档案馆（室）可以采取扫描或复印方式，对档案进行复制、保存。

## 二、档案收集的程序

档案室对收集到的档案，必须严格履行以下程序。

### 1．确定拟归档材料的完整性

首先应确定收集到的材料必须是办理完毕的原始材料（原件），主要包括各部门完成的当年工作职责时产生的佐证材料（如录音、录像、照片、幻灯片、图片、表格、文字材料等），以及整件事情形成的全套材料。要求材料完整齐全、真实、文字清楚，同时还要保持文件材料之间的逻辑联系。

### 2．按要求检查拟归档材料

为确保接收到的档案符合归档要求，档案部门应对准备归档的材料的规范性进行检查，具体要求如下。

（1）载体纸张要求。归档材料统一使用 A4 规格的办公用纸（有专业特殊要求的除外）。

（2）载体字迹要求。只能用炭素墨水，蓝黑、黑色墨水书写，禁止使用纯蓝、红色墨水笔，圆珠笔，铅笔书写。

（3）现代化设备形成的材料要求。禁止将色带打印、墨水打印材料归档，禁止将传真形成材料归档。

对不符合归档要求的档案材料，档案部门应责成档案材料形成的相关职能部门按要求重新整理。

**3. 填写档案接收登记表**

收集到档案时，应要求交付人员如实填写档案接收登记表。

**档案接收登记表**

| 日期 | 内容名称 | 交付人（签名） | 交付时间 | 接收人（签名） | 接收时间 | 备注 |
| --- | --- | --- | --- | --- | --- | --- |
| | | | | | | |

**4. 核实表格材料**

根据档案接收登记表中的内容，交接双方一同逐一核对交付人员上交的原始材料，然后把核对过的档案材料按表格中的顺序进行整理。

**5. 确认接收，档案入库**

如审核无误，交接双方在档案接收登记表签名确认，一式两份，然后各留一份备案。最后，把已确认接收的档案移入档案库房。

## 三、档案鉴定的标准

档案鉴定工作，主要是指档案价值鉴定工作，具体指各个档案机构按照一定的原则、标准和方法来鉴别和判定档案的价值，确定档案的保管期限，并据此销毁失去保存价值的档案的工作。档案鉴定的基本方法是直接鉴定法，即要求档案人员逐卷、逐件、逐页审查档案。为保证鉴定工作的质量，避免主观性，必须建立明确的档案价值鉴定标准。

**1. 来源标准**

档案的来源即档案的形成者，他们在社会上或单位内的地位、作用和职能可能影响甚至决定档案的价值。

**2. 内容标准**

内容标准是鉴定档案价值的基本标准，也是鉴定档案价值的中心环节。因此，它是档案价值鉴定最重要的依据。鉴定档案内容首先可以从档案内容的重要性、独特性、时效性三个方面分析；同时，还应考虑档案内容的真实性、完备性等综合因素，不能孤立地看待文件的内容，应有联系地考虑，从而准确地判断档案的价值。

### 3. 相对价值标准

相对价值标准是指被鉴定档案与其他档案相比较而存在的价值。在一定情况下，某些档案的保存价值可能因相对价值而适当提升或降低。运用相对价值标准的目的是为了有效地控制馆（室）藏档案的质量和数量，使之达到优质精良。

档案的相对价值，主要依据三个方面判定：所存档案的完整程度、档案内容的可替代程度、各全宗之间档案的重复性。

### 4. 形式特征标准

档案的形式特征主要是指文件的名称、责任者、形成时间、载体形态、记录方式等，在某种情况下，这些形式特征也可能对档案的价值产生影响。

## 四、档案鉴定的程序

一个单位的档案鉴定工作通常分为三个步骤。

（1）在文件归档时，确定归档范围。判断文书是否有保存价值，同时剔除一部分没有保存价值的文件。

（2）对于归档的文件确定保管期限。

（3）到一定年限进行价值复审，主要是做移交复审、到期复审等。

## 五、档案收集与鉴定的要求

（1）掌握档案收集的过程，重点掌握档案收集的方法，明确档案接收登记表的作用。

（2）为克服档案鉴定工作的主观性，保证鉴定工作的质量，在鉴定时必须以全面的观点、历史的观点和发展的观点作为标准去鉴定档案的价值。除了要有明确的档案价值鉴定标准外，还必须建立完善的档案鉴定制度，如根据国家有关保管期限的规定，对接收进室的档案进行鉴定，确定保管期限。经鉴定有保存价值的到期档案应按规定重新整理，确实没有保存价值的要予以销毁等。

（3）判断档案价值时，首先应逐件、逐页阅读档案内容，在了解、熟悉档案文件内容的基础上通过综合分析文件的各方面特征来判断档案的价值。

# 巩固训练

2013 年底，嘉兴物业服务有限公司的办公室副主任秦丽在准备整理办公室案卷时，发现有五份还没归档的文件，分别是：经理外出开会带回来的《×× 房地产公司建筑质量管理标准》，×× 报社广告部发来的《广告报价表》，以及公司内部文件《嘉兴物业服务有限公司关于引进美国自动化洒水设备的请示》《嘉兴物业服务有限公司关于表彰奖励李勇等三位同志的决定》《嘉兴物业服务有限公司与上元园艺公司关于业务合作的函》。假设你是秦丽，请对以上文书进行档案价值的复审。

# 职业技能鉴定指导

## 一、知识与技能要点

### （一）知识要点

1. 了解档案收集的方法。
2. 明确鉴定档案价值的标准。

### （二）技能要点

1. 能运用档案收集的方法完成档案的收集工作。
2. 能按照档案价值鉴定标准进行档案价值的鉴定。

## 二、模拟训练

### （一）单项选择题

1. 以下哪项是整个档案收集工作的中心内容，也是档案部门取得和积累档案的主要渠道？（ ）

A．档案收购　B．档案整理　C．档案接收　D．档案征集

2. 档案鉴定的程序中要求，对到一定年限的档案要进行价值（ ）

A．复审　B．复议　C．复评　D．复计

3. 鉴定档案价值的基本方法是直接鉴定法，这一方法带有很强的（ ）

A．主观性　B．客观性　C．能动性　D．发展性

### （二）多项选择题

1. 档案收集工作，从收集的手段上可以分为两个方面：（ ）

A．档案的购买　B．档案的接收　C．档案的征集
D．档案的接管　E．档案的征收

2. 档案的主要征集方式有（ ）

A．收购　B．接受捐赠　C．征购
D．代为保管与接收寄存　E．复制

3. 鉴定档案价值需要分析档案的（ ）

A．名称　B．内容　C．来源　D．完整程度

### （三）判断题

1. 禁止将色带打印、墨水打印的材料进行归档。（ ）
2. 进行档案收集，首先应确定收集到的材料必须是办理完毕的原始材料（原件）。（ ）
3. 鉴定档案价值的基本方法为直接鉴定法和间接鉴定法两种。（ ）
4. 档案鉴定工作，具体是指各个档案机构按照一定的原则、标准和方法来鉴别和判定档案的价值的工作。（ ）
5. 档案的征集是档案部门取得和积累档案财富的主要渠道。（ ）

（四）技能操作题

背景说明：假设你是腾达公司的行政秘书钟苗，下面是行政经理需要你完成的几项工作任务。

钟苗：

档案价值鉴定是档案工作的一项重要内容，关系到档案的存毁。为了做好档案的价值鉴定，公司打算组织一次档案价值鉴定讲座。请你撰写关于档案价值鉴定工作的内容及档案价值的分析方法的讲话材料，到时候由你来讲解。

谢谢！

行政经理　胡玉诗

2013 年 7 月 8 日

# 任务评价

任务评价表

| 项目 | 等级 | | | 个人评价 | 小组评价 | 教师评价 |
|---|---|---|---|---|---|---|
| | A | B | C | | | |
| 能力达成 | 熟悉档案收集的方法，能按照档案价值鉴定标准熟练地进行档案价值鉴定 | 已掌握档案收集的方法，能按照档案价值鉴定标准进行档案价值鉴定 | 基本掌握档案收集的方法，未能很好地运用档案价值鉴定标准进行档案价值鉴定 | | | |
| 知识掌握 | 明确档案收集的意义，完全了解档案价值鉴定标准 | 清楚档案收集的意义，基本了解档案价值鉴定标准 | 基本了解档案收集的意义，但未能掌握档案价值鉴定标准 | | | |
| 学习态度 | 任务实施过程中精力集中，全身心投入 | 主要任务环节认真投入，能基本完成任务 | 能参与任务实施全过程，但缺乏主动性 | | | |

# 任务二 档案整理与编目

## 任务情境

嘉兴物业服务有限公司的档案价值鉴定工作虽然完成了，但文件资料太多，过于杂乱。秦丽根据以往的文书整理经验，要求机要员李娟对所有的档案按照相关的规律、应遵循的分类原则进行整理分类，以便进行下一步的档案编目工作。

## 任务实施

1．对本单位全宗内的档案进行分类后，还要做类内档案分类并形成分类号。请你结合【相关知识】，帮李娟为嘉兴物业服务有限公司 2014 年度属于永久保管期限的第 3 件文书档案编制分类号：

2．分类号形成后，还需加盖档号章。嘉兴物业服务有限公司档案的全宗号为 12，请为该公司办公室 2014 年度属于永久保管期限的第 3 件文书档案填写档号章。

| 全宗号 | | 类别号 | | 期限 | |
|---|---|---|---|---|---|
| 年度 | | 机构 | | 件号 | |

3．李娟在整理档案的过程中，要进行档案的编目工作。

（1）请帮李娟设计一个档案文件目录，其中表头除了有件号、责任者、文号、页数、保管期限等栏目信息外，还可以有　　　　　　　　　　　等信息。

（2）根据公司办公室副主任秦丽上交的归档文件，其中第 3 份文件是办公室于 2014 年 8 月 23 日发出的《嘉兴物业服务有限公司关于引进美国自动化洒水设备的请示》（××〔2014〕×号），文件用纸共有 3 页。现在请你根据以上信息，填写自己设计的档案文件目录。

## 技能提要

（1）在档案整理工作的整个过程中，档案分类是最重要的环节，也是所有整理工作得以顺利开展的基础。因此，在实际工作中必须掌握好档案分类的标准和方法，注意分类的逻辑性和易操作性，一旦定好分类方案，就必须严格按要求规范操作。

（2）根据“充分利用原有整理基础”的档案整理原则，在文书归档前最好能与负责文书归档的工作人员建立联系，加强归档工作指导，以帮助其建立符合档案管理要求、更加合理规范的整理体系。

# 相关知识

## 一、档案整理工作的主要程序

档案整理是指把收集到的档案进行分类、组合、排列与编目，达到系统化的过程。其主要程序如下。

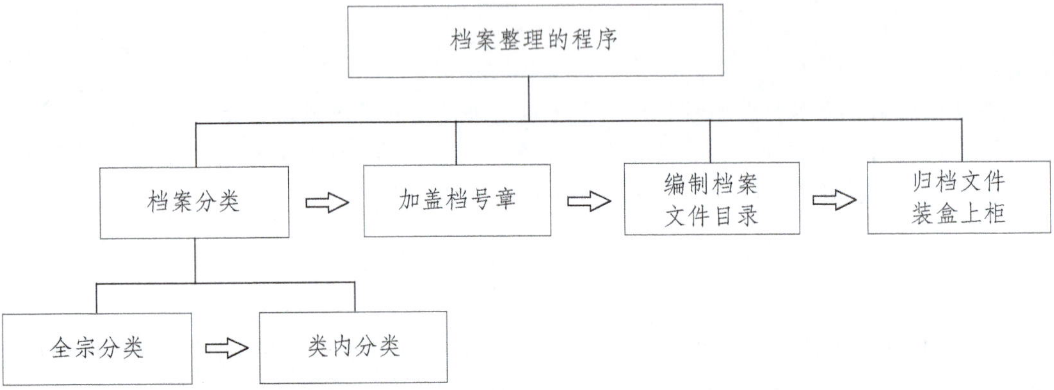


## 二、档案整理工作的方法

### 1．档案分类

（1）全宗内档案分类

全宗内的档案按其性质、工作特点及载体进行分类（分类方法请参考模块五项目二任务一中“四、归档文件的分类”）。类别设置好后，必须有相对稳定性，不受偶然因素和短期行为影响，在较长时期内，原则上不做变动。如果后面有其他类别的档案可用英文字母往下接排，如文书档案（党政工团档案）（A），基建档案（B），设备仪器档案（C），会计档案（D），声像档案（F）等；而人事档案、信访档案等专门档案往往是按人名姓氏笔画或拼音字母等逻辑性顺序排列。

（2）类内档案分类

类内档案分类，指全宗内的档案经过分类后，需要在每个类内将档案盒按相互之间的联系确定前后次序，俗称档案盒排列。类内档案分类具体指把文件按各大类按文件材料形成的性质再分若干类；档案盒的排放顺序一经确定，就应对各档案盒逐个进行编号，将其排序固定确认下来；然后，再将档案盒编号逐个登记到目录上去。档案盒编号的具体编排形式是用阿拉伯数字作为代号，从左至右，依次为一级属类、二级属类……属类之间用“·”间隔，每一组字母加数字形成分类号，如文书档案（党政工团档案）的编号结构模式由“大类代号 + 保管期限 + 件号”组成，保管期限代号“1”代表“永久保存”，“2”代表“30 年保存”，“3”代表“10 年保存”。

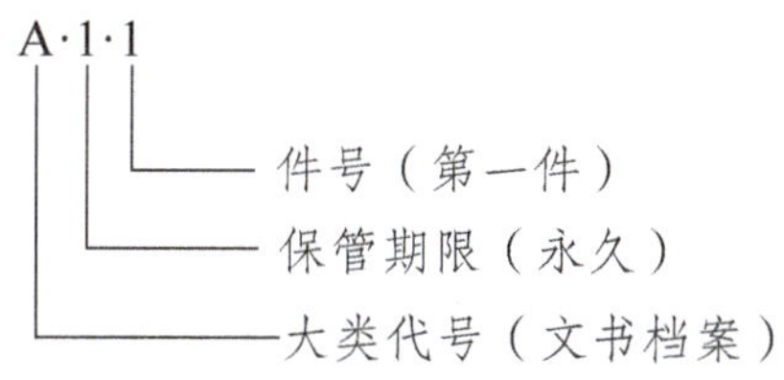


分类号示例

### 2. 加盖档号章

档号章即“归档章”。档号章是文件归档的标志，用于体现每一“件”的档号。为方便检索、装订的文件，档号章一般盖在文件首页左上方空白处；章印必须清晰、端正。若归档前送档单位已盖好档号章，接档人员要注意检查其各要素填写是否规范齐全。

### 3. 编制档案文件目录

（1）归类文件应按照分类、排列、编号的结果，逐类逐件编制目录，系统、全面地揭示档案的全貌。编目仍以“件”为单位进行，每一份文件在档案文件目录中体现为一个条目。

（2）档案文件目录应编制成册，且应与分类方案一致。如按“年度—保管期限—机构”进行分类的单位，可以按不同保管期限各订成一本目录，每本目录中用说明纸指明不同的机构，或者在目录表格右肩上标注机构名称。

（3）档案文件目录应编制两套，以便在进行档案移交时，交档案馆一套，本单位留存一套。

档案文件目录

全宗号：　　　　　　保管期限：

| 件号 | | 责任者 | 文号 | 题名 | 日期 | 页数 | 备注 |
|---|---|---|---|---|---|---|---|
| 馆编件号 | 室编件号 | | | | | | |
| | | | | | | | |
| | | | | | | | |

### 4. 归档文件装盒上柜

归档文件应严格按照全宗内档案的分类体系和建好的先后顺序分别装入档案盒，与档案文件目录中相应的各条目的排列顺序完全一致，保证检索到文件条目后能找到文件实体。档案盒的摆放方式有竖式和横式两种。采用不同的摆放方式是为了保护档案，也为了适应档案装具不同尺寸要求。摆放方式不同，设置盒脊项目位置也应做相应变化。

## 三、档案整理工作的原则

### 1. 保持文件之间的历史联系

文件之间的历史联系是指文件在产生和处理过程中形成的固有关系，主要表现为文件在来源、时间、内容、形式等方面的联系。

### 2. 充分利用原有整理基础

充分利用原有整理基础，即对于已经整理的档案，只要有规可循、有目可查，就尽量保持其原有整理体系，不要轻易否定、随意重整。

### 3. 便于保管和利用

便于保管和利用是档案整理工作的基本出发点和根本目的。一般而言，按文件之间的历史联系整理出来的档案，是便于保管和利用的，这两者基本上是一致的。但在某些特殊情况下，也有可能发生矛盾，在具体整理过程中，对一些制成材料、机密程度、保存价值等显然不同的档案，应根据具体情况，分别加以处理。

## 巩固训练

请按照档案编目的要求帮秦丽对以下文件设计一份归档文件目录：

（1）《嘉兴物业服务有限公司关于引进美国自动化洒水设备的请示》

（2）《嘉兴物业服务有限公司关于表彰奖励李勇等三位同志的决定》

（3）《嘉兴物业服务有限公司与上元园艺公司关于业务合作的函》

## 职业技能鉴定指导

### 一、知识与技能要点

（一）知识要点

1. 理解档案整理工作的程序。
2. 熟悉档案编目的编制。

（二）技能要点

1. 能根据档案整理的原则整理档案。
2. 学习编制归档文件目录、编制档号。

### 二、模拟训练

（一）单项选择题

1. 全宗内的档案经过分类后，需要在每个类内将档案盒按相互之间的联系确定前后次序，这一步骤为（　）

A．全宗内档案分类　　B．类内档案分类　　C．盖档号章　　D．装盒上柜

2. 不属于档案整理工作原则的是（　）

A．便与保管和利用　　B．保持文件间的历史联系

C．注重时效性　　D．利用原有整理基础

3. 把收集到的档案进行分类、组合、排列与编目，达到系统化的过程是（　）

A．档案整理　　B．归档文件保管　　C．归档文件编制　　D．归档文件收集

（二）多项选择题

1. 档案文件目录设置包括（　　）等

A. 题名　　B. 件号　　C. 日期　　D. 页数

2. 档案整理的程序包括装盒上柜和（　　）

A. 全宗分类　　B. 编制档案文件目录　　C. 类内分类　　D. 加盖档号章

3. 档案盒的摆放方式有（　　）

A. 侧放　　B. 横式　　C. 跃式　　D. 竖式

（三）判断题

1. 档号章一般盖在文件首页下方空白处。（　）

2. 全宗内档案分类设置好后，在较长时期内，原则上不做变动。（　）

3. 为方便制作，填写归档文件目录封面的全宗名称时，可填写单位的简称。（　）

4. 档案的整理是指将处于无序状态或需要进一步条理化的档案经过分类、组合、排列与编目，使之系统化。（　）

5. 归档文件目录只需打印一份。（　）

（四）技能操作题

请按照档案编目的要求对以下档案设计一份归档文件目录：《嘉兴物业服务有限公司关于2014年做好销售工作的通知》《嘉兴物业服务有限公司关于2014年招聘工作会议纪要》《嘉兴物业服务有限公司关于2014年调整区域经理的决定》。

## 任务评价

### 任务评价表

| 项目 | 等级 | | | 个人评价 | 小组评价 | 教师评价 |
|---|---|---|---|---|---|---|
| | A | B | C | | | |
| 能力达成 | 能熟练进行档案整理，能正确编制归档文件目录 | 能正确进行档案整理，基本能编制归档文件目录 | 基本能完成档案整理，但编制归档文件目录有错误 | | | |
| 知识掌握 | 熟知档案整理的原则和基本方法，并能合理运用 | 熟悉档案整理的原则和方法，基本懂得归档文件目录、档号的编制 | 了解档案整理的原则和方法，但未能正确理解归档文件目录、档号的编制要求 | | | |
| 学习态度 | 任务实施过程中精力集中，全身心投入 | 主要任务环节认真投入，能基本完成任务 | 能参与任务实施全过程，但缺乏主动性 | | | |

# 项目二 档案保管

Project 2

## 项目概述

档案保管，是根据档案的成分和状况所进行的档案的存放管理和维护档案完整与安全的活动。“以防为主，防治结合”是档案保管工作的原则，“尽可能地延长馆（室）藏档案的寿命”是档案保管工作的目的。随着办公信息化程度的提高，电子文件的数量日益增多，电子档案的类型更加丰富，这些都推动着档案管理工作走向信息化发展之路。本项目主要的学习任务是学会档案的保管，尤其是信息化管理的知识；增强保护档案的意识；重点是掌握档案库房的布局与管理、档案保管的工作程序和档案的信息化管理方法。

## 学习目标

知识目标

1. 了解档案保管的主要任务与基本要求。
2. 了解档案室需要具备的物质条件与档案管理工作。
3. 了解电子档案的特性与不同类型。

技能目标

1. 掌握档案保管的工作程序。
2. 掌握档案的信息化管理方法。

# 任务一 档案保管

Task 1

## 任务情境

嘉兴物业服务有限公司成立初期未设档案室，办公室人员身兼两职，既管文书也管档案。随着公司的发展，面对日益增多的档案业务，办公室人员已无法应付，档案发霉、变色、丢失的情况日趋严重。经研究，公司决定由秦丽组织建立档案室，由机要员李娟兼任档案管理员，对档案进行专业的保护和管理。

## 任务实施

1．秦丽首先要做的是为档案室选址，让档案室尽快从公司办公室分离。李娟在公司一楼食堂旁找到了一间相对比较大的已经铺了木板地面的房间，建议把它改造成档案室。你觉得合适吗？请指出该选址存在哪些问题？

2．参考【相关知识】，请你帮李娟为档案库房配置物品：

3．李娟根据库房门口在库房左边的实际情况，按照从左到右、从前到后、从上到下的顺序给柜架编号，即“列号（排号）—柜架号—箱号”，其号码采用罗马数字。这样编写，是否可行？为什么？

4．档案室管理有 等常规工作要做，请将其中延长档案实体寿命的“八防”措施填写在下图中。

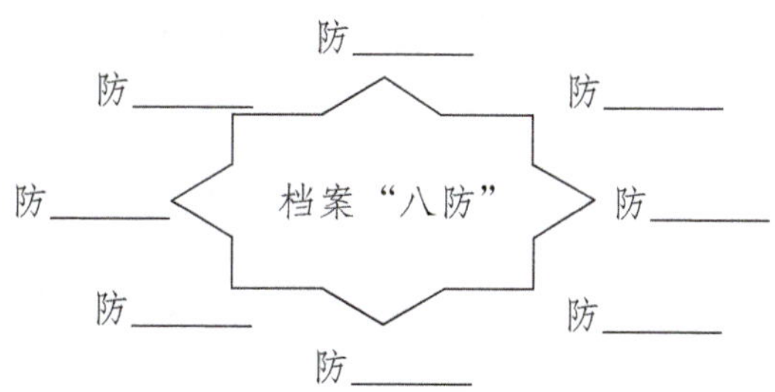


5．档案室管理应严格执行的制度主要有： ；定期检查时应注意具体检查 ，清点

6．请你为李娟设计一个简单的操作流程，将下面工作的先后顺序标示出来。

□调节档案室的温湿度　□了解档案库房编号　□进行卫生、安全检查

□进行档案流动中的保护　□熟悉档案柜架的摆放与编号

## 技能提要

（1）严格遵守保密制度。国家规定档案一般分三个保密密级：绝密、机密、秘密。档案是国家的宝贵财富，各级各类档案本身具有机要性质，因此，档案部门和工作人员必须遵守保密制度，履行保密手续，确保档案的安全。

（2）严格按要求建设档案室。建设档案室应达到以下三个基本要求：一是保护档案的安全；二是提高工作效率；三是按照技术标准安装设施设备，如用电设备、防火与防盗报警设备等都必须符合相应的技术要求。

（3）规范建设和管理档案库房。库房是保管档案的最基本的物质条件，直接关系到档案的保护和安全。档案库房建筑应遵循适用、经济、美观的原则，尽量向档案馆建筑设计规范的要求靠拢。工作中必须严格执行各项管理制度，将“八防”措施落到实处，确保库房管理万无一失。

## 相关知识

### 一、档案保管的任务与基本要求

档案保管是档案业务工作重要环节之一，主要任务是维护档案的完整与安全，具体任务有三项：一是防止档案损坏，二是维护档案安全，三是延长档案实体寿命。档案保管的基本要求是以防为主，防治结合；加强重点，照顾一般；立足长远，保证当前。

### 二、档案保管的物质条件

#### 1. 档案室的物质条件配置

档案室的物质条件主要包括档案库房、装具、防护设备、包装材料、消耗品等，其他如桌椅、专用录入和查阅档案资料的电脑等物件应视情况相应设置。

（1）档案库房。档案库房选址必须要注意三个问题：一是库房必须专用，不能与办公室合用，也不能同时存放其他物品；二是档案库房必须坚固，至少应是正规的建筑物，不能是临时建筑；三是库房应远离火源、水源和污染源，并符合防火、防水、防潮、防光等基本要求。一般不要安排在房子底层、顶楼或楼两侧，要远离卫生间、洗漱间、热水房等，楼板承重必须达到档案库房楼面荷载 5 000N/ ㎡。

（2）装具。装具即用以存放档案的柜、架、箱。柜、架、箱的制成材料最好为金属，这样更有利于防火。一般而言，封闭式的柜箱比敞开式的柜箱对档案保护更有益。

（3）防护设备。档案保管工作中的防护设备，一般是指那些具有“固定资产”性质的机械、器具、仪器等。

（4）包装材料。包装材料主要有卷皮和卷盒。按《文书档案案卷格式》规定，卷皮分硬卷皮和软卷皮两种。硬卷皮单独使用，软卷皮必须与卷盒同时使用。档案包装材料一般由无酸材料制成。

（5）消耗品。用于保管工作的易耗低值物品，如防霉防虫药物、吸湿剂、各种表格及管理性的办公用品。

**2. 档案室的布局**

档案室一般分库房、阅览室、办公室三处，并且要做到三处分开，至少库房要与阅览室、办公室分开。

（1）库房布局。库房布局要科学，既要充分利用库房面积，又要便于档案的实体保管和借阅利用。装具在库房中的排放方式应考虑方便管理和充分利用库房空间等因素。装具一般不宜紧贴墙壁，尤其是不能紧贴有窗户的墙壁。每一列的走向应与窗户所在墙壁垂直，以避免户外光线的直接照射。各列之间的距离以工作人员能进行正常工作为宜。库房一般不设置桌椅。

（2）阅览室与办公室布局。在阅览室墙上张贴档案管理人员岗位职责及文书档案归档制度、档案查阅(借阅)利用制度、档案移交制度等相关档案制度，阅览室内配备查阅桌椅、档案目录柜、电脑等物件。办公室仅供档案管理人员日常办公之用，布局与其他办公室相似。

## 三、档案的保管

**1. 建立并完善档案保管制度**

档案室要建立完善的档案保管制度，如档案管理人员岗位职责规定、文书档案保密制度、文书档案归档制度、档案查阅（借阅）利用制度、档案管理安全检查制度、档案进出库房登记制度、设备管理制度等；延长档案实体寿命；同时做好“八防”措施，包括防火、防水、防潮、防霉、防光、防虫、防尘、防盗。

**2. 规范存放方式，做好温湿度管理**

档案在装具中的存放方式，主要有竖式和平式两种。竖式存放时案卷脊背朝外，工作人员可直接看到卷脊上的档号，便于调还档案。平式存放比竖式存放有利于保护档案，但其缺陷是存取不太方便，这种方法多用于保管珍贵档案。

库房内温湿度是直接影响档案“自然寿命”的环境因素。根据《档案馆建筑设计规范》，库房温度应在在 14℃ ~ 24℃（±2℃），相对湿度应在 45% ~ 60%（±5%）。档案管理人员每天上下午要做好库房温湿度的登记。

**3. 定期检查清点，及时消除隐患**

（1）检查。主要是检查档案各项制度的执行情况，具体检查包括档案是否发生霉变、虫蛀等，一旦发现破坏，要进行重新的修裱；库房是否存在安全隐患等危险因素；档案实体存放秩序是否混乱；外借档案是否按时归还；档案调出和归还是否履行了必要的手续；管理员的离岗换岗时的交接手续是否清楚完善；门窗是否牢固；库房是否干净卫生。对检查的情况要及时进行记录。

（2）清点。主要是发现并纠正意外的丢失错漏现象，以维护档案实体的齐全完整和存放秩序。

### 四、档案保管工作程序

（1）了解档案库房编号。有些单位有多个档案库房，有的还不在一个楼层，因此要预先熟悉库房位置，了解库房编号，方便查阅相关档案资料。

（2）熟悉档案柜架的摆放与编号。按照从左到右、从前到后、从上到下的顺序或者按照库房布局的实际情况给柜架编号，即“列号（排号）—柜架号—箱号”，其号码采用阿拉伯数字。

（3）调节档案室的温湿度。

（4）进行安全、卫生检查。

（5）进行档案流动中的保护。

## 巩固训练

请仔细阅读下面的例文，然后按要求回答问题。

浙江省××公司没有专门的库房用以存放档案，只将顶层的一间办公室用做档案库房。这间库房没有配备通风设备，只有几排文件柜。每年整理后的档案就按类别一卷一卷地排列在文件柜上。在档案保管过程中，档案工作人员也只满足于做好档案的移进和移出工作，认为档案保管就是把档案分类后放在相应的类别里就可以了，没有想过档案还需要特别的保存环境，甚至应每隔一定时间对档案进行检查。没过多长时间，总经理秘书在查找一份档案文件时，便发现很多档案纸张由于日晒过多而发黄变脆，档案文件受到了很多破坏。

（1）档案纸张发黄变脆主要是________原因所致。你认为有哪些方法和措施能预防档案纸张发黄变脆？

（2）档案库房的选址需要注意哪些因素？

（3）该公司的档案库房日常管理在哪些方面还需要改进？

## 职业技能鉴定指导

### 一、知识与技能要点

**（一）知识要点**

1. 熟悉档案保管工作的主要任务与基本要求。

2. 掌握档案库房需要具备的物质条件。

3. 了解档案库房管理的内容和有关制度。

（二）技能要点

1. 掌握档案库房的管理工作内容与工作程序。

2. 掌握保管档案的措施。

## 二、模拟训练

（一）单项选择题

1. 关于库房温度的控制，符合《档案馆建筑设计规范》的是（　）

A. 13℃～23℃（±2℃）　　B. 14℃～24℃（±2℃）

C. 15℃～25℃（±2℃）　　D. 16℃～26℃（±2℃）

2. 归档文件修整的方式是（　）

A. 剪裁　　B. 梳理　　C. 整烫　　D. 修裱

3. 档案保管工作的具体任务之一是（　）

A. 档案的使用　　B. 档案的借鉴

C. 档案的积累　　D. 最大限度地延长档案实体的寿命

（二）多项选择题

1. 档案的保管制度包括（　）

A. 档案管理人员岗位职责规定　　B. 档案管理安全检查制度

C. 档案查阅（借阅）与利用制度　　D. 档案进出库房登记制度

2. 档案保管的基本要求是（　）

A. 自力更生，勤俭节约　　B. 加强重点，照顾一般

C. 以防为主，防治结合　　D. 立足长远，保证当前

3. 档案的保密密级包括（　）

A. 机密　　B. 秘密　　C. 绝密　　D. 机要

（三）判断题

1. 档案的保管工作主要是指根据档案的成分与状况所进行的档案的存放管理和维护档案完整与安全的活动。（　）

2. 按照档案保管的基本要求，档案保管主要是对已遭损坏的档案文件采取抢救和保护措施。（　）

3. 档案包装材料，一般要由无酸材料制成。（　）

4. 借阅档案时，利用者可在档案上做任何记号和涂改。（　）

5. 保管档案的技术有很多，但归纳起来就是“防”的技术。（　）

（四）技能操作题

嘉兴物业服务有限公司新设了一个档案室，任命李娟为档案管理员，主要负责档案管理工作。请你指导李娟尽快购置好所需物品，并指导她科学、合理地开展日常管理工作。

# 任务评价

**任务评价表**

| 项目 | 等级 | | | 个人评价 | 小组评价 | 教师评价 |
|---|---|---|---|---|---|---|
| | A | B | C | | | |
| 能力达成 | 能熟练地开展档案库房日常管理工作，较好地掌握档案保管工作程序 | 能完成档案库房日常管理工作，基本能掌握档案保管工作程序，但不够全面 | 基本能完成档案库房日常管理工作；了解档案保管工作程序，但未能较好地实施 | | | |
| 知识掌握 | 能充分理解档案保管工作的任务与基本要求，已完全掌握档案库房的物质条件配置要求，熟悉档案保管制度 | 已基本理解档案保管工作的任务与基本要求；基本掌握档案库房的物质条件配置要求；能理解档案保管制度，但不够具体 | 基本了解档案保管工作的任务和基本要求，了解档案库房的物质条件配置要求，但不能充分理解档案保管制度 | | | |
| 学习态度 | 任务实施过程中精力集中，全身心投入 | 主要任务环节认真投入，能基本完成任务 | 能参与任务实施全过程，但缺乏主动性 | | | |

# 任务二 档案的信息化管理

## 任务情境

嘉兴物业服务有限公司基本实现计算机办公后，每年都会产生大量的电子文件。过去因无专人管理，这些电子文件分散在各个部门之中，由于员工的离职常常导致一些有用的文件无从查阅。档案室成立之后，秦丽让李娟将公司办公室去年全年收发的正式公文按照电子档案管理的规范进行信息化管理。

## 任务实施

1. 接受任务后，李娟就开始着手整理各部门上交的文件，把电子公文、电子消息、电子资料、电子会议照片、数字影视片、电子图书、电子杂志都作为电子档案来归档，你认为她做得＿＿＿＿，为什么？

2. 李娟要收集的电子文件主要是电子公文，你认为李娟该用＿＿＿＿方式收集电子文件。请你从备选项中选择正确的信息，填充好下面题目中常用格式的缺项，帮助李娟尽快认清电子档案的类别格式。

“常用格式”备选项：.exe、.jpg、.tiff、.mav、.mps、.mov、.doc、.wps、.xls

① 可执行文件：＿＿＿＿；

② 文本文件：＿＿、＿＿、＿＿、.txt、.xml、.rtf；

③ 数据文件：.mdb、.dat、.mdf、.dbf、.myd；

④ 视频文件：.mpeg、.avi、.rm、.asf、.wmv、.flv；

⑤ 图形文件：.cdr、. eps、.3ds、.dxf、.wmf；

⑥ 图像文件：＿＿、＿＿、.bmp、.gif；

⑦ 音频文件：＿＿、＿＿、.eda、.wav、.mid、.wma、.ape。

3. 2013 年 12 月 23 日，公司办公室秘书陈志军送来一个硬盘归档，其中包括 2013 年 3 月 28 日发出的《关于公布我市普通住宅前期物业服务收费基准价等有关问题的通知》（×价字〔2013〕34 号）等 50 多份文件，请你协助李娟做好文件收集与登记工作，模拟填写下面两个表格。

**电子文件登记表**

<table>
<tr><td rowspan="14">第一列</td><td rowspan="4">文件来源及载体类型</td><td>形成部门</td><td colspan="3"></td></tr>
<tr><td>完成日期</td><td></td><td>载体类型</td><td></td></tr>
<tr><td>联系电话</td><td></td><td>联系人</td><td></td></tr>
<tr><td>记录总个数</td><td></td><td>记录总容量</td><td></td></tr>
<tr><td rowspan="5">文件信息</td><td rowspan="4">文件格式及容量</td><td colspan="3">□字符：</td></tr>
<tr><td colspan="3">□图形：</td></tr>
<tr><td colspan="3">□音频：</td></tr>
<tr><td colspan="3">□视频：</td></tr>
<tr><td>文件载体特征</td><td colspan="3">□一件一盘 □多件一盘<br>□一件多盘 □多件多盘</td></tr>
<tr><td rowspan="4">设备要求</td><td>硬件条件</td><td colspan="3"></td></tr>
<tr><td rowspan="3">软件条件</td><td>操作系统</td><td colspan="2"></td></tr>
<tr><td>数据库系统</td><td colspan="2"></td></tr>
<tr><td>辅助软件</td><td colspan="2"></td></tr>
<tr><td>制表审核</td><td colspan="4">填表人（签名）<br>年　月　日<br>审核人（签名）<br>年　月　日</td></tr>
<tr><td rowspan="6">第二列</td><td rowspan="6">文件交接</td><td>送交部门</td><td colspan="3"></td></tr>
<tr><td>联系电话</td><td></td><td>联系人</td><td></td></tr>
<tr><td colspan="4">送交人（签名）<br>年　月　日</td></tr>
<tr><td>接受部门</td><td colspan="3"></td></tr>
<tr><td>联系电话</td><td colspan="3"></td></tr>
<tr><td colspan="4">接收人（签名）<br>年　月　日</td></tr>
</table>

单位（盖章）

**电子文件归档登记表**

| 文件编号 | 题目 | 形成时间 | 稿本代码 | 类别代码 | 载体编号 | 保管期限 | 备注 |
|---|---|---|---|---|---|---|---|
| | | | | | | | |

注：电子文件稿本代码：M-草稿性电子文件；U-非正式电子文件；F-正式电子文件。

电子文件类别代码：T-文本文件；I-图像文件；G-图形文件；V-影像文件；A-声音文件；O-超媒体链接文件；P-程序文件；D-数据文件。

4．请你指导李娟按照电子档案管理的规范，对收集来的电子文件《关于公布我市普通住宅前期物业服务收费基准价等有关问题的通知》( × 价字〔2013〕34 号)进行整理与归档，并为李娟列举电子文件归档工作过程。

①　　　　→②　　　　→③　　　　→④　　　　→⑤　　　　→⑥

5. 李娟认为电子档案与纸质档案一样都是档案，只要做好档案库房的日常管理工作就可以保管好，不用另外增加防护措施。你的意见和建议是：

6. 李娟认为对于没有密级的普通电子档案不需要严格管理，因为电子档案一式三套，如果一套已被一利用者使用，那么封存载体也就可以外借给另一利用者，也可以让利用者复制电子档案。李娟这种想法是否正确可行？请谈谈你的看法及原因：

7. 请你用连线的方法，替李娟判断硬盘、磁带、U 盘三类电子载体适用于哪种销毁方法。

消磁法　　　　硬盘　　　　格式化法

　　　　　　　磁带

　　　　　　　U盘

## 技能提要

（1）灵活使用收集电子文件的方法。第一，可以找办公室的办文人员索要公文电子文档；第二，可以使用较高权限的用户名登陆公司内部的办公平台下载电子公文；第三，针对外单位的来文，可以使用扫描仪将其转化为图片进行收集。

（2）保存电子档案的载体按优先顺序依次为：只读光盘、一次性写入光盘、磁带、可擦写光盘、硬磁盘等。收集电子文件时也应按这一优先次序对其载体加以选择。

（3）已到保管期限的电子档案要经过鉴定，确认没有保存价值，经合法程序审定后再进行销毁。销毁时一般有两种方法：一种是消磁法，外加强磁场消除载体磁信号；另一种是格式化法，对磁盘进行低级格式化处理，消除原来存储的信息。要根据电子档案的载体特点选择适合的方法规范销毁行为。

（4）档案的信息化管理应参考《电子文件归档与管理规范》。

## 相关知识

### 一、电子档案的定义

具有保存价值并经过归档而实行档案化管理的电子文件及其相应的软件、参数和相关数据被界定为电子档案，一般包括电子公文、电子信息、电子资料、会议照片等。电子文件是电子档案的前身与基础。

### 二、电子档案的特点

#### 1. 信息的非人工识读性和对设备的依赖性

电子档案用于记录信息的数字代码，是人类凭借自身的生理感官所无法直接识别的，必须借助于计算机等设备进行转换和处理。

**2. 信息与载体的可分离性与信息的可变性**

电子档案中的信息与其载体之间不再是稳定的物理对应关系，信息可以根据需要随时扩展、缩小、改变或迁移其存储空间，可以说，信息摆脱了载体的“束缚”极易被修改和删除。

**3. 信息存储的高密度性**

电子档案存储的主要载体是硬盘与光盘，这两种存储设备的密度大大高于以往各种人工可识别的信息介质。目前普通硬盘的容量已经能够达到 TB 级，光盘的容量也可达到 GB 级。

**4. 多种媒体信息的集成性**

纸质档案文件主要承载文字或图形信息，而电子档案则能够集成文字、图形、图像、影像、声音等各种信息形式，形成“多媒体文件”，实现更加全面的信息记录和再现。

## 三、电子档案的常见类型

根据不同的分类标准，电子档案可以划分为各种不同的类型。根据文件的功能，可以分为主文件和支持性、辅助性、工具性文件；根据生成方式，可以分为直接生成的原始文件和由传统文件转化成的电子文件；根据属性，可以分为普通文件、只读文件、隐含文件、加密文件、压缩文件等；根据存储载体，可以分为磁盘文件、磁带文件、光盘文件等。

目前比较统一的一种标准是按照电子档案信息存在的形式进行分类，可以分为文本文件、数据文件、图形文件、图像文件、视频文件、音频文件、可执行文件等。

## 四、电子档案的管理工作

电子档案的管理工作主要包括电子文件的收集、鉴定、分类、整理、归档、日常管理、利用、销毁。

**1. 收集**

档案与一般的信息资料不同，它具有原始性，记录了重要文件的主要修改过程和处理情况，具有查考价值的电子文件及其电子版本的定稿均应被作为档案保留。正式文件是纸质的并有电子版的，应一同保留；纸质文件可根据实际条件或需要，确定是否保留。具有永久的和 30 年保存价值的电子文件，应制成纸质文件与电子版一同收集，并建立两者的关系。电子文件的收发登记表、机读目录、相关软件、其他说明等应与相对应电子文件一同收集。电子文件对特定的支持软件具有高度的依赖性，因此在收集时应对必要的支持软件予以保留。

**2. 鉴定**

电子文件归档前，要对电子文件的真实性、完整性、有效性进行鉴定，确定是否属于归档范围，划定保管期限。

**3. 分类**

电子文件的分类方案可以采用纸质档案的分类方案，以“年度—机构（问题）—保管期限”

这种分类方法整理。在计算机中建立相应的文件夹，将电子文件存放其中。完成分类的电子文件要按类别代码集中保存在存储载体上。

#### 4. 整理

对收集而来的电子文件的类型及格式以“件”为单位进行整理。

#### 5. 归档

电子文件归档可分两步进行，先是逻辑归档，然后是物理归档。逻辑归档是指在计算机网络上进行，不改变原存储方式和位置而实现的电子文件向档案室移交的过程。物理归档是指把计算机及其网络中的电子文件集中传输至可脱机保存的载体上，向档案室移交的过程。

电子文件归档过程有如下六个步骤。

（1）移交管理权。将电子文件的管理权从网络中移交到档案室，存储格式和位置暂时不变。

（2）备份文件。把可归档的电子文件集中拷贝到耐久性好的载体上，一式三套。一套封存保管，一套供日常利用，一套异地保存。

（3）形成档案目录。在公司档案归档软件中生成目录，在电子文件的载体中建立相应的机读目录。

（4）贴上标签。在存储电子文件的载体上或装具上，贴上标签。标签上应注明载体序号、全宗号、类别号、密级、保管期限、存入日期等信息。

（5）填写登记表。以“盘”为单位填写电子文件登记表（见本任务【任务实施】），以“件”为单位填写电子文件归档登记表（见本任务【任务实施】）。

（6）进行“写保护”。对已经归档的电子档案载体进行“写保护”，禁止“写操作”。

#### 6. 日常管理

电子档案的保管除要符合纸质档案的所有要求外，还应符合下列条件。

（1）归档载体应做防写处理，避免擦、划、触摸记录涂层。

（2）单片载体应装盒，竖立存放，且应避免挤压。

（3）存放时应远离强磁场、强热源，并与有害气体隔离。

（4）环境温度选定范围为 17℃ ~ 20℃，相对湿度选定范围为 35% ~ 45%。

（5）对磁性载体每满两年、光盘每满四年进行一次抽样机读检验。对磁性载体上的归档电子文件，应每四年转存一次，并做好登记工作。

#### 7. 利用

要严格界定电子档案的利用范围。利用者对电子档案的使用应在权限规定范围之内。对具有保密要求的电子档案采用联机的方式利用时，应遵守国家或部门有关保密的规定，有稳妥的安全保密措施。

8. 销毁

销毁档案必须严格按照规定履行报批手续。首先编制档案销毁清册，编写立档单位和全宗简要说明，撰写鉴定工作报告，然后撰写有关销毁档案的请示，送交上级单位或档案行政管理部门予以审查批准。批准后，从库房中剔除该电子档案，调整案卷变更有关信息，整理鉴定工作文件，销毁档案。销毁完成后，负责销毁的人员与监督工作的人员在销毁清册上签字并填写销毁时间、地点，报主管审核、签字。

## 巩固训练

2014 年 2 月 3 日，嘉兴物业服务有限公司办公室在市行政办公系统中收到《关于公布 2013 年度 ×× 市物业管理优秀项目名单的通知》（× 建房字〔2013〕30 号），发文机关是 ×× 市住房和城乡建设局，时间为 2013 年 12 月 31 日。请根据电子档案管理的流程，将上面提及的文件进行归档处理。缺失的相关信息可以自行补充。

## 职业技能鉴定指导

### 一、知识与技能要点

（一）知识要点

1. 理解电子档案的特点。
2. 熟悉电子档案的常见类型。

（二）技能要点

1. 掌握电子文件的收集方法。
2. 掌握电子档案的信息化管理方法。

### 二、模拟训练

（一）单项选择题

1. 把计算机及其网络中的电子文件集中传输至可脱机保存的载体上，向档案室移交的过程是（　）

A. 逻辑归档　　B. 载体归档　　C. 物理归档　　D. 集中归档

2. 档案与一般的信息资料不同，它具有（　）

A. 记录性　　B. 可读性　　C. 原始性　　D. 保存性

3. 把可归档的电子文件集中拷贝到耐久性好的载体上，应一式（　）套

A. 二　　B. 三　　C. 四　　D. 五

（二）多项选择题

1. 电子信息存储的载体有（　　）

A. 光盘　　B. 磁带　　C. U盘　　D. 纸张

2. 电子档案的特点是（　　）

A. 信息的非人工识读性和对设备的依赖性　　B. 信息与载体的可分离性与信息的可变性

C. 信息存储的高密度性　　D. 多种媒体信息的集成性

3. 根据属性电子档案可分为（　　）

A. 普通文件　　B. 只读文件　　C. 光盘文件　　D. 隐含文件

（三）判断题

1. 归档后，电子文件的形成部门应将存有归档前电子文件的载体保存一年以上。（　）

2. 电子图书和电子杂志都属于电子档案一类。（　）

3. 电子文件的分类方案与纸质档案的分类方案完全不同。（　）

4. 温度为 17℃～20℃，相对湿度为 35%～45% 的环境最符合电子档案载体保护环境要求。（　）

5. 收集电子文件时，不需要收集反映电子文件主要修改过程和处理情况的内容。（　）

（四）技能操作题

张欣在一家拥有多家分公司的大型企业担任档案管理员工作。目前，公司已经拥有比较完备的纸质档案管理系统。为了提高档案的使用效率，她建议公司使用电子档案管理系统。请你告知张欣电子档案日常管理除了要符合纸质档案的管理要求外，还要注意哪些地方？

## 任务评价

### 任务评价表

| 项目 | 等级 | | | 个人评价 | 小组评价 | 教师评价 |
|---|---|---|---|---|---|---|
| | A | B | C | | | |
| 能力达成 | 能熟练掌握电子文件的收集、整理、归档等程序，能准确填写相关登记表，能熟练完成电子档案的日常管理工作 | 已掌握电子文件的收集、整理、归档等程序，填写登记表错漏较少，能完成电子档案的日常管理工作 | 对电子文件收集、整理、归档等程序的掌握不够全面，相关登记表填写缺漏较多，对电子档案的日常管理有不正确的地方 | | | |
| 知识掌握 | 已理解电子档案的特点，熟知电子档案的常见类型 | 已基本理解电子档案的特点，对电子档案的常见类型掌握不完全 | 能基本理解电子档案的特点，不能较好地区分电子档案与电子文件，对电子档案的常见类型不能清晰分辨 | | | |
| 学习态度 | 任务实施过程中精力集中，全身心投入 | 主要任务环节认真投入，任务基本完成 | 能参与任务实施全过程，但缺乏主动性 | | | |

# 项目三 档案利用与统计

Project 3

## 项目概述

档案检索是对档案信息进行分析存储并根据需求进行查找的工作，是档案工作中连接管理者和利用者的环节。档案利用工作是开发档案信息资源和直接提供档案，满足利用者对档案需求的工作，是档案工作的最终目的。档案的编研和统计是了解和掌握档案的形成、管理、利用情况和档案事业发展的重要手段。本项目主要学习档案检索、利用的工作过程和档案统计的步骤，了解档案编研的要求。

## 学习目标

知识目标

1. 了解档案检索和利用工作的要求。
2. 了解档案编研的要求，了解档案编研的几种成果。

技能目标

1. 掌握档案检索和利用的过程，学会检索利用电子档案、文书档案。
2. 掌握档案统计的步骤，能正确填写统计报表。

# 任务一 档案检索与利用

## 任务情境

嘉兴物业服务有限公司办公室的秘书陈志军准备撰写一项环保项目申报书，需要查阅记载该公司2010—2012年物业维护的电子档案资料。为了撰写方便，他要将这些档案借出使用几天，同时还要求复印一份2011年本公司环保工作受到上级表彰的文件原文。李娟准备利用检索工具快速查找到目标档案，完成利用工作。

## 任务实施

1. 根据陈志军的第一个需要，帮助李娟完成该公司2010—2012年物业维护的电子档案资料的检索。

第一步：启动检索功能；

第二步：填写查阅者信息；

第三步：输入查询条件：①年度：________；②机构：________；③主题词：________；

第四步：开始查询并查看结果。

2. 电子档案提供利用的方式有以下几种：电子阅读、复制、出借、在线利用。请帮李娟选择最佳方案：________________

3．请你帮李娟审核陈志军填写的电子档案借阅申请单并加以完善。

**电子档案借阅申请单**

| 借阅人 | 陈志军 | 联系电话 | ××××××××××× |
|---|---|---|---|
| 借阅时间 | 2014.9.19 | 归还时间 | |
| 批准人 | 张岩 | 经办人 | |
| 案卷或文件题名 | 档案（案卷）编号 | 保管期限 | 份数（页数） |
| 2010年度物业维护工作总结 | 20101231 | 30年 | 1份3页 |
| 2011年度物业维护工作总结 | 20111231 | 30年 | 1份5页 |
| 2012年度物业维护工作总结 | 20121231 | 30年 | 1份6页 |
| | | | |

借阅目的：
撰写环保项目申报书参考

说明：此单一式两份，档案归还后，一份退给借阅人，一份档案室留存备查。

4．根据陈志军的复印文件的需求，完成如下题目。

（1）李娟应完成的检索步骤是什么？

（2）陈志军想复制档案，必须填写　　　　　　　。请帮李娟审核并完善。

| 申请人 | 陈志军 | 联系电话 | ××××××××××× | 经办人 | |
|---|---|---|---|---|---|
| 复制理由 | 撰写环保项目申报书参考 | | | | |
| 档号 | 题名 | 密级 | 复制份数 | 备注 | |
| ×× | 嘉兴物业服务有限公司公司环保工作受到上级表彰的文件 | 无 | 3 | 共15页 | |
| | | | | | |
| 申请复制形式 | □提供副本 | □提供摘录 | □提供复制 | □其他形式 | |
| 申请复制方法 | □复印 | □翻拍 | □扫描 | □其他方法 | |
| 批准部门领导人签字 | 张岩 | 复制人 | | | |
| 备注 | | | | | |

（2）李娟在本任务中应采取＿＿＿＿＿＿的方法完成档案复制，并核对加盖公章。

（3）完成复制后，请帮李娟完成如下表格填写。

| 顺序号 | 日期 | 利用者（单位） | 利用目的 | 全宗号 | 目录号 | 案卷号 | 复制数量 | 复制方法 | 批准人 | 审核人 | 备注 |
|---|---|---|---|---|---|---|---|---|---|---|---|
| | | | | | | | | | | | |
| | | | | | | | | | | | |

## 技能提要

（1）要提高电子档案信息安全意识。电子档案的控制比纸质档案困难，对提供电子档案应持谨慎认真态度，在无把握时可限制利用方式，以防止出现泄密，信息失真、损失，病毒入侵等方面的问题。网络环境下对于具有保密要求的电子文件要有稳妥的安全保密措施。

（2）要严格执行电子档案的利用制度。在一般制度外，利用电子档案还应有专门的制度，包括利用资格审查、利用权限控制、阅览操作、复制等方面的制度。

（3）要加强电子档案综合利用技术和系统功能的研究开发，为利用者提供更多、更方便的服务。

## 相关知识

### 一、档案检索

#### （一）利用计算机检索系统检索电子档案

##### 1. 建立计算机检索系统

档案管理软件能够对档案信息和档案实体进行辅助管理，具备数据管理、编制目录、检索查询、安全保密、系统维护等功能。建立计算机检索系统，主要是利用档案管理软件实现。

（1）选择软件。建立计算机检索系统的实质是将档案信息输入到计算机档案管理软件的检索模块之中。不同软件具体操作方式可能存在差异，但是都包括一些通用的检索项。目前市场上的档案管理软件比较多，用户可以根据自己的管理需要、计算机网络环境及成本预算等因素来选择适当的产品。

（2）安装档案管理软件。根据软件产品的说明书和要求，将管理系统安装到计算机单机或计算机网络中，并对其进行基本的初始化设置，如设置管理员的用户名和密码。

（3）录入档案信息。将全部档案文件的相关信息输入到管理系统中，这是实现检索功能的前提。

**2. 电子档案检索步骤**

（1）启动检索功能。

（2）填写查阅者信息。熟悉各种不同软件的填写内容和要求，注意指导查阅者按不同要求填写。

（3）在检索窗口的查询条件输入区中输入查询条件。

（4）开始查询并查看结果。正确填写查询条件后，即可显示所有符合条件的档案文件。若查询结果不理想，可调整或更改查询条件继续查阅。

### （二）利用归档文件目录检索查阅文书档案

**1. 确定年度和机构部门**

确定要查找的档案文件所产生的年度和机构部门。年度和机构部门的准确度越高，查找的准确率越高。

**2. 查阅文件**

根据目标档案的件号，到档案柜相应区域查找存放该文件的档案盒。打开该盒，查阅文件。档案盒的盒脊和封面示例详见模块五项目二任务二“文件归档与移交”。

## 二、档案提供利用的方法

### （一）电子档案提供利用的方法

**1. 提供拷贝**

档案部门提供载体拷贝时，应将文件转换成通用标准文档存储格式，由利用者自行显示和恢复软硬件平台。当利用者不具备利用电子文件的软硬件平台时，也可以向这些用户提供打印件或微缩品。

**2. 通信传输**

网络传输电子档案比较适合馆际之间的信息资源互相交流，以及向相对固定的查档单位提供档案资料，可以通过点对点转换数字通信或互联网络来实现。

**3. 直接利用**

直接利用即利用档案部门或另一检索机构的电脑，在档案部门的网络上直接查询。其特点是可为利用者提供技术支援，同通信传输相比减少了大量的管理工作，可使更多人同时利用同一份电子档案。

### （二）文书档案提供利用的方法

#### 1. 办理文书档案借阅的具体流程

需外借档案者必须向档案管理人员提供经领导批准的档案借阅申请。如是本单位有关人员借阅档案，应填写档案借阅申请，经分管领导批准后再办理借阅手续；如是外单位人员借阅档案，应持档案借阅申请，经其所在组织领导及本组织管档领导批准后再办理借阅手续。不论内部人员借阅，还是外部人员借阅，档案管理人员均需对其提供的档案借阅申请认真审核，符合要求才能为其办理外借手续。

办理文书档案外借的具体流程如下。

检索文书档案 ⇨ 审核档案借阅申请 ⇨ 办理外借手续

#### 2. 办理文书档案复制的具体流程

首先检索文书档案，然后处理档案复制申请。档案复制的主要形式包括制作副本和摘录两种。制作副本是根据利用者的需求，对档案原文进行全文复制，可采用复印、扫描、拍摄等方法；摘录是根据利用者需要，选取档案原件的某些部分通过复印、摘抄等方法进行复制。完成复制后，在档案复制登记表导航做好记录。

办理文书档案复制的具体流程如下。

检索文书档案 ⇨ 审核复制申请 ⇨ 复制 ⇨ 做好记录

## 巩固训练

嘉兴物业服务有限公司来了三位档案利用者，第一位要查找“精神文明建设”这一专题的电子档案资料，第二位要查找2012年的三份发文，第三位只想了解一下该公司档案收藏情况。请分析三位利用者的需求，运用档案知识和方法，帮助他们解决问题，满足他们不同的需要。

## 职业技能鉴定指导

### 一、知识与技能要点

#### （一）知识要点

1. 了解电子档案利用应当注意的问题。
2. 明确档案提供利用的方法。

(二) 技能要点

1. 熟练使用计算机检索系统检索电子档案。

2. 能正确地为利用者办理档案借阅手续。

## 二、模拟训练

(一) 单项选择题

1. 档案检索工作是哪项工作的基础和前提？（　）

A. 档案利用　　B. 档案分类　　C. 档案鉴定　　D. 档案整理

2. 对档案原文进行全文复制不宜采用的方法是（　）

A. 复印　　B. 扫描　　C. 拍摄　　D. 摘抄

3. 不属于电子档案提供利用的方法是（　）

A. 通信传输　　B. 提供拷贝　　C. 直接利用　　D. 举办档案展览

(二) 多项选择题

1. 电子档案检索步骤包括（　　）

A. 启动检索功能　　B. 填写查阅者信息

C. 输入查询条件　　D. 开始查询并查看结果

2. 档案管理软件的功能有（　　）

A. 数据管理　　B. 编制目录　　C. 检索查询　　D. 系统维护

3. 办理文书档案外借的具体流程是（　　）

A. 提供档案阅览　　B. 检索文书档案　　C. 办理外借手续　　D. 审核档案借阅申请

(三) 判断题

1. 电子档案的出借必须建立严格的审查和借阅制度。（　）

2. 电子档案直接利用的特点之一是可使更多的读者同时利用同一份电子档案。（　）

3. 实现检索功能的前提是录入档案信息。（　）

4. 档案利用者可以随便借阅电子阅览室的档案。（　）

5. 通信传输比较适合馆际之间的信息资源互相交流，以及向相对固定的查档案单位提供档案资料。（　）

(四) 技能操作题

天地公司业务经理要到上海与客户谈一笔服装生意。假如你是该公司秘书，你怎样为业务经理提供档案利用服务才能使业务经理能更好地完成任务？

# 任务评价

**任务评价表**

| 项目 | 等级 | | | 个人评价 | 小组评价 | 教师评价 |
|---|---|---|---|---|---|---|
| | A | B | C | | | |
| 能力达成 | 能熟练完成档案检索与档案利用，过程完备、步骤正确 | 能完成档案检索与档案利用，过程无太大错漏 | 基本能完成档案检索与档案利用，步骤不够完备，过程不规范 | | | |
| 知识掌握 | 熟悉档案提供利用的方法，明确档案检索的方法 | 了解档案提供利用的方法，基本明确档案检索的方法 | 对档案提供利用和检索的方法的理解不准确 | | | |
| 学习态度 | 任务实施过程中精力集中，全身心投入 | 主要任务环节认真投入，能基本完成任务 | 能参与任务实施全过程，但缺乏主动性 | | | |

# 任务二 档案编研与统计

Task 2

## 任务情境

嘉兴物业服务有限公司各部门在利用档案的过程中产生了大量表格，为了进一步规范档案室的管理，提高档案的利用效果，办公室副主任秦丽要求档案室按照相关的规律对所有的档案进行编研和统计。

## 任务实施

1. 目前，李娟可以完成的编研工作有：________________

2. 请帮李娟列出档案统计的步骤：________________

3. 在档案统计工作的过程中，很多档案会被再次利用，容易造成档案的混乱，李娟决定要做好档案的统计登记工作。分析嘉兴物业服务有限公司档案统计的情况，你建议李娟可采用哪些档案常用登记表？请代李娟填写。

| 对文件目录的利用进行登记 | 对档案的利用进行登记 | 对办公室所管全宗进行逐个登记 |
| --- | --- | --- |
| | | |

## 技能提要

（1）档案编研要注意尽量避免选题过大过深，应坚持以编为主、研究为辅的方针，不囿于习惯性的模式，努力创新。专题编研要体现独特性、新颖性，专题不在大，重在能反映出所在单位的行业特色。

（2）档案统计必须遵守实事求是的原则，注意登记和统计工作务求准确，能做到随时提供；建立全宗数量登记部，详细登记每个全宗档案数量情况；做好档案利用登记，健全利用年度统计工作；按规定认真、准确、及时上报档案基本情况的统计表。

# 相关知识

## 一、档案编研

### 1. 档案编研的内容和方法

档案编研即是对档案信息进行深度开发，是档案利用的高级形式，具有较强的专业性。为了满足单位在管理、经营与科技研究等各项工作和活动中对档案的深度利用需要，档案编研工作应以本单位档案为基础，按照一定的选题，将重要的档案材料编辑成为文献出版物，或者将档案信息系统整理和浓缩编写成为资料汇编等成果。

### 2. 档案编研的步骤

档案编研的步骤主要包括选题、选材、加工、编排。

### 3. 档案的编研成果

档案的编研成果主要有大事记、基础数字汇编、史料汇编、文件汇编、组织沿革、全宗介绍等。这里重点介绍如下几种成果。

（1）大事记。大事记是档案编研工作的重要成果之一，是按照时间顺序，用简明的文字记载一定历史时期、一定范围内发生的重大事件和重要活动的档案参考资料。

（2）基础数字汇编。基础数字汇编是以数字的形式反映某一单位、某一地区、某一专业系统或某一方面基本情况的档案参考资料。

（3）组织沿革。组织沿革是系统地记述和反映某一独立组织的组织机构、人员编制等自身发展演变情况的一种档案参考资料。

## 二、档案统计

### 1. 档案统计的内容、方法与适用范围

档案统计是指以表册、数字的形式，揭示档案和档案工作的有关情况。档案登记是档案统计工作的重要基础。下面介绍档案统计的几种常用登记表。

（1）全宗名册。全宗名册主要对保存的每一个全宗的简要情况进行登记，一般适用于档案馆和规模大且保管了多个全宗的档案室对其所管全宗进行逐个登记，统计全宗数量和固定全宗号顺序。

（2）档案成分和数量变化情况报道表。这是档案行政管理部门要求档案室报送的另一种登记项目，是对全宗卡片的补充，能随时反映档案室保存的各个全宗内档案的变化情况，一般是在每年一月份报送。

（3）案卷目录登记表。本表主要适用于对案卷目录进行登记，可用来统计档案数量以及各个全宗内案卷目录的数量，固定每一全宗案卷目录号。

**案卷目录登记表**

| 顺序号 | 全宗号 | 目录号 | 目录名称 | 所属年代 | 案卷数量 | 目录页数 | 目录份数 | 说明 | 备注 |
|---|---|---|---|---|---|---|---|---|---|
| | | | | | | | | | |

（4）档案出入库登记表。本表适用于对所保管的档案数量增减情况进行记载。具体的登记项目有档案出入库的日期、时间、档号及数量、原因（用途）、归入库房时间、经手人等。本表应放在库房入口处或库房中固定位置，不论什么原因，只要将档案文件从库房中调出库外或最终归入库房时，都要进行登记。

（5）档案利用登记表。本表既可全面、系统地记录、掌握提供利用情况，又是向利用者提供档案时履行交接手续的一种凭据，是一种综合性登记形式。具体项目有日期、利用者姓名、工作单位、职务、职称、利用目的、利用方式、档号、数量（卷）、利用者签名、归还日期、经手人等。

（6）档案利用者登记卡。本卡适用于利用者第一次到档案室处理有关利用手续，由档案部门进行初次登记。它既是利用者领取阅览证的凭据，又是日后统计档案室利用档案人数的依据，是掌握利用者基本情况的一种登记形式。

**档案利用者登记卡**

| 姓名： | 性别： | 年龄： | 阅览证号： |
|---|---|---|---|
| 工作单位： | | | 职务： |
| 印章或签字： | | | 填卡日期： |

（7）档案借出登记表。本表是对档案借出档案室利用时的一种登记文件，也是统计外借档案数量的一种依据。

**档案借出登记表**

| 顺序号 | 借出日期 | 借阅单位 | 联系地址 | 联系电话 | 利用目的 | 借出案卷 | | | | | | 归还案件 | | 备注 |
|---|---|---|---|---|---|---|---|---|---|---|---|---|---|---|
| | | | | | | 数量 | 全宗号 | 目录号 | 案件号 | 期限 | 签字 | 日期 | 签字 | |
| | | | | | | | | | | | | | | |

（8）档案利用效果登记单。本单由档案利用者填写，是统计利用档案后所取的的经济和社会效益的书面材料。内容一般包括利用者姓名、年龄、所在单位、职务、职称、联系电话等个人信息，以及利用目的、利用档案数量、档号、利用效果等。本登记单一般在利用者利用档案之前就将其与档案一起交给利用者，并简要说明要求，待利用完毕收回或取得利用效果时请利用者寄回。

### 2. 档案统计的基本步骤

（1）制作档案工作基本情况统计年报。

（2）进行各类档案库存量统计和每年立卷情况统计。

（3）进行档案借阅工作量统计，包括利用效果统计。

（4）进行档案资料密级和保管期限统计。

## 巩固训练

调查本班同学本年度利用杂志情况（次数、种类、内容、利用时间等），制定调查统计表，并形成一份调查报告，为我校图书管理员改进工作、更好地服务提供科学依据。

## 职业技能鉴定指导

### 一、知识与技能要点

#### （一）知识要点

1. 了解档案编研的内容。
2. 掌握档案统计的步骤。

#### （二）技能要点

1. 掌握档案统计的方法。
2. 掌握几种档案统计常用登记表的运用。

### 二、模拟训练

#### （一）单项选择题

1. 记录档案室所保管的档案数量增减情况的登记表是（　）

A. 档案利用登记表　B. 档案借出登记表　C. 案卷目录登记表　D. 档案出入库登记表

2. 档案统计工作的重要基础是（　）

A. 档案登记　B. 统计资料的整理

C. 建立档案登记台账　D. 统计数据的分析

3. 档案统计是指就是以（　）、数字的形式，揭示档案和档案工作的有关情况。

A. 表册　B. 全册　C. 报表　D. 登记表

#### （二）多项选择题

1. 常用的档案统计登记表有（　）

A. 案卷目录登记表　B. 全宗名册　C. 档案利用登记表

D. 档案借出登记表　E. 档案利用效果登记单

2. 档案编研的主要步骤有（　）

A. 选题　B. 选材　C. 加工　D. 编排

3. 下列属于档案编研的成果的有（　）

A. 大事记　B. 基础数字汇编　C. 史料汇编　D. 文件汇编

（三）判断题

1. 凡利用档案者应按规定处理利用手续，并填写档案利用效果登记单。（　）

2. 档案编研要注意尽量避免选题过大过深的做法，应坚持以编为主、研究为辅的方针。（　）

3. 档案利用者登记卡，适用于利用者第一次到档案馆处理有关利用手续，由档案部门进行初次登记。（　）

4. 案卷目录登记表适用于对所保管的档案数量增减情况进行记载。（　）

5. 档案利用效果登记单应该在档案利用之后才交给档案利用者。（　）

（四）技能操作题

调查本校杂志阅览室本年度杂志数量、种类、核心与非核心刊物比例、最受欢迎与最不受欢迎杂志的情况，制订调查统计表，并形成一份调查报告，为我校图书管理员征订下一年度杂志提供依据。

## 任务评价

任务评价表

| 项目 | 等级 | | | 个人评价 | 小组评价 | 教师评价 |
|---|---|---|---|---|---|---|
| | A | B | C | | | |
| 能力达成 | 能熟练完成档案的编研与统计，工作过程完备，步骤正确 | 能完成档案的编研与统计，工作过程无太大错漏 | 能基本完成档案的编研与统计，工作过程不完备，步骤不规范 | | | |
| 知识掌握 | 熟知档案编研的主要内容，熟悉档案统计的方法 | 基本熟知档案编研的主要内容，了解档案统计的方法 | 对档案编研的主要内容不了解，不能掌握档案统计的方法 | | | |
| 学习态度 | 任务实施过程中精力集中，全身心投入 | 主要任务环节认真投入，能基本完成任务 | 能参与任务实施全过程，但缺乏主动性 | | | |

# 职业院校“双证书”课题实验教材
# 文秘专业

教育部中等职业学校专业教学标准

双覆盖、双对照、双结合

人力资源和社会保障部国家职业技能标准

**作为教学用书：**

“双证书”教材的开发系以专业为单位，教材选题名称和内容均根据教育部颁布的专业教学标准所规定的课程确定。本次组织开发的“双证书”教材，均经教育部“全国职业教育教材审定委员会”审定，被确定为“十二五”职业教育国家规划教材。

“双证书”课程

“双证书”教材

**作为职业技能鉴定考试用书：**

教材内容覆盖了相应国家职业技能标准的要求：对于首选和次选职业资格证书，“双证书”教材内容覆盖了大部分四级和五级职业技能标准的要求；对于备选职业资格证书，“双证书”教材内容覆盖了全部五级职业技能标准的要求。经人力资源和社会保障部职业技能鉴定中心审定，确定为“职业院校‘双证书’课题实验教材”。

学校课程考试考核

两考合一

职业技能鉴定考试

考务政策请与当地省级职业技能鉴定（指导）中心联系咨询

## 教材使用说明

### 教材识别

职业院校“双证书”课题实验教材，均由人力资源和社会保障部职业技能鉴定中心《职业院校“双证书”课题实验教材目录》给予公告，采用专用的标识，并在封底加贴唯一识别编码。需参加职业技能鉴定的学员，请在使用本系列教材前，登录“双证书教材服务平台（http://sz.nvq.net.cn）”，进行信息登记，以便记录学习过程信息和获取学习支持。

### 配套资源

- **学生资源：**教材另配数字学习资源，学生可在“双证书教材服务平台”上登录后，免费下载相关学习资源。
- **教师资源：**教材配有相应模拟试卷，任课教师经过授权并登录“双证书教材服务平台”，填写有关信息后，可免费下载。也可向试点地区的职业技能鉴定指导机构、有关出版单位索取。
- **题库建设：**各专业的“双证书”课程和综合实训课程的考试试题，可由试点地区职业技能鉴定中心根据本系列教材，组织职业院校教师、行业企业专家共同命题组卷。对于符合国家职业技能鉴定题库技术要求的试题，可推荐收录到国家题库中。

### 教材体系

文秘专业“双证书”教材体系由《文书拟写与处理》《会议组织与管理》《办公室事务管理》《企业行政管理》《沟通技能训练》《办公设备使用与维护》《办公软件应用》7本教材组成，另配有综合实训教材1本，这8本教材基本上覆盖了秘书国家职业技能标准的基本要求和五级、四级工作要求。

希望各地职业技能鉴定机构、职业院校和我们一同努力，积极探索符合职业院校特点、对接国家职业技能标准、课程考试与职业技能鉴定“两考合一”的职业院校学生评价体系和“教学训考”资源开发使用模式。

有关职业院校“双证书”课题实验教材的具体问题和反馈意见可咨询人力资源和社会保障部职业技能鉴定中心课题组。

**联系方式：**人力资源和社会保障部职业技能鉴定中心　**许　远**　vocscum@qq.com, 010-84661204
外语教学与研究出版社职教分社　**王志艳**　3300217@qq.com, 010-88819479

## 外研社“十二五”职业教育国家规划教材（中职）

### 职业院校“双证书”课题实验教材

| 序号 | 书名 | 主编 | 书号（ISBN） | 定价/元 |
|---|---|---|---|---|
| 1 | 机械制造技术 | 龚雯，戴文玉 | 978-7-5135-5809-9 | 35 |
| 2 | 车削加工技术与技能 | 田华 | 978-7-5135-5808-2 | 37 |
| 3 | 数控车削加工技术与技能 | 李东君，文娟萍 | 978-7-5135-5818-1 | 28 |
| 4 | 数控铣削加工技术与技能 | 李东君 | 978-7-5135-5817-4 | 31 |
| 5 | 汽车构造与拆装(上) | 祁翠琴 | 978-7-5135-5813-6 | 32 |
| 6 | 汽车构造与拆装（下） | 祁翠琴 | 978-7-5135-5807-5 | 29 |
| 7 | 汽车拆装实训 | 詹远武 | 978-7-5135-5810-5 | 33 |
| 8 | 汽车电控系统检修 | 闫炳强 | 978-7-5135-5815-0 | 32 |
| 9 | 汽车制造工艺 | 李东兵 | 978-7-5135-5812-9 | 29 |
| 10 | 典型机床电气故障诊断与维修 | 邱寿昆 | 978-7-5135-5800-6 | 28 |
| 11 | 电工技能实训 | 周皓，周军 | 978-7-5135-5801-3 | 24 |
| 12 | 机械拆装技能实训 | 韩树明，成建群 | 978-7-5135-5803-7 | 32 |
| 13 | 电器与PLC控制技术 | 周占怀 | 978-7-5135-5804-4 | 34 |
| 14 | 气动与液压传动 | 郑勇，王稳 | 978-7-5135-5764-1 | 35 |
| 15 | 钳工技能实训 | 郑爱权，倪红海 | 978-7-5135-5805-1 | 35 |
| 16 | 沟通技能训练 | 廉捷 | 978-7-5135-5784-9 | 29 |
| 17 | 办公设备使用与维护 | 姜绍辉 | 978-7-5135-5785-6 | 33 |
| 18 | 办公软件应用 | 李星华，孟德花 | 978-7-5135-5786-3 | 34 |
| 19 | 会议组织与管理 | 楼红霞 | 978-7-5135-5790-0 | 34 |
| 20 | 文书拟写与处理 | 张琼华 | 978-7-5135-5788-7 | 35 |
| 21 | 企业行政管理 | 林淑贞 | 978-7-5135-5789-4 | 28 |
| 22 | PLC与变频器应用技术 | 岳丽英 | 978-7-5135-5802-0 | 30 |
| 23 | 焊接结构生产 | 王冠雄 | 978-7-5135-5806-8 | 34 |

### 非“双证书”教材

| 序号 | 书名 | 主编 | 书号 | 定价 |
|---|---|---|---|---|
| 1 | 电子商务物流 | 周云斌 | 978-7-5135-6052-8 | 25 |
| 2 | 电子商务基础 | 梁海波 | 978-7-5135-6053-5 | 34 |
| 3 | 网络营销实务 | 刘春青 | 978-7-5135-6054-2 | 35 |
| 4 | 商品拍摄与图片处理 | 丛日东 | 978-7-5135-6055-9 | 50 |
| 5 | 店铺运营 | 蓝魏，李平 | 978-7-5135-6056-6 | 35 |
| 6 | 网页设计 | 鱼东彪 | 978-7-5135-6057-3 | 26 |
| 7 | 电子商务客户服务 | 张元生 | 978-7-5135-6058-0 | 29 |
| 8 | 网站内容编辑 | 宋爱华 | 978-7-5135-6059-7 | 32 |
| 9 | 财务基础 | 李博 | 978-7-5135-6122-8 | 34 |

说明：教材都配有丰富的教学资源，使用教材的读者可登录http://vep.fltrp.com自行下载；也可与编辑联系索取：王志艳，3300217@qq.com。欢迎一线教师加入外研社作者队伍，共同开发优质教材及配套资源。